Astrid Viciano

DIE FORMEL DES WIDERSTANDS

Astrid Viciano

DIE FORMEL DES WIDERSTANDS

Wie Kernphysiker mithalfen, die Atombombe der Nazis zu verhindern

Galiani Berlin

MIX
Papier | Fördert
gute Waldnutzung
FSC® C014496

1. Auflage 2024

Verlag Galiani Berlin

Covergestaltung Lisa Neuhalfen
Covermotiv Irène et Frédéric Joliot-Curie au laboratoire, 1935.
Photo Henri Manuel © Musée Curie
Lektorat Wolfgang Hörner
Gesetzt aus der Minion Pro
Satz Buch-Werkstatt GmbH, Bad Aibling
Druck und Bindung GGP Media GmbH, Pößneck
ISBN 978-3-86971-293-2

Weitere Informationen zu unserem Programm finden Sie
unter www.galiani.de

INHALT

KAPITEL 1
Die Jagd nach schwerem Wasser 7

KAPITEL 2
1933: Der Beginn einer schicksalhaften Freundschaft ... 33

KAPITEL 3
Rückkehr in eine fremde Heimat 51

KAPITEL 4
Deutsche Besatzer am Collège de France 73

KAPITEL 5
Verfolgung französischer Wissenschaftler 105

KAPITEL 6
In den Händen der Sicherheitspolizei 133

KAPITEL 7
Die Fäden gleiten aus der Hand 159

KAPITEL 8
Terror und Flucht 187

KAPITEL 9
Die Befreiung 209

Epilog 227
Literatur 231
Register 235
Dank 237

KAPITEL 1

Die Jagd nach schwerem Wasser

Ausgerechnet an einem Wochenende machen sich ein Fabrikdirektor und ein Bankier auf den Weg, um einen geheimen Wettlauf gegen Nazideutschland zu gewinnen. Mitten in der eiskalten Nacht des 9. März 1940 fahren sie in getrennten Autos von Oslo aus in die entlegenen Berge am Rande des Vestfjord-Tals in Vemork, vorbei an finsteren Tannenwäldern und vereisten Berghängen. Zunächst erreicht Axel Aubert, der Direktor, das Ziel. Rasch öffnen die Sicherheitsleute das Tor zum Fabrikgelände, als sie die Scheinwerfer des nahenden Wagens sehen. Die Fabrikarbeiter sollen schnell eine durchsichtige Flüssigkeit in 26 Metallkanister abfüllen, weist Aubert seine Kollegen an. Ihm gefolgt ist Jacques Allier, Bankier und gleichzeitig Offizier der Sprengstoff-Einheit des französischen Geheimdienstes. Er hat den Auftrag, die unscheinbaren Behälter in seine Heimat zu bringen. Um jeden Preis. Denn der Inhalt der Kanister könnte entscheidend sein in jenem Krieg, der vor ein paar Monaten zwischen dem Hitler-Regime und den Alliierten begonnen hat. Entscheidend für den Wettlauf um die erste Atombombe.

In den Behältern befand sich schweres Wasser, eine Flüssigkeit, die damals als unverzichtbar für die Experimente der noch jungen Atomforschung galt. In Vemork, in einem Gebäude aus grauem Beton und Stahl des Wasserkraftwerks Norsk Hydro, lagerte der weltweit einzige Vorrat von 185 Kilogramm. Und der sollte nicht in die Hände der Nationalsozialisten gelangen. Vor wenigen Wochen erst hatten die Deutschen dem Fabrikdirektor ein Angebot gemacht. Doch Aubert hatte abgelehnt. »Falls Frankreich den Krieg verlieren sollte, werde ich sicher erschossen«, sagte er später seinem Gast aus Paris. Es drohte bereits die Invasion der Deutschen in Norwegen, auch Frankreich sollte in wenigen Monaten von der Wehrmacht überrannt werden.

Noch aber befand sich Frankreich in einem merkwürdig ruhigen Zustand, ähnlich wie bei einem Spaziergang an einem schwülen Sommertag, wenn ein Gewitter in der Luft liegt. Gemeinsam mit Großbritannien hatte es den Deutschen den Krieg erklärt, nachdem Hitler im September 1939 in Polen einmarschiert war. Die Länder befanden sich also im Krieg. Theoretisch. Doch tatsächlich war nichts davon zu merken. Eher symbolisch hatten die Franzosen in einem Grenzstreifen ein paar Dörfer besetzt. Sonst harrten sie einfach aus. Seit Tagen. Wochen. Monaten. Was zunehmend an den Nerven der beteiligten Regierungen zerrte.

Vor allem, weil bereits Gerüchte über mögliche Geheimwaffen der Deutschen kursierten. Auch deshalb waren die Franzosen alarmiert, als die Deutschen so große Mengen an schwerem Wasser in Norwegen bestellen wollten.

Am 19. Januar 1940 hatte das deutsche Unternehmen IG Farben bereits 1000 bis 2000 Kilogramm des schweren Wassers in Norwegen geordert, die ersten 500 Kilogramm wollten sie innerhalb von zwei Monaten erhalten, danach 110 Kilogramm pro Monat. Die Flüssigkeit solle bitte in Postpaketen geliefert werden, hieß es in einem Telegramm, gegen Kälte geschützt und mit Vorsicht behandelt.

Doch der Fabrikdirektor Aubert wurde hellhörig, fragte zunächst bei IG Farben nach, wofür sie die großen Mengen bräuchten: »Aus Ihrer Bestellung (...) zu urteilen, haben Sie neue Verwendungsmöglichkeiten für das schwere Wasser gefunden. Das haben wir mit großem Interesse wahrgenommen und empfangen sehr gern Ihre Erklärungen zu diesen neuen Verwendungen. Wie Sie wissen, haben wir bislang nur kleine Mengen für wissenschaftliche Zwecke geliefert, unsere Produktionskapazität beträgt nur etwa 10 Kilogramm pro Monat.«

In ihrer Antwort wich IG Farben den Fragen aus, erklärte Ende Januar nur schwammig, dass die Verwendung der seltenen Flüssigkeit künftig von ihren Forschungsergebnissen abhängen würde, sie jedoch hofften, es bald ständig zu benötigen, selbst in Friedenszeiten. Aubert wägte zunächst die Risiken ab, schrieb dann aber am 9. Februar zurück: »Wir bedauern sehr, dass Sie uns unsere Fragen auf Verwendung nicht weiter beantworten können.« Daher sehe er keine Möglichkeit, die Produktion des schweren Wassers zu erhöhen, erklärte Aubert. Und alarmierte wenige Tage später den Präsidenten der französischen Bank Paris et Pays-Bas, heute BNP Paribas, die eine Mehrheitsbeteiligung an der Fabrik in Vemork hält.

Die Atomforschung der Deutschen musste bereits weit fortgeschritten sein, so fürchtete die französische Regierung, die rasch im Bilde war. Womöglich hatten sie sogar den Physiker

Frédéric Joliot-Curie vom Collège de France in Paris überholt? Der Nobelpreisträger hatte erst einen Monat zuvor einen Bericht über seine jüngste Forschung an den französischen Rüstungsminister, Raoul Dautry, geschickt. Joliot-Curie war mit der Tochter von Marie Curie verheiratet, gemeinsam hatten sie im Januar 1934 die künstliche Radioaktivität entdeckt und waren auf einen Schlag weltberühmt geworden.

Im Herbst 1939 hatte Joliot-Curie dem Militär bereits Vorschläge unterbreitet, wie er mit seinem Labor zur Verteidigung seiner Heimat beitragen könnte. Er wollte zum Beispiel radioaktiv markierte Tinte entwickeln, um geheime Nachrichten schreiben zu können, ein arsenhaltiges Gas zum Einsatz an der Front, auf Kohle basierte Explosiva.

Nun aber ging es dem Physiker um den Bau einer Maschine, die dem Antrieb von U-Booten dienen konnte, aber auch das Potenzial hätte, einen unübertroffenen Sprengstoff zu entwickeln. Um seine entscheidenden Experimente durchzuführen, brauche er jedoch Versuchsmaterial, schrieb Joliot-Curie, unter anderem den Vorrat an schwerem Wasser aus Norwegen.

Was es mit dieser Flüssigkeit auf sich hatte, konnte der Physiker auch schnell erklären: Die Wasserstoffatome normalen Wassers bestehen aus einem Elektron und einem Proton, negativ und positiv geladenen Teilchen. Schweres Wasser dagegen trägt noch ein neutrales Teilchen, ein Neutron, in seinen Atomkernen. Daher hat dieses Wasser ein höheres Atomgewicht, ist also besonders schwer. Und diese Eigenschaft machte es für Experimente zur Atomforschung unverzichtbar, so dachte man jedenfalls damals.

Wie kriegsentscheidend es daher sein konnte, die kostbare Fracht nach Frankreich zu bringen, musste Frédéric Joliot-Curie dem Rüstungsminister Dautry nicht lange erklären. Der 59-jährige Politiker hatte bereits eine lange Karriere hinter sich, setzte sich ohnehin vehement dafür ein, Forschung und Industrie enger miteinander zu verknüpften, das Land zu modernisieren. Genau das brauchte Joliot-Curie in diesem Moment: Material aus der Industrie, aus der Fabrik in Norwegen, um seine Experimente fortsetzen zu können. Dautry war ein erklärter Gegner der Nationalsozialisten und wusste, wie sehr die Zeit drängte. Zumal Joliot-Curie im Februar 1940 beunruhigende Nachrichten erhalten hatte. Ein Kollege am Collège de France hatte ihm einen anonymen Brief zugespielt. Vom niederländischen Physiker Peter Debye, dem ehemaligen Direktor des Kaiser-Wilhelm-Instituts für Physik in Berlin, hatte der Informant erfahren, dass ebendiese Forschungsanstalt vom deutschen Generalstab den Auftrag erhalten habe, Uranbomben herzustellen.

Rüstungsminister Dautry beraumt daraufhin am 20. Februar 1940 ein Treffen in seinem Büro im Hôtel Majestic an der Avenue Kléber an. Joliot-Curie ist geladen, ebenso wie jener Offizier, der die heikle Mission übernehmen soll. Bis in die 1950er-Jahre wird man ihn in den Unterlagen nur unter den Initialen M.A. führen, erst dann wird die Öffentlichkeit seine Identität erfahren: Jacques Allier, zum Zeitpunkt des Auftrags 40 Jahre alt, ein Mann mit langem, schmalem Gesicht und dunkler, runder Brille, der sich in Offiziersuniform vor den prächtigen Holzschreibtisch des Ministers setzt.

Ruhig hört er sich den Auftrag des Ministers an, der ihm bald versichert, dass die Kollegen vom Deuxième Bureau, der Spionageabteilung der Regierung, alles tun werden, um auf der Reise für seine Sicherheit zu sorgen. »Aber ich muss Sie wohl nicht darauf hinweisen, welche Gefahren diese Mission mit sich bringt«, erklärt Dautry dem Offizier.

Allier kennt Norwegen und den Fabrikdirektor Aubert über seine Bankgeschäfte, und er begreift auch sofort, warum Joliot-Curie das schwere Wasser so dringend braucht. Ohnehin verstehen sich der Bankier und der Physiker auf Anhieb. Ihre Familien kommen beide aus dem Elsass, die Männer haben den Ersten Weltkrieg selbst nicht als Soldaten erlebt, doch beide einen älteren Bruder dabei verloren. Zumal Alliers Ehefrau Marthe Cauchy aus der Familie des großen Mathematikers Augustin-Louis Cauchy stammt. Sie hat Bekannte im Freundeskreis der Curies. Und Frédéric Joliot-Curie ist der Schwiegersohn von Marie Curie, der zweifachen Nobelpreisträgerin. Die berühmte Forscherin hatte ihn einst in ihrem Labor am Institut du Radium eingestellt. Dort lernte er ihre Tochter Irène kennen und heiratete sie kurze Zeit später.

Was die drei Männer an diesem Tag planen, markiert den Beginn der Résistance, des französischen Widerstands gegen das NS-Regime. Und genau zu dieser Mission wird ein deutscher General nur wenige Monate später Joliot-Curie in seinem Labor in Paris genau zu dieser Mission verhören. Ein ranghoher Militär also, der die Forschungsabteilung des Heereswaffenamts leitet und dort das Referat für Atomphysik gegründet hat.

Am 26. Februar empfängt Allier zwei Einsatzbefehle, unterschrieben von Dautry selbst und Édouard Daladier, dem damaligen Premierminister. Die Dokumente sind in ihrer Form höchst ungewöhnlich: Allier bekommt für seine Mission freie Hand, kann ab sofort eigenständig über die weitere Planung entscheiden. Um jeden Preis wollen die Franzosen den Nazideutschen in Vemork zuvorkommen.

Gleich zwei Missionen werden Allier aufgetragen: Er soll den weltweit einzigen Vorrat an schwerem Wasser nach Frankreich bringen. Und er soll aushandeln, dass die Franzosen künftig die Produktion der kostbaren Flüssigkeit exklusiv erhalten, die Deutschen dagegen leer ausgehen. Dautry weiß, dass sie sich mit der Mission beeilen müssen, drohen die Deutschen doch über den Seeweg in Norwegen einzufallen. Schon seit Monaten wollen die Befehlshaber der deutschen Marine das Land besetzen, um dort Marinestützpunkte für den Seekrieg gegen Großbritannien im Atlantik zu installieren.

Nur zwei Tage später steigt Allier in den Zug, an der Gare du Nord, jenem Kopfbahnhof mit der prachtvollen Glasfassade, in dem seit Beginn des Zweiten Weltkriegs nur noch wenige Bahnen ins Ausland fahren. In seinem Gepäck befindet sich ein Kreditbrief über 1,5 Millionen Kronen, damals etwa 36 Millionen Francs.

Auf der Reise muss sich Allier mehrfach daran erinnern, dass er unter dem Mädchennamen seiner Mutter reist. In seinen Dokumenten heißt er nun Freiss, unter diesem Namen wird er mehrere Grenzen überqueren, damit ihm die Deutschen nicht auf die Spur kommen, so hofft Rüstungsminister Dautry. Zunächst fährt er mit dem Zug nach Amsterdam, steigt dort in ein Flugzeug nach Malmö um, nimmt dann einen Zug nach Oslo. Drei Agenten des französischen Geheimdiensts begleiten ihn von Schweden aus, ohne allerdings vom genauen Ziel seiner Mission zu wissen.

Was weder Allier noch seine Mitreisenden ahnen: Der französische Geheimdienst daheim in Paris hat kurz nach der Abreise des Bankiers eine Funknachricht der Deutschen abgefangen und entschlüsselt. Ein verdächtiger Franzose soll unbedingt auf seiner Reise aufgehalten werden, heißt es darin. Ein Franzose mit dem Namen Freiss.

Kurz nach seiner Ankunft in Oslo ruft Allier alias Freiss das Hauptstadtbüro des Wasserkraftwerks Norsk Hydro aus einer öffentlichen Telefonzelle an. Nicht einmal eine Stunde später betritt er das Gebäude des Unternehmens in der Solligata 7, nahe der königlichen Residenz. Der Fabrikdirektor Aubert empfängt ihn in seinem Büro mit großer Fensterfront, ein hochgewachsener, strenger Mann mit gewelltem weißen Haar.

Da Allier den Fabrikdirektor bereits kennt, weiß er auch, wie er ihn davon überzeugen kann, den Franzosen das schwere Wasser zu überlassen. Er appelliert an sein Ehrgefühl, seine Loyalität gegenüber Frankreich, seinen Stolz; er erklärt ihm, dass sein Anliegen von höchster Stelle komme, also der französischen Regierung. Aufgewühlt stimmt Aubert zu, Frankreich in dieser wichtigen Mission zu unterstützen. Der Fabrikdirektor greift zum Telefon, um dafür zu sorgen, dass die kostbare Fracht noch am gleichen Abend bereitsteht, in jener eiskalten Nacht des 9. März, in Vemork.

In den entlegenen Bergen Norwegens hatte die Firma Norsk Hydro im Jahr 1911 ein Wasserkraftwerk errichtet, es war damals das größte weltweit. Später kam neben dem Kraftwerksgebäude eine Fabrik hinzu, in der die Fabrikarbeiter Wasserstoff herstellten. Als Nebenprodukt des Verfahrens entstand: schweres Wasser.

In 26 Metallkanister gefüllt, verlässt die kostbare Flüssigkeit in der Dunkelheit das Gelände der Fabrik. Aubert selbst transportiert die Behälter über die verschneiten Straßen des Vestfjord-Tals, eine Gegend, die so tief zwischen den Bergen verborgen liegt, dass die Sonne von Oktober bis März nicht den Boden erreicht. In der Nähe rauscht der Wasserfall Rjukanfossen mehr als 100 Meter in die Tiefe. Von Weitem sind nur noch die Lichter in den Fenstern des sieben Stockwerke hohen Fabrikgebäudes zu sehen, das Schnurren der Maschinen verliert sich bald in der Winternacht. Fünf Stunden lang kurvt Aubert durch die Berge, kommt auf Umwegen schließlich nach Oslo. Niemand weiß von der Absprache zwischen Allier und Aubert, auch die norwegische Regierung soll davon nichts erfahren.

In Oslo angekommen, lagert Allier die Metallkanister im Gartenpavillon eines unscheinbaren Gebäudes im Stadtzentrum, das der französischen Regierung gehört. Er muss überlegen, wie er sie außer Landes bringen kann, ohne dass sie in die Hände der Deutschen fallen. Während er sich darüber den Kopf zerbricht, greift er immer wieder zu einem Metallröhrchen, das ihn auf seiner Mission begleitet. Zum Beispiel, wenn er Schritte hört, die sich zu nähern scheinen. Stimmen. Er weiß, dass sich direkt gegenüber ihrem Gebäude das Büro einer Gesandtschaft des Hitler-Regimes befindet.

Das Röhrchen enthält Cadmium, nur ein paar Tropfen davon pro Kanister würden die Fracht unbrauchbar machen, so hatten es ihm Laborkollegen Joliot-Curies bei einem Treffen im Rüstungsministerium erklärt. Nur im Notfall, wenn die Ladung in die Hände der NS-Regierung zu fallen drohte, würde er das Cadmium einsetzen.

Zunächst überlegt Allier, das schwere Wasser mit einem Schiff der französischen Marine abzutransportieren. Zu einem geheimen Treffpunkt an der norwegischen Küste will er das Kriegsschiff lotsen, aus der Hafenstadt Brest in der Bretagne oder aus Cherbourg in der Normandie. Doch er verwirft seinen Plan, zu gefährlich erscheint es ihm, den Seeweg für die wertvolle Fracht zu wählen. Nein, die Kanister müssen das Land in einem Flugzeug verlassen, beschließt er, schließlich lassen sich die Kanister gut in großen Koffern verstauen. Gemeinsam mit seinen drei Kollegen beginnt er mit den Vorbereitungen.

Am Vorabend ihres Abflugs besucht Allier noch das größte Tanzlokal von Oslo, er will möglichst unbekümmert wirken, falls er beobachtet wird. Im Morgengrauen des 12. März aber machen er und seine Kollegen sich auf den Weg zum damaligen Flughafen Fornebu der norwegischen Hauptstadt. Zwei Flugzeuge stehen dort bereit, zunächst steht ein Linienflug nach Perth in Schottland an, danach soll der zweite Flieger starten, nach Amsterdam. Die Flaggen der beiden Länder sind auf den Maschinen deutlich zu sehen. Allier und ein Kollege steigen aus ihrem Taxi aus, sie sind als Geschäftsleute gekleidet, tragen große, schwere Koffer, berichten lautstark über ihre anstehende Reise nach Amsterdam. Sie begeben sich auf die Abflugpiste, laden ihre Koffer in den niederländischen Flieger, bleiben selbst aber noch auf der Piste, zwischen den beiden Fliegern, die Passagiere des Flugs nach Schottland suchen bereits ihre Sitzplätze.

Dann, plötzlich, kommt ein weiteres Taxi an, der Passagier ist in großer Eile, er ruft, dass er unbedingt seinen Flug nach Amsterdam erreichen muss. Der Wagen fährt direkt auf die Piste, hält zwischen den beiden Flugzeugen, außer Sichtweite des Terminals. Der vermeintlich gestresste Passagier – ein weiterer Kollege Alliers – hat ebenfalls zwei riesige Koffer dabei. Zunächst sieht es so aus, als würde er sie in das Flugzeug nach Amsterdam hieven, das später abfliegen soll. Dann aber wirft er das Gepäck plötzlich in die Maschine nach Perth, auch Allier und sein Begleiter stürzen hinein. Kurz darauf hebt die Maschine Richtung Schottland ab.

Das Flugzeug nach Amsterdam wird zwei Stunden später von Kampfflugzeugen der Deutschen gezwungen, seinen Kurs zu ändern. Statt in den Niederlanden muss es in Hamburg landen. Die Gestapo durchsucht den Flieger, aber findet in den Koffern von Allier und seinem Kollegen statt des schweren Wassers nur: schwere Steine. Das Verwirrspiel hat sich gelohnt.

Allier und sein Kollege treffen sicher in Perth ein, mit 13 der 26 Kanister. Einen Tag später bringt ein weiterer Geheimagent die restliche Ladung in einem anderen Linienflieger mit. Der französische Bankier schleust die Kanister dann über Umwege nach Frankreich, liefert dort die gesamte Fracht ab. Sie gelangt in die steinernen Kellergewölbe des Collège de France in Paris, im 5. Arrondissement, unweit des Panthéon, jener Ruhmeshalle, in der Jahrzehnte später die Gebeine von Marie und Pierre Curie ruhen werden. Das Collège de France ist eine der berühmtesten Forschungsstätten des Landes, hat seit seiner Gründung im Jahr 1530 bis heute 21 Nobelpreisträgerinnen und Nobelpreisträger hervorgebracht, einer davon: Frédéric Joliot-Curie. Sein Labor ist in einem der Gebäude des Collège untergebracht. Nüchtern wird der Physiker auf einem Blatt notieren, dass er am 16. März zehn Kanister, am 18. März weitere 16 erhalten hat, jeder einzelne ist mit einer römischen Zahl beschriftet. Der Inhalt der Behälter ist nur kurz erwähnt: Deuterium, also schweres Wasser.

Im Kellergewölbe reicht Joliot-Curie Allier stumm die Hand. Der eilt rasch davon, er muss schließlich dem Rüstungsminister Dautry über den Vertrag berichten, den er in Oslo mit Aubert unterschrieben hat. Zusammen mit dem Kreditbrief über 36 Millionen Francs. Der Fabrikdirektor hat das schwere Wasser den Franzosen erst mal ohne Gegenleistung überlassen, für die Dauer des Kriegs. Sollten die wissenschaftlichen Experimente von Joliot-Curie und seinen Kollegen aber Erfolg haben, möchte Aubert davon profitieren, heißt es etwas nebulös in dem *gentlemen's agreement,* das der Franzose und der Norweger unterschrieben haben.

Das schwere Wasser scheint in Sicherheit. Zunächst. »Joliot-Curie und ich waren überwältigt vor Freude: Bis dahin besaßen wir nur einige Dutzend Gramm schweren Wassers, nun hatten wir vor uns, in den vermeintlich harmlosen Kanistern, die 185 Kilo jenes Produkts, das für uns von unschätzbarem Wert war«, schreibt Dautry kurz darauf in einer Notiz.

Für zwei Kollegen Joliot-Curies bedeutet dies auch, dass sie endlich nach Paris zurückkehren dürfen. Die beiden Physiker Hans von Halban und Lew Kowarski hatten zugestimmt, sich für die Dauer der geheimen Mission aus Paris zurückzuziehen und überwachen zu lassen. Halban kam aus Deutschland, Kowarski aus Russland. Und Rüstungsminister Dautry war nicht sicher, ob ihnen zu trauen war, er wollte in jedem Fall vermeiden, dass etwas über ihr Vorhaben zu den Nationalsozialisten durchsickerte. Halban hatte daraufhin ein paar Tage auf der Île de Porquerolles verbracht, einer Insel vor der französischen Mittelmeerküste. Kowarski dagegen war in die entgegengesetzte Richtung gefahren, auf die Belle-Île, das größte Eiland in der Bretagne.

Nun aber konnten die beiden ihre Forschung in Paris fortsetzen. Sie waren zu dieser Zeit die engsten Mitarbeiter Curies. Lew Kowarski etwa hatte Joliot-Curie im Vorjahr, am Morgen des 16. Januar 1939, auf einen Artikel in der Zeitschrift *Naturwissenschaften* hingewiesen, die soeben am Collège de France eingetroffen war. Die Publikation in jenem Fachblatt war es, die Halban, Kowarski und Joliot-Curie dazu brachte, nach dem schweren Wasser zu fahnden.

Zum ersten Mal nämlich hatten die deutschen Chemiker Otto Hahn und Fritz Straßmann vom Kaiser-Wilhelm-Institut für Chemie in Berlin in besagtem Artikel eine Kernspaltung beschrieben, das »Zerplatzen« eines Atomkerns. Eine Sensation und auch irgendwie ein Unding, weil bis dahin eine solche Spaltung als unmöglich galt, frühere Forschungsergebnisse, die in diese Richtung wiesen, waren als unseriös abgetan worden. Ein Zerplatzen des Atomkerns stand im Widerspruch zu allen Erfahrungen, die Physiker bis dahin gemacht hatten. Hatte das Atom doch bis vor Kurzem noch als kleinster Baustein jeder Materie gegolten, sein Name leitet sich schließlich vom altgriechischen »atomos« ab, was unteilbar heißt. Nun aber sollten Atomkerne in Stücke bersten?

Was für mächtig viel Wirbel in der Wissenschaft sorgte, hatten andere bahnbrechende Experimente erst möglich gemacht. Zunächst entdeckte der englische Physiker James Chadwick im Jahr 1932 am Cavendish Laboratory in Cambridge, dass Neutronen existieren, ein bis dahin noch unbekanntes Elementarteilchen. Zwar wussten Forscher zu dieser Zeit bereits, wie Atome aufgebaut sind: aus einer Hülle voller negativ geladener Elektronen und einem Kern aus positiv geladenen Protonen. Aber die elektrisch neutralen Neutronen hatte noch niemand gefunden. Später sollte James Chadwick die britische Beteiligung am amerikanischen Manhattan-Projekt leiten, zum Bau der ersten Atombombe.

Nur knapp verpasst hatten Irène und Frédéric Joliot-Curie damals die Entdeckung des Neutrons, weil sie ihre eigenen Forschungsergebnisse falsch interpretierten. Dennoch setzten sie Chadwicks Paukenschlag bald einen weiteren hinzu: Sie wiesen im Jahr 1934 erstmals die künstliche Radioaktivität nach, dass sich also radioaktive Versionen – Isotope – chemischer Elemente künstlich herstellen lassen. Dabei geholfen hatte ihnen der deutsche Physiker Wolfgang Gentner, ein Kollege und Freund, der nur wenige Jahre später im Auftrag des NS-Regimes nach Paris zurückkehren sollte.

Sorgten die Erkenntnisse von Chadwick und der Joliot-Curies an sich bereits für viel Aufsehen, brachte es der italienische

Physiker Enrico Fermi mit seinem Team fertig, beide Entdeckungen in seinen Experimenten zu vereinen. Er stellte nämlich fest, dass die neu beschriebenen Neutronen besonders effizient darin waren, radioaktive Elemente künstlich zu erzeugen. Er beschoss das Metall Uran mit Neutronen und begann, die radioaktiven Produkte zu untersuchen, die daraus entstanden.

Zu dieser Zeit ungefähr, im Jahr 1934, sprach die Chemikerin Ida Noddack von der Physikalisch-Technischen Reichsanstalt in Berlin bereits davon, dass schwere Atomkerne beim Beschuss mit Neutronen in große Bruchstücke zerfallen könnten. Doch die großen Köpfe der europäischen Wissenschaft hielten ihre Idee damals noch für absurd. Noddack selbst fehlten die Geräte, um mit radioaktiven Elementen zu arbeiten, konnte ihrer Hypothese selbst nicht nachgehen.

Nun aber, nach Fermis Berichten, galt es herauszufinden, welche chemischen Elemente aus dem beschossenen Uran entstanden. Vor allem aber wollten die Forschenden dabei möglichst schnell sein, wollten die neuen Ergebnisse als Erste präsentieren. In Deutschland forschte Otto Hahn in Berlin daran, zunächst noch gemeinsam mit seiner Kollegin Lise Meitner, einer jüdischen Österreicherin, die mithilfe Hahns im Jahr 1938 nach Schweden flüchtete. In Frankreich setzte sich Irène Joliot-Curie mit einem Assistenten das gleiche Ziel.

Hahn und Kollegen gewinnen in ihren Experimenten ein Gemisch aus neuen radioaktiven Elementen. Sie bezeichnen sie als Transurane, Elemente, die schwerer sind als das Ausgangsmaterial Uran. Doch Irène Joliot-Curie bezweifelt die Analysen der deutschen Kollegen. Gemeinsam mit ihrem Assistenten wiederholt sie die Experimente und findet in ihrem Gemisch ein radioaktives Element, das dem natürlichen Lanthan, einer seltenen Erde, frappierend ähnlich zu sein scheint. Was aber besonders überrascht: Es ist deutlich leichter als das Uran. Was hat das zu bedeuten? Irène traut sich noch nicht, von einer Spaltung des Urans in leichtere Elemente zu reden. Stattdessen beschreibt sie es vorsichtig als Isotop, also neue Version des Lanthans, ohne selbst die Lösung des Rätsels zu finden, das sie alle beschäftigt. Was geschieht genau, wenn Neutronen auf Uran-Atome treffen? Joliot-Curie veröffentlicht ihre Forschungsergebnisse erstmals im Jahr 1937, stellt Hahns Experimente damit öffentlich infrage.

Otto Hahn ist aufgebracht, auf einem Kongress in Rom bittet er Frédéric Joliot-Curie, seine Ehegattin zur Vernunft zu bringen: »Da sie eine Frau ist, erlaube ich mir nicht, sie zu kritisieren, aber sie irrt sich, richten Sie ihr das bitte aus.« Doch Hahn unterschätzt Irènes Hartnäckigkeit. Gemeinsam mit ihrem Assistenten wiederholt sie ihre Experimente mit dem neuen radioaktiven Element, kommt zu denselben Ergebnissen. Und veröffentlicht diese erneut. Hahn ist außer sich, jene Frau, die mit veralteten Methoden arbeite, versuche, ihn lächerlich zu machen. Er beginnt, das von Irène Joliot-Curie untersuchte radioaktive Element spöttisch »Curiosium« zu nennen.

Das Blatt wendet sich erst, als Lise Meitner 1938 nach Schweden fliehen muss und der Chemiker Fritz Straßmann ihren Platz im Labor übernimmt. Von ihm lässt sich Hahn überzeugen, Irène Joliot-Curie ernst zu nehmen. In einer Serie von Experimenten überprüfen Hahn und Straßmann ab sofort systematisch die Versuchsergebnisse der französischen Rivalin. Erst diese Versuche führen sie zu ihrer revolutionären Erkenntnis, dass Atomkerne platzen können.

Was genau in seinen Experimenten geschehen ist, versteht Hahn jedoch nicht. Lise Meitner besteht darauf, ihr rasch die neuen Forschungsergebnisse nach Schweden zu schicken.

Gemeinsam mit ihrem ebenfalls emigrierten Neffen liefert die Physikerin die Erklärung für die rätselhafte Beobachtung ihrer Berliner Kollegen: Der Atomkern des Urans zerfällt unter dem Beschuss mit Neutronen in zwei kleinere Atomkerne mit insgesamt kleinerer Masse als vorher. Die übrige Masse wird als ungeheure Energie freigesetzt, der sogenannten Kernenergie. Wie viel davon freikommt, lässt sich in etwa aus der unterschiedlichen Masse der Atomkerne vor und nach der Kernspaltung berechnen.

Als Frédéric Joliot-Curie im Januar 1939 besagten Artikel in der Fachzeitschrift *Naturwissenschaften* liest, setzt er selbst sofort ein Experiment auf, das die Kernspaltung ebenfalls nachweist. Doch er denkt auch sofort einen Schritt weiter: Der Atomkern spaltet sich, wenn die Forscher ihn mit Neutronen beschießen. Dabei entstehen allerdings nicht nur neue chemische Elemente. Auch neue Neutronen werden freigesetzt. Was, wenn diese Neutronen weitere Kernspaltungen auslösen können? Dann wäre eine Kettenreaktion möglich, die kontrollierte Gewinnung und Freisetzung gewaltiger Mengen an Energie.

Das in etwa erklärt Joliot-Curie mit seinen Kollegen Kowarski und Halban in einem Artikel, den er im April 1939 in der Fachzeitschrift *Nature* veröffentlicht. Alarmiert wenden sich zwei Physikochemiker der Universität Hamburg daraufhin an das Reichskriegsministerium und drängen darauf, die Anwendung der Kernenergie für militärische Zwecke zu prüfen. »Das Land, das zuerst Gebrauch davon machen wird, wird einen unüberwindbaren Vorteil haben«, schreiben die deutschen Forscher.

Das Thema lässt Joliot-Curie nicht los. Um eine Kettenreaktion auszulösen, überlegt er weiter, müssen Forscher die neu entstehenden Neutronen verlangsamen, ausbremsen. Aber wie soll das funktionieren? Und wie möglichst schnell?

Joliot-Curie trifft sich mit seinen Kollegen Kowarski und Halban am Collège de France. Er möchte sich mit ihnen beraten, in einem Laborraum mit weißen Kacheln an den Wänden und einer Tafel an der Tür, auf der chemische Formeln und Grafiken mit weißer Kreide geschrieben sind. Auf den Labortischen drängen sich verschiedene Messinstrumente, dicht an dicht, als würde jedes einzelne von ihnen um die Aufmerksamkeit der Forscher heischen müssen.

Kowarski muss nicht lange überlegen. Der russische Forscher, riesengroß, mit breiten Schultern und markantem Kiefer, erklärt, dass sie nur mithilfe von schwerem Wasser schnelle Ergebnisse erhoffen können. Mit kräftiger Stimme redet er auf seine Kollegen ein, Halban zögert erst, stimmt aber schließlich zu. Die drei Forscher wissen nun: Sie müssen möglichst rasch große Mengen schweren Wassers für ihre Experimente besorgen. Kurz darauf wird Joliot-Curie den Rüstungsminister Dautry anschreiben, gemeinsam mit ihm und Allier die Mission in Norwegen planen.

Joliot-Curie glaubt fest daran, dass die aus der Kernspaltung gewonnene Energie die Menschheit enorm voranbringen wird. Mit getragener Stimme erklärt der feingliedrige Mann aber auch, dass die politische Situation sehr angespannt ist. »Ich weigere mich zu glauben, dass diese neue Eroberung des menschlichen Geistes nur dazu dienen kann, den Tod zu bringen«, wird er dazu sagen.

Die Experimente mit dem schweren Wasser laufen erfolgreich. In der ersten Maiwoche meldet Joliot-Curie drei Patente an, zwei haben mit der Anwendung für Atomenergie zu tun, ein drittes dagegen mit der Entwicklung eines Sprengstoffs. Diese Patente sind die ersten, die jemals für eine atomare Kettenreaktion des Urans erteilt wurden. Die Erfinder beabsichtigten, jeweils nur fünf Prozent des Gewinns zu behalten, die restlichen 80 Prozent sollen der wissenschaftlichen Forschung zugutekommen. Am 8. Mai fährt Joliot-Curie nach Brüssel, um über den Zugang zu den Uranvorräten in Belgisch-Kongo zu verhandeln.

Dann, plötzlich, müssen sie ihre Forschung unterbrechen.

Wenig haben Joliot-Curie und seine Kollegen bislang davon gespürt, dass Frankreich den Deutschen im September 1939 den Krieg erklärt hat. Monatelang haben sich deutsche und französische Truppen misstrauisch belauert, ohne dass etwas geschehen ist. Doch der Sitzkrieg, die *drôle de guerre,* geht nun abrupt zu Ende.

In jenen Frühsommertagen in Paris ist es merkwürdig ruhig, die sonst so lebendige Stadt scheint vor Angst erstarrt. Am 10. Mai 1940 hat Deutschland die neutralen Benelux-Staaten überfallen und marschiert in Richtung Frankreich.

Wenige Tage später sitzt Henri Moureu, der Laborleiter Joliot-Curies, gerade in seinem Büro im Collège de France, als sein Telefon klingelt. »Henri, komm sofort!«, ruft Joliot-Curie schroff in die Leitung und legt sofort wieder auf. Moureu ist beunruhigt, ist doch sein Chef ein überaus freundlicher, eloquenter Mann, der sich sonst nie im Ton vergreift. Ihm wird kalt ums Herz, als er zum Büro Joliot-Curies hastet. Ein Blick in das Gesicht des Nobelpreisträgers genügt ihm, um zu verstehen, dass etwas Schlimmes geschehen sein muss. »Die Deutschen haben die Militärfront bei Sedan durchbrochen«, berichtet Joliot-Curie. In der Gebirgskette der Ardennen, nahe der belgischen Grenze, haben massive Bombenangriffe der Luftwaffe und Panzer die französischen Soldaten überrumpelt und ihre Linien überrannt.

Das schwere Wasser sei im Collège de France nicht mehr sicher, sagt Joliot-Curie. Rüstungsminister Dautry habe ihn soeben angewiesen, es aus Paris wegzuschaffen, damit es den Deutschen nicht in die Hände fällt. Ob sich Moureu darum kümmern könne? Er habe volles Vertrauen in ihn.

Moureu stimmt zu, überlegt fieberhaft: Wohin mit den 26 Kanistern Flüssigkeit? Der Laborleiter weiß sich zunächst keinen Rat, hat jedoch zwei Stunden später eine erste Zuflucht für das schwere Wasser gefunden. Die Banque de France in Clermont-Ferrand ist bereit, die Metallbehälter aufzunehmen. Ohne weitere Fragen zu stellen. Rasch lädt Moureu die kostbare Fracht in sein Auto, in einer kleinen Seitenstraße am Rande des Hügels Sainte-Geneviève im 5. Arrondissement.

Moureu kommt auf seiner Fahrt jedoch nur langsam voran. Die Straßen sind verstopft, viele Pariser verlassen in diesen Tagen die Hauptstadt. Mit Fahrrädern und Autos, Schubkarren und Kinderwagen flüchten Frauen, Männer, Familien, insgesamt verlassen zwei Millionen Menschen bis zur Ankunft der Deutschen Mitte Juni den Großraum Paris.

Endlich in Clermont-Ferrand angekommen, übergibt Moureu die Kanister den Bankangestellten. Er bezeichnet das schwere Wasser fortan schlicht als »Produkt Z«, ohne irgendeinen Hinweis darauf zu geben, dass die Kanister, die nun im Banksafe liegen, kriegsentscheidend sein könnten. Am frühen Morgen des 17. Mai schließen sich die Türen aus Stahl hinter den Behältern.

Doch die militärische Lage verschlechtert sich rapide, und schon fünf Tage später lässt der Direktor der Banque de France Moureu wissen, dass er die mysteriösen Kanister nicht länger beherbergen möchte. Wieder muss der Laborleiter schnell entscheiden, sucht nach einem neuen Versteck. Militärische Anlagen schließt Moureu aus, das Risiko einer Bombardierung erscheint ihm zu groß. Ein diskreter Ort muss her. Dann hat er eine Idee: Nur wenige Kilometer außerhalb von Clermont-Ferrand liegt das Gefängnis von Riom, die Maison centrale, ein ehemaliges Kloster aus dem 13. Jahrhundert.

Noch am gleichen Nachmittag fährt ein Militärlieferwagen vor dem Gefängnis vor, navigiert auf das Gelände, die Tore schließen sich hinter ihm. Der Gefängnisdirektor, ein gutmütiger, freundlicher Mann erklärt sich mit den Forderungen Moureus schnell einverstanden: Das Produkt Z soll in einer gut isolierten Zelle unterkommen, in die sonst besonders gefährliche Kriminelle gelangen.

Während Moureu dem Direktor seine Instruktionen vermittelt, hämmern die Stiefel der Gefangenen im Takt auf den Boden des Innenhofs. Die Insassen müssen ihre tägliche Runde drehen. Eine, noch eine, eine letzte. Der Lärm untermalt mit seinem kalten Rhythmus jene Stunden voller Angst, die Moureu und seine Kollegen gerade durchleben. Was für ein seltsamer Anblick, denkt der Physiker. Jene Männer in Sträflingskleidung, die nicht einmal für würdig befunden wurden, für ihr Vaterland zu kämpfen, hieven im Gefängnis das Produkt eines geheim ausgetragenen Krieges von einem Lastwagen.

Kurz darauf kehrt Henri Moureu mit seinem Chef ans Collège de France zurück. Am 12. Juni 1940 sortieren sie ihre Unterlagen, verbrennen alles, was für ihre Forschung nicht zwingend notwendig ist. Der Feind soll bei seiner Ankunft in Paris keinerlei Hinweise auf ihre Forschungsergebnisse finden.

Sie können nicht ahnen, dass ihre Mühe vergebens ist. Denn ein ganzes Dossier voller Berichte, die Joliot-Curie ans Rüstungsministerium geschickt hatte, wird nur ein paar Tage später in die Hände der Nazis fallen. In einem verlassenen Zugwaggon in La Charité-sur-Loire nahe der Stadt Dijon werden die Deutschen diese und viele andere Geheimdokumente entdecken, die dort in vermeintliche Sicherheit gebracht worden waren.

Als Moureu und Joliot-Curie schließlich Paris verlassen, hat sich ein schwarzer Schleier über die Stadt gelegt, er verdunkelt den Himmel bis nach Rouen. Die Ölvorräte der Raffinerien entlang der Seine gehen in Flammen auf.

Bald erreichen die beiden Forscher die Hausnummer 85 der Rue Étienne Dolet in Clermont-Ferrand. Hinter grauen Betonmauern und dichten Bäumen haben die Kollegen Halban und Kowarski in der Zwischenzeit in einer Villa ein improvisiertes Labor für ihre Kernforschung installiert. Doch Moureu und Joliot-Curie wollen zunächst ein wenig durch den Ort wandern, um sich zu entspannen und nach den düsteren Bildern in Paris neue Hoffnung zu fassen.

Plötzlich hält ein Auto der Marke Simca direkt neben ihnen. Der Bankier Jacques Allier springt heraus und informiert sie darüber, dass sich die Deutschen Clermont-Ferrand nähern. Das schwere Wasser muss also die Stadt möglichst bald wieder verlassen. Diesmal sollen die Forscher es nach Bordeaux transportieren, von dort aus soll es auf einem Schiff nach England gelangen. Allier kommt gerade noch rechtzeitig, nur vier Tage später werden die ersten Deutschen Clermont-Ferrand erreichen.

Halban und Kowarski machen sich auf den Weg, die Kanister aus dem Gefängnis in Riom abzuholen, erst spät am Abend kehren sie in die entlegene Villa zurück. Allier versucht in der Zwischenzeit, Joliot-Curie davon zu überzeugen, zusammen mit dem schweren Wasser von Bordeaux aus das Land zu verlassen. Doch der Forscher zögert: »Die Deutschen werden irgendwann besiegt sein, daher ist es wichtig, dass wir unsere Stärke in der Forschung bewahren.«

Joliot-Curie bespricht sich jedoch mit Halban und Kowarski, überzeugt sie beide, mit dem Schiff nach England zu fahren, um die entscheidenden Experimente der atomaren Kettenreaktion durchzuführen. Ohne ihn. »Ihr habt mir längst gezeigt, dass ihr unsere Arbeit ohne mich fortsetzen könnt, das wird vielleicht nötig sein«, sagt Joliot-Curie seinen Kollegen. Auch die drei Patentschriften ihrer Forschung sollen die beiden mitnehmen. Drei Monate nachdem Halban und Kowarski Paris verlassen mussten, um die Mission in Norwegen nicht zu gefährden, sind sie nun auserwählt, die Atomforschung Frankreichs in England fortzusetzen.

Kowarski ist Halbjude, Halban hat jüdische Vorfahren, beide fühlen sich nicht mehr sicher in Frankreich und stimmen zu. Am Morgen des 17. Juni 1940 verlassen drei Fahrzeuge die Villa in Clermont-Ferrand: Halban und Kowarski samt Frauen und zwei Kindern steuern Bordeaux an, Moureu sowie Frédéric und Irène Joliot-Curie folgen in ihren Peugeots. Das Ehepaar Joliot-Curie wird allerdings auf der Strecke einen Zwischenhalt in Clairvivre einlegen, einem Sanatorium, in dem Irène bleiben wird. Sie leidet an Tuberkulose und ist gesundheitlich sehr geschwächt, der Ehemann möchte ihr die lange Reise bis zur Atlantikküste nicht zumuten.

Spät am Abend treffen Halban und Kowarski in Bordeaux ein, stellen die Kanister zunächst für die Nacht in einer Schule unter. Dort treffen sie Jean Bichelonne, den Sekretär des Rüstungsministers. Er übergibt ihnen die schriftliche Weisung der französischen Regierung, die Forschung vom Collège de France in England weiterzuführen. Der Befehl ist auf den Vortag, den 16. Juni, rückdatiert. Denn seit dem Morgen des 17. Juni gibt es eine neue französische Regierung. Ihr neuer Regierungschef, Maréchal Philippe Pétain, hat die Deutschen sogleich um einen Waffenstillstand ersucht.

Am 18. Juni, gegen elf Uhr, kommen auch Joliot-Curie und Moureu in Bordeaux an. Sie verbringen den Tag damit, mit Bichelonne zu diskutieren und auch mit Lord Suffolk, einem Abenteurer und Bombenexperten des englischen Rüstungsministeriums, ein kräftig gebauter Mann mit tätowierten Armen. Er trägt einen Trenchcoat und zwei Revolver, die er Oscar und Genevieve nennt. Nur vier Jahre später wird der Lord beim Entschärfen einer deutschen Mine ums Leben kommen.

Suffolk wie Bichelonne versuchen, Joliot-Curie zu überreden, Frankreich zu verlassen. Der zögert, versucht, seine Frau anzurufen, kann sie nicht erreichen. Soll er bleiben, soll er gehen? Der Physiker ist hin- und hergerissen. Natürlich möchte er seine Experimente zur Kernspaltung fortsetzen, doch fällt es ihm schwer, sein gesellschaftliches Ansehen, seinen Ruhm, aufzugeben. Im Ausland muss er selbst als Nobelpreisträger damit rechnen, zunächst nur einer unter vielen zu sein. Doch Joliot-Curie ist ungemein ehrgeizig, er möchte ein Beethoven seines Fachs sein, ein Shakespeare und ein Cäsar zugleich, so wird es sein Kollege Kowarski später erklären.

Und Joliot-Curie fühlt sich verantwortlich für sein Labor am Collège de France, seine Mitarbeiter, seine Familie. Seine beiden Kinder verbringen den Sommer fernab von Paris, in ihrem Ferienhaus in der Bretagne. Suffolk versichert ihm, dass sie auch seine Familie außer Landes bringen können. Doch der Physiker bleibt schließlich bei seiner Entscheidung: Er wird Frankreich nicht verlassen. Was das für seine Forschung, seine Karriere und seine Familie bedeutet, kann er in diesem Moment noch nicht ermessen.

Am Hafen von Bordeaux drängen sich unzählige Menschen, die möglichst schnell außer Landes gelangen wollen. Ein Dampfer, die Broompark, soll Halban, Kowarski und die

26 Kanister nach England bringen. Am 13. Juni hat das Schiff eine Fracht Kohle im Hafen abgeladen, der Kapitän erklärt sich bereit, auf seiner Rückreise nach England Flüchtlinge mit an Bord zu nehmen. In dem Gewirr von Menschen findet Joliot-Curie nicht den Kai, an dem die Broompark ablegen soll, kann sich nicht mehr verabschieden. 33 Wissenschaftler, unter ihnen Halban und Kowarski, verlassen an jenem Tag das Land, mit dem schweren Wasser an Bord.

Zur gleichen Zeit wird Joliot-Curie auch acht Tonnen Uranoxid und 1,5 Gramm reines Uran in Sicherheit bringen – also jenes Material, das für die Kernspaltung verwendet wurde. Damit hat er einen Kollegen der École Polytechnique beauftragt, der die Fracht ebenfalls nach Bordeaux gebracht hat. Da sich jedoch kein Schiff nach England findet, das die 130 Kisten mitnehmen kann, bringt der Forscher das Uran schließlich auf einem Frachter nach Marokko unter. In Casablanca angekommen, übernimmt ein Freund Joliot-Curies die geheime Mission und lässt das kostbare Material mit dem Zug in die Phosphatminen der Stadt Khouribga bringen. Dort werden es die Nationalsozialisten nie aufspüren.

An der Pointe de Graves, der äußersten Landspitze des Médoc, stauen sich bald die Flüchtlingsschiffe. Die Deutschen haben Minen ins Wasser abgeworfen, unweit der Broompark sinkt ein Dampfer. Am blauen Himmel machen die Passagiere schwarze Punkte aus, deutsche Flugzeuge kreisen über dem offenen Wasser. Rasch soll Lord Suffolk eigenhändig ein Floß gebaut haben, auf dem er die 26 Kanister mit dem schweren Wasser vertäut haben soll. Und Halban und Kowarski sollen ihm versprochen haben, dass sie ihre Reise mit dem Floß fortsetzen, falls der Dampfer auf eine Mine trifft oder aus der Luft angegriffen wird.

Und noch eine weitere kostbare Ladung soll Suffolk auf dem Floß befestigt haben: Diamanten im Wert von mehr als einer Million britischer Pfund. Der Geschäftsdirektor der Antwerp Diamond Bank, Paul Timbal, hat die Juwelen aus Belgien auf das Schiff gebracht, möchte sie vor den Deutschen in Sicherheit bringen. Mehr und mehr feindliche Flugzeuge erscheinen am Himmel, der Kapitän lässt Autoreifen an Bord verteilen, als wären es Rettungsringe.

Am 21. Juni 1940 sehen die Passagiere des Schiffs endlich die weißen Felsen von Falmouth am Horizont. Einmal am Hafen, finden die Diamanten bald ihren Platz an der Seite der Kronjuwelen seiner Majestät, im Windsor Castle. Halban und Kowarski dagegen bringen die Kanister mit dem schweren Wasser in einem Sonderzug nach Cambridge. Mit großem Interesse und mit Erleichterung nehmen die britischen Wissenschaftler die Kollegen dort in Empfang.

Im Cavendish Labor, in dem einst die Neutronen entdeckt worden waren, gelingt ihnen schließlich das entscheidende Experiment: Sie können als Erste zeigen, dass sich aus der Spaltung von Uran Kernenergie gewinnen lässt. Im Dezember 1940, genau zwei Jahre nach den bahnbrechenden Experimenten von Otto Hahn und Fritz Straßmann.

Die deutschen Nationalsozialisten ahnen davon wenig, halten die Wissenschaftler ihre Forschungsergebnisse doch längst geheim. Selbst Joliot-Curie wird erst Jahre später von den Experimenten seiner Kollegen in Großbritannien erfahren. Der Nobelpreisträger, der sich entschieden hat, in Frankreich zu bleiben, wird kurz nach der Invasion Besuch von deutschen Militärs erhalten. Was mit dem schweren Wasser geschehen ist, was mit dem Uran, wollen sie von ihm erfahren. Sie wollen mehr wissen, über die Forschung, die Joliot-Curie in Paris kurz vor ihrer Ankunft getätigt hat. In seinem Labor am Collège de France werden die neuen Besatzer ihn aufsuchen. Es liegt unweit des Institut du Radium, in dem Frédéric Joliot-Curie mit seiner Frau wenige Jahre zuvor einen Grundstein gelegt hatte für den Boom in der Kernphysik. Mit der Entdeckung der künstlichen Radioaktivität.

KAPITEL 2

1933: Der Beginn einer schicksalhaften Freundschaft

Mit niemandem soll Wolfgang Gentner über die neuen Experimente der beiden französischen Kollegen sprechen. Nur ihn ziehen Irène und Frédéric Joliot-Curie im Januar 1934 ins Vertrauen, er soll nichts verraten über die Versuche, kein Wort darüber soll zunächst aus dem Labor sickern. Noch fürchten die Joliot-Curies, dass ihre Testergebnisse sich als Irrtum entpuppen könnten, sie womöglich mit ihren Schlussfolgerungen falschliegen. Erst als die Forscher sicher sind, dass ihre Entdeckung tatsächlich so bahnbrechend ist, wie sie vermuten, weihen sie andere Mitarbeiter ein: Erstmals haben sie am Institut du Radium in Paris ein radioaktives Element neu erschaffen. Für ihre Forschung zu künstlicher Radioaktivität werden die Joliot-Curies ein Jahr später den Nobelpreis für Chemie erhalten. Und Gentners Stillschweigen markiert den Beginn einer Freundschaft, die bald eine bitterlich harte Prüfung durchleben wird. Wenn die Nationalsozialisten das Labor am Collège de France sieben Jahre später besetzen, kurz nachdem Joliot-Curie das schwere Wasser nach England verschifft hat.

Mit einem Stipendium in der Tasche hatte sich Wolfgang Gentner im Jahr 1933 erstmals auf den Weg nach Paris gemacht, um bei der Nobelpreisträgerin Marie Curie am Institut du Radium zu forschen. Zwei Wochen vor Hitlers Machtergreifung war der 25-Jährige mit Frau und Sohn aufgebrochen, damals, kurz bevor sich alles in Deutschland veränderte.

Er verließ Frankfurt, bevor die Nationalsozialisten im März 1933 ihre Hakenkreuzflaggen an den Hausfassaden der Altstadt hissten, er erlebte im Mai nicht mehr mit, wie Studenten und Dozenten in Uniform, begleitet von dem Marsch einer SS-Kapelle, fast 11 000 Bücher am Römerberg verbrannten.

Er konnte nicht ahnen, damals, dass ihn ausgerechnet die Arbeit im Labor der berühmten Forscherin einmal dazu bringen würde, unter den Augen der Nationalsozialisten seine Karriere und seine persönliche Sicherheit zu riskieren.

Gentner galt als neues Talent in der Physik, ein großer, schlaksiger Mann mit hoher Stirn und hellen Augen. Sein Doktorvater Friedrich Dessauer von der Universität Frankfurt hatte ihn Marie Curie empfohlen, jener Wissenschaftlerin, die im Jahr 1903 als erste Frau überhaupt einen Nobelpreis gewonnen hatte. In ihrem Labor sollte Gentner arbeiten, mit ihrer Tochter Irène Joliot-Curie und deren Ehemann Frédéric. Früh machte Marie Curie vor, was es hieß, Forschende aus aller Welt in einem Labor zusammenzubringen, ihr Labor wurde zu einem Anziehungspunkt für Wissenschaftler aus vielerlei Ländern, auch für den jungen Deutschen.

Er habe einen »ausgezeichneten Charakter«, schrieb Dessauer über seinen Doktoranden, bezeichnete ihn als bescheiden und hilfsbereit, zuverlässig und anständig: »Sämtliche Mitarbeiter an meinem Institut bis zu den Hilfskräften haben ihn aufrichtig gern.«

Gentner wird Dessauer ein Leben lang verbunden bleiben, wie so vielen Menschen im Laufe seines Lebens. Später wird er große Feste an seinen Forschungsinstituten feiern, mit Spielen und Wettbewerben, an denen er selbst gerne teilnimmt. Schon als junger Physiker knüpft er schnell Kontakte, hat ein gutes Gespür für Menschen, auch seine neuen Kollegen Irène und Frédéric Joliot-Curie vertrauen Gentner bald. Anhänger des NS-Regimes dagegen werden ihm nachsagen, dass er undurchsichtig sei, vielleicht sogar hinterhältig.

Davon ahnen die drei Physiker nichts, damals, Frédéric und Irène Joliot-Curie führen zunächst unter dem Stillschweigen Gentners noch ein paar chemische Testreihen durch, dann sind sie sich sicher: In ihrem Versuch ist eine neue radioaktive Substanz entstanden, strahlender Phosphor.

Marie Curie hatte dem deutschen Physiker empfohlen, mit Frédéric Joliot-Curie zusammenzuarbeiten. Ihr Schwiegersohn forscht als oberster Assistent am Institut und interessiert sich gleich für die Expertise des deutschen Kollegen. Gentner kennt sich nämlich besonders gut mit einem neuen Gerät aus, das radioaktive Strahlung messen kann.

Das Phänomen der Radioaktivität hatte Marie Curie selbst vor Jahren entdeckt, hatte nachgewiesen, dass Atome keineswegs starre Strukturen sind, wie man bis dahin annahm. Manche der chemischen Elemente, so beobachtete Curie, sind derart instabil, dass sie irgendwann zerfallen. Dabei setzen sie Energie in Form von Strahlen frei, die Radioaktivität.

Ob eine solche Strahlung vorhanden und wie stark sie ist,

misst Gentner mit dem Geiger-Müller-Zählrohr. So heißt das neue Gerät, benannt nach dem Erfinder Hans Geiger und seinem Doktoranden Walther Müller. Diese Apparatur haben Marie Curie und ihre Mitarbeiter bislang nicht verwendet. Die Forscherin ist skeptisch, will sich zunächst nicht darauf einlassen.

Doch Gentner insistiert, erklärt, überzeugt Madame Curie schließlich davon, den Geiger-Müller-Zähler einzusetzen, zusätzlich zu ihren gewohnten Messmethoden. Es soll nicht lange dauern, bis sein Gerät Frédéric und Irène Joliot-Curie jene Entdeckung der künstlichen Radioaktivität beschert, die beide weltberühmt machen wird.

Gentner richtet sich sogleich eine Werkstatt außerhalb des Institutsgebäudes ein, um Geiger-Müller-Zähler zu bauen. Dafür nimmt er ein Metallrohr, in dessen Mitte er einen Metalldraht spannt. Zwischen Draht und Rohr legt Gentner eine Spannung an, das Rohr füllt er mit einem Edelgas. Sobald nun radioaktive Strahlen in das Zählrohr gelangen, schlagen sie Elektronen aus den Atomkernen des Edelgases heraus. Diese freien Elektronen misst dann der Geiger-Müller-Zähler über eine Art Verstärker als elektrischen Strom. Sobald elektrischer Strom fließt, beginnt das Gerät zu klicken. Je stärker die radioaktive Strahlung, desto mehr Elektronen werden freigesetzt. Und umso schneller sind die einzelnen Klicks nacheinander zu hören.

Im oberen Stockwerk des Radium-Instituts kann Gentner seine Geräte erproben, einen Bereich, den viele Kollegen nicht betreten dürfen, selbst Marie Curie nicht. Sie arbeitet mit radioaktiven Substanzen, vor allem mit Radium. Das könnte Gentners Versuchsergebnisse verfälschen. Frédéric Joliot-Curie dagegen kommt oft vorbei, auch weil er im Labor des Deutschen ungestört rauchen kann. In den übrigen Versuchsräumen des Instituts ist das verboten.

Oft ruft Joliot-Curie den deutschen Kollegen herbei, wenn er eine Frage zu den Messungen hat. Läuft etwas nicht, prüft Gentner, woran es liegen kann. Wie auch an jenem Tag im Januar 1934, als es mit dem Geiger-Müller-Zähler zu hapern scheint. Gemeinsam mit Irène hat Frédéric Joliot-Curie eine neue Versuchsreihe begonnen: Sie beschießen eine Aluminiumfolie mit Alphastrahlung, einer Strahlung, die aus radioaktivem Material entsteht.

Doch irgendetwas stimmt nicht, so glaubt Joliot-Curie zunächst. Die Probe strahlt nach Ende des Experiments nämlich noch weiter, das Klicken des Geiger-Müller-Zählers ist noch ein paar Minuten lang deutlich zu hören. »Der Zähler ist nicht in Ordnung«, sagt der französische Kollege. Er vermutet zunächst, dass der Apparat eine Art Gedächtnis hat. Und bittet Gentner, das Gerät zu überprüfen.

Gentner sieht also nach, ob der Geiger-Müller-Zähler richtig funktioniert. Und kann keinen Fehler finden. Joliot-Curie stutzt, ihm dämmert bald, woran es liegen könnte. An diesem Abend aber ist er mit seiner Frau zum Abendessen eingeladen, ausgerechnet, er muss das Labor früh verlassen. Bevor er geht, fragt er Gentner, ob er das Messgerät nochmals prüfen könne. »Ich habe Zeit, ich kann noch ein bisschen bleiben«, versichert ihm Gentner und testet nochmals, ob der Geiger-Müller-Zähler die radioaktive Strahlung richtig misst. Alles läuft einwandfrei. Bevor er das Labor verlässt, legt er seinem Kollegen eine Notiz auf den Schreibtisch.

Mit ihren Experimenten will das Ehepaar Joliot-Curie eigentlich nur eine Versuchsreihe fortsetzen, die andere Wissenschaftler begonnen haben. Im Jahr 1930 haben deutsche Physiker beobachtet, dass bei der Bestrahlung des Leichtmetalls Beryllium mit radioaktiven Teilchen eine neue, sehr durchdringende Strahlungsart auftritt. Zwei Jahre später fanden Irène und Frédéric heraus, dass mithilfe dieser neuen Strahlung Wasserstoffkerne aus bestimmten Substanzen regelrecht herausgeschossen werden können.

Worum aber handelte es sich? Dem englischen Physiker James Chadwick gelang es, die Ergebnisse der französischen Kollegen zu deuten: Die neue Strahlung müsse aus bislang unbekannten, neutralen Teilchen bestehen, erklärte er, den Neutronen. Chadwick wird für besagten Paukenschlag später den Nobelpreis für Physik erhalten.

Irène und Frédéric dagegen waren nicht schnell genug. Daher wollen sie möglichst rasch nach neuen Neutronenstrahlen suchen, beschießen dafür Anfang 1934 nicht mehr Beryllium, sondern Aluminium mit radioaktiven Teilchen. Und erhalten jene Messergebnisse, die sie stutzen lassen.

Sie rufen in den Folgetagen Frédérics alten Studienfreund Pierre Biquard an, ebenfalls Physiker. Der hastet sogleich ins Institut und findet dort eine Vielzahl von Apparaturen auf den Labortischen vor, die offensichtlich in aller Eile aufgestellt worden sind. Gerade wiederholen die Joliot-Curies ihr Experiment mit dem Geiger-Müller-Zähler, als sich die Tür des Labors öffnet: Marie Curie und ihr alter Freund Paul Langevin, Mentor von Frédéric Joliot-Curie aus Studienzeiten, haben sich ebenfalls ins Institut begeben, um bei dem Versuch dabei zu sein. Sie sprechen nur wenig, rasch wird allen klar, dass ihr Experiment eine neue Ära der Wissenschaft einläuten wird. Nun können Forschende nicht mehr nur zusehen, wie natürlich vorkommende radioaktive Elemente zerfallen. Sie können selbst Neue erschaffen.

Eine Woche später reichen Frédéric und Irène Joliot-Curie ihre Ergebnisse zur Veröffentlichung ein. Gleich im Folgejahr sollen sie dafür den Nobelpreis für Chemie erhalten, so schnell wurde die Entscheidung für die berühmte Auszeichnung noch nie getroffen. Die Verleihung in Stockholm wird Marie Curie allerdings nicht mehr erleben. Sie stirbt am 4. Juli 1934, vor allem an den Folgen der radioaktiven Strahlung, der sie viele Jahre lang ungeschützt ausgesetzt war.

Vor ihrem Tod allerdings hat sie dafür gesorgt, dass Gentner noch ein Stipendium erhält, er kann ein weiteres Jahr in Paris bleiben. »Ich hatte eine sehr gute Beziehung zu ihr«, berichtet Gentner später. Mal chauffiert er sie, mal trifft er sie zur Mittagszeit im Garten des Instituts, unterhält sich mit ihr darüber, was gerade in seiner Heimat geschieht: »Sie wollte mehr über Hitler wissen und die Gründe dafür, dass er die Macht ergreifen konnte.« Dass ihr Schwiegersohn wenige Jahre später den Vorrat an schwerem Wasser aus Norwegen und auch acht Tonnen Uranoxid vor den Nationalsozialisten in Sicherheit bringen würde, konnte sie nicht ahnen.

Marie Curie hat sich stets fürsorglich um den Deutschen gekümmert, sie ist davon überzeugt, dass der Fortschritt der Wissenschaft dem Wohle der Menschheit dient. Ihre Arbeit ist längst zum Vorbild zahlreicher Labors in Europa geworden, viele von ihnen haben sich auf die Erforschung der Radioaktivität spezialisiert und konkurrieren miteinander, in Cambridge und Wien, in Berlin und eben in Paris.

Und doch macht Marie Curie vieles anders als ihre Kollegen. Fast ein Drittel der Angestellten am Institut sind Frauen, was zu jener Zeit sehr ungewöhnlich ist. Auch beschäftigt sie viele Ausländer, die meisten leben vom knappen Budget ihrer Stipendien, kommen aus Spanien und Portugal, Rumänien und Russland, Jugoslawien und auch aus Curies Heimatland Polen.

Gentner wird der erste deutsche Forscher am Institut sein, die Grande Guerre, der Erste Weltkrieg, ist noch lebendig in der Erinnerung vieler Franzosen. Allein im Kampf um die

Stadt Verdun starben nach einem Angriff der Deutschen mehr als 160 000 französische Soldaten, der Ort war danach ausradiert. Dennoch zögerte Marie Curie nicht, einen deutschen Physiker aufzunehmen.

Um in sein neues Labor zu gelangen, lief Gentner sicher oft die rue Saint-Jacques hinunter, auf schmalen Gehsteigen, unter schmiedeeisernen Balkons, entlang der imposanten Fassaden in blassem Beige. Mehr als hundert Jahre zuvor hatte der Komponist Hector Berlioz in dieser Straße seine erste Bleibe in Paris gefunden, zunächst, um Medizin zu studieren, nur zwei Querstraßen entfernt vom Jardin du Luxembourg mit seinem prächtigen Palais und dem Brunnen der Medici.

Im 19. Jahrhundert war das Stadtviertel ein Treffpunkt für Maler, Komponisten und Schriftsteller aus aller Welt. Im Café *Les Deux Magots* im Quartier Latin diskutierten und fantasierten sie, in diesen Straßen wuchs der Schriftsteller Émile Zola auf, hier wohnte auch der große Schreiber Honoré de Balzac.

Als Gentner 1933 in Paris eintrifft, findet er allerdings ein völlig verändertes Stadtviertel vor. Hatte die Sorbonne-Universität lange die feinen Gesichtszüge des Viertels geprägt, sind am linken Ufer der Seine inzwischen zahlreiche Forschungseinrichtungen entstanden. Das Institut Océanographique in der rue Saint-Jacques etwa verleiht dem Quartier ein neues Antlitz, das Laboratoire de Chimie-Physique Matière Rayonnement, das Institut de Biologie Physico-Chimique. Und gemeinsam mit dem Institut Pasteur hat die Universität Paris hier bis zum Sommer 1914 das Institut du Radium errichten lassen, dessen Leitung Marie Curie übernimmt. In mehreren Pavillons sollen sich die Wissenschaftler den physikalischen Grundlagen radioaktiver Strahlen widmen, aber auch deren Anwendung bei der Behandlung von Krebs und anderen Erkrankungen. Für einen jungen, wissensdurstigen Physiker wie Gentner ist es ein fantastischer Ort.

Er ist mit seiner Frau Alice nach Paris gekommen, einer Schweizerin aus Solothurn, und ihrem gemeinsamen Sohn Ralph, der noch ein Baby ist. Ungewöhnlich früh haben die beiden geheiratet. Gentners Frau war Sekretärin in Dessauers Institut, dort hatten sie sich kennengelernt. Ihr Vater, Paul Pfaehler, war ein angesehener Mediziner und half dem jungen Paar gelegentlich aus, wenn das Geld allzu knapp war. Von Gentners Eltern konnten sie keine Unterstützung erhoffen. Der Vater war unerwartet gestorben, als Gentner noch mitten im Studium war.

Auch deshalb entschied sich der junge Physiker dafür, nach Frankreich zu gehen – und nicht etwa nach England. »Es war billiger, in Paris zu leben als in Cambridge«, erinnert sich Gentner später. Am 17. Januar 1933 bezog er mit seiner kleinen Familie eine Wohnung im 13. Arrondissement. Nur spärlich richteten sie die Zimmer ein, viele Möbel konnten sie sich nicht leisten.

Ein Foto aus jener Zeit zeigt Gentner in hellem Anzug und Krawatte, seine Frau mit einem hellen Hut, schräg auf den Kopf gesetzt, und einem taillierten Sommerkleid mit Gürtel und weißer Spitze, wie sie – vermutlich sonntags – mit ihrem Sohn im Kinderwagen durch die Straßen von Paris flanieren. Sie wohnen unweit der Place d'Italie, nur zwanzig Minuten zu Fuß vom Institut Marie Curies entfernt.

Große Fenster blicken Gentner an seinem ersten Arbeitstag vom Pavillon Curie entgegen, unter den geschwungenen Giebeln des Dachs wechseln sich rechteckige mit runden Glasscheiben ab. Über dem Eingang findet sich der Name des Instituts in Stein geritzt. Nur ein schlichter Holzzaun trennt das helle Backsteingebäude von der Straße. Einer Straße, die damals nach Pierre Curie benannt war, Marie Curies Ehemann.

Gemeinsam hatten Pierre und Marie geforscht, gemeinsam einen Nobelpreis gewonnen. Kennengelernt hatten sich die beiden, nachdem Marie Curie ihr Studium abgeschlossen hatte. Sie hatte ihre Studentenzeit vor allem in einer kargen Dachkammer im Quartier Latin verbracht, nahe der Sorbonne-Universität. In ihrem Zimmer war es im Winter so kalt, dass sie all ihre Kleidung übereinander auf ihr Bett legen musste, um beim Schlafen nicht zu frieren. Einmal fiel sie in der Universitätsbibliothek in Ohnmacht. Sie hatte kaum Geld und fast nichts gegessen, hatte Stunde um Stunde gelernt, ohne auf ihre Gesundheit zu achten.

Sie kämpfte jedoch weiter, wollte unbedingt ernst genommen werden an ihrer Fakultät. Als sie im Jahr 1891 zum Studium aus Polen kam, studierten an der Pariser Universität nur 200 Frauen, unter 9000 Männern. Im Physikstudium machte Marie sogar nur als eine von zwei Frauen ihren Abschluss. Sie hieß damals noch Maria Sklodowska, nannte sich aber seit ihrer Ankunft in Frankreich Marie.

Ein Forscher stellte ihr nach dem Studium den Laborleiter an der Städtischen Hochschule für Industrielle Physik und Chemie vor, der École Municipale de Physique et de Chimie Industrielles de la Ville de Paris. Er sollte ihr bei der Suche nach neuen Laborräumen helfen, sie brauchte für ihre Experimente mehr Platz. Der Professor hieß Pierre Curie.

Bald begannen die beiden gemeinsam zu forschen, sie diskutierten oft und viel, fanden Gefallen aneinander. Doch Marie wollte eigentlich nach Polen zurückkehren, wollte nach einer unglücklichen Liebe in ihrer Jugend keine Beziehung mehr eingehen. Doch Pierre schrieb ihr Briefe, bat sie eindringlich, ihn zu heiraten. Bis sie, endlich, im Jahr 1895 zustimmte. Aus Maria Sklodowska wurde Marie Curie.

Für ihre Doktorarbeit untersuchte Marie Curie ein Phänomen, das der Physiker Henri Becquerel beobachtet hatte: Er hatte entdeckt, dass manche Substanzen Strahlen aussenden. Curie und ihr Mann begannen, die Stärke dieser Strahlung genau zu messen, nannten diese Eigenschaft schließlich Radioaktivität. Dafür bekamen sie gemeinsam mit Becquerel im Jahr 1903 den Nobelpreis für Physik.

Als Marie Curie die Auszeichnung erhielt, war sie mit ihrem Ehemann längst mit der nächsten Aufgabe beschäftigt: Beide hatten sich vorgenommen, einzelne radioaktive Elemente zu isolieren. Das war enorm aufwendig, da zum Beispiel das Element Radium in dem von ihnen untersuchten Material nur in winzigen Mengen vorkam, auf eine Tonne kam nicht einmal ein einziges Gramm. In einem Schuppen der Universität schuftete das Ehepaar, der Regen tropfte durch das marode Dach, oft mussten die beiden kochende Mixturen umrühren, mit einem Eisenstab, stundenlang.

Sie wären noch lange damit beschäftigt gewesen, doch ihre gemeinsame Arbeit fand am 19. April 1906 ein grausames Ende. Es war ein regnerischer Tag, so regnerisch, dass die Seine drohte über die Ufer zu treten. Pierre Curie lief dennoch durch die Innenstadt, wollte einen Verleger besuchen, spannte seinen Regenschirm auf, um sich beim Überqueren der Straße vor dem Niederschlag zu schützen. Er sah die sich nähernde Kutsche nicht gleich, die großen Pferde. Er stolperte, strauchelte, fiel vor die Räder der Kutsche und erlitt einen Schädelbruch.

Pierre Curie ist sofort tot. Von dem innig verbundenen Nobelpreispaar bleibt nur die trauernde Witwe mit zwei kleinen Töchtern. Marie Curie beginnt in einem Tagebuch, Briefe an den Verstorbenen zu schreiben: »Alles ist vorbei …; das ist das Ende von allem, allem, allem«, notiert sie dort zum Beispiel.

Ihr Schwager bringt sie schließlich zurück in ihr Labor, die Arbeitsroutine hilft ihr weiterzumachen, irgendwie. Am 13. Mai 1906 bietet ihr die Universität den Lehrstuhl Pierre Curies an. Bald setzt sie ihre gemeinsame Forschung fort und erhält im Jahr 1911 den Nobelpreis für Chemie für die Entdeckung der radioaktiven Elemente Radium und auch Polonium, benannt nach ihrer polnischen Heimat. In vielerlei Hinsicht ist ihr Beispiel unerhört; als erster Mensch hat sie zwei Nobelpreise erhalten, dazu noch als Frau; eigentlich traute man Frauen damals eine wissenschaftliche Karriere nicht zu.

Als Gentner bei Marie Curie zu arbeiten beginnt, setzt sich die Wissenschaftlerin einmal am Tag mit einer Tasse Tee auf eine Treppe mitten im Labor. Hier schart sie ihre Mitarbeiter um sich, um über ihre Forschung zu diskutieren. So kann auch der deutsche Physiker erfahren, woran die Kollegen arbeiten. Alle Mitarbeiter forschen nämlich hinter verschlossenen Türen, sie wissen oft gar nicht genau, was der andere gerade macht. Daran muss sich Gentner noch gewöhnen.

Doch Frédéric Joliot-Curie tauscht sich viel mit seinen Kollegen aus. Er versteht sich mit allen Mitarbeitern, verbringt gern Zeit in der Werkstatt, in der zwei Mechaniker, ein Elektriker und ein Glasbläser arbeiten. »Joliot-Curie war sehr offen«, wird sich Gentner später erinnern: »Wenn man im Institut etwas nicht bekam, ging man zu ihm, und er arrangierte alles.« Darin unterscheidet sich Joliot-Curie von den meisten Kollegen im Labor. Und in so vielem anderen.

Als Jean Frédéric Joliot war er im Jahr 1900 als sechstes Kind einer Kaufmannsfamilie in einem kleinen Stadtpalais im 16. Arrondissement zur Welt gekommen. Seine Schwester Marguerite brachte ihm verschiedene Maltechniken bei, auch improvisierte er erstaunlich gut auf dem Klavier, ohne je Unterricht zu nehmen. Frédéric war der Nachzügler der Familie, zwei seiner Brüder waren früh gestorben, sein Bruder Henri wird im Ersten Weltkrieg an der Front fallen. Frédéric wird als einziger Sohn der Familie übrig bleiben.

Bei Frédérics Geburt war sein Vater bereits 57 Jahre alt. Henri Joliot komponierte in seiner Freizeit Jagdlieder und blies auf Treibjagden das Horn. Mit ihm ging der Sohn oft angeln, von ihm übernahm Frédéric den wachen Blick für die Natur. Der Vater war einst Teil der Pariser Kommune gewesen, die im Frühjahr 1871 die französische Hauptstadt nach sozialistischen Vorstellungen verwalten wollte, gegen den Willen der konservativen Zentralregierung. Im Mai desselben Jahres schlug die französische Armee die Kommune blutig nieder, Joliots Vater musste sich in Sicherheit bringen, ging nach Belgien ins Exil. Seine politische Vorgeschichte prägt den Sohn von klein auf, wird später seine Entscheidungen lenken, als die Nationalsozialisten Paris besetzen.

Als der Erste Weltkrieg beginnt, verschlechtert sich die finanzielle Situation der Joliots. Die Familie muss vom gediegenen Stadtpalais in eine Wohnung umziehen, der Junge ist gezwungen, das Internat eines angesehenen Gymnasiums zu verlassen. Und er bereitet seiner Mutter »große Sorgen«, wie er später erzählt: Denn wenn er mit seiner Mutter einkaufen geht, stiehlt er heimlich Obst oder Süßwaren. Schließlich bewirbt er sich an der Hochschule für Industrielle Physik und Chemie, auch, weil sie keine Studiengebühren verlangt.

Dort fällt bald auf, wie geschickt Joliot mit den chemischen Apparaturen hantiert, er schließt sein Studium als Jahrgangsbester ab. Danach zieht es den jungen Wissenschaftler in die Forschung, nicht in die Industrie, obwohl er dort das Dreifache verdienen könnte. Paul Langevin, Physiker und Direktor der Hochschule, warnt Joliot: Er habe keine Elite-Hochschule besucht und werde wirklich Außergewöhnliches leisten müssen, um geachtet und anerkannt zu werden. Doch Joliot zögert nicht, er will sich davon nicht abschrecken lassen, kann sich vermutlich nicht vorstellen, wie elitär die Kreise sind, in die er geraten wird. Langevin sieht die Entschlossenheit seines Studenten und empfiehlt ihn seiner alten Freundin Marie Curie.

Am 21. November 1924 stellt sich Joliot bei der Nobelpreisträgerin vor, in Uniform, da er gerade noch seinen Militärdienst absolviert. Ungewohnt schüchtern sitzt er im Büro von Marie Curie. Ganz in Schwarz gekleidet, die grauen Haare hochgesteckt, mustert sie ihn schweigend, fragt ihn aber schließlich, ob er am Folgetag anfangen kann.

Zunächst fällt es Joliot schwer, sich an das universitäre Milieu zu gewöhnen, er kennt die Ausdrucksweise der elitären Kreise nicht, auch ihre Gewohnheiten sind ihm fremd. Und er hat keinerlei Ahnung von Radioaktivität. Zu Beginn ist Marie Curie von ihm nicht sonderlich beeindruckt, sein Schwung und sein Temperament bereiten ihr sogar Sorgen. Sie lässt ihn von ihrer Tochter Irène beaufsichtigen, der wichtigsten Assistentin in ihrem Labor.

Frédéric findet die Arbeit am Institut anfangs unerträglich, überlegt, seine Stelle wieder aufzugeben, kommt mit Irène zunächst nicht zurecht. Die Tochter Marie Curies geht völlig in ihrer Arbeit auf, ist still und oft so geistesabwesend, dass sie vergisst, ihre Mitarbeiter zu grüßen. Sie ist im Labor nicht sehr beliebt, gilt als unnahbar und kühl. Frédéric oder Fred, wie er genannt wird, ist dagegen redselig und fröhlich. Irène achtet wenig auf ihr Äußeres, er aber ist stets elegant gekleidet und sehr gepflegt.

Sie arbeiten jeden Tag zusammen, fassen allmählich Vertrauen zueinander, unternehmen lange Spaziergänge auf der Île de Saint-Louis, einer der Inseln der Seine mitten in Paris, auf der Marie Curie damals mit ihren Töchtern wohnt. Bald geleitet Fred Irène abends aus dem Labor nach Hause, zum Quai de Béthune. »Ich entdeckte, dass diese junge Frau, die andere für ein bisschen gefühllos hielten, außergewöhnlich war, poetisch und sensibel«, wird Joliot sich später erinnern.

Sie merken beide, dass sie sich in ihren Gegensätzen perfekt ergänzen, wie zwei Puzzlestücke, die sich zu einem Gesamtbild fügen. Bei der Arbeit und im Alltag. Sie verloben sich am 24. Juni 1926.

Im September reisen sie gemeinsam zur Pointe de l'Arcouest, einer fast unbewohnten Halbinsel in der Bretagne. Ein abgelegener Ort, an dem der amerikanische Pilot Paul Tibbets nach seinem Tod viele Jahrzehnte später seine Asche ins Meer wird streuen lassen. Tibbets kennt die einsame Gegend, er wird sie im Jahr 1942 oft überfliegen, als er für die Alliierten verschiedene Städte in Europa bombardiert.

Tibbets wird jedoch auch eine andere Mission vollbringen: Er wird in seinem Flieger Enola Gay am 6. August 1945 die erste Atombombe über der japanischen Großstadt Hiroshima abwerfen. Mehr als 100 000 Menschen werden an den Folgen sterben.

Ein fast brutal anmutender Zufall, dass der Pilot der ersten Atombombe am gleichen Küstenstreifen der Bretagne Gefallen findet wie jene Wissenschaftler, deren Forschung die Entwicklung der verheerenden Waffe erst ermöglichte.

Freunde der Curies verbringen hier jedes Jahr die Sommermonate, sie singen und tanzen gemeinsam, schwimmen im Atlantik. Fachgespräche dagegen meiden sie. Marie Curie hat hier ein Sommerhaus gebaut, gleich neben den Anwesen anderer Sorbonne-Kollegen. Darum wird die Urlaubsgemeinschaft auch als Sorbonne Plage bezeichnet, als Strand der Sorbonne-

Universität. Aus dem intellektuellen Kreis werden im Laufe der Jahre vier Nobelpreisträger hervorgehen.

Frédéric Joliot aber fühlt sich fremd an jenem Strand, in jenem elitären Kreis, der eine andere Sprache spricht als er und seinen eigenen Regeln folgt. Irène hat wie viele andere Kinder dieser Gemeinschaft nie eine normale Schule besucht. Sie wurden privat unterrichtet, oft von den herausragendsten Gelehrten des Landes, haben danach an Elite-Universitäten studiert.

Die Intellektuellen der Sorbonne Plage erwarten Respekt im Umgang mit ihnen, vielleicht Unterwürfigkeit, der Mathematiker Émile Borel, damals Vize-Präsident des Universitätsrats und Mitglied der Akademie der Wissenschaften, trägt immer ein schwarzes Notizbuch bei sich, in dem er Namen junger Männer notiert, die ihm vielversprechend erscheinen. Freds Name taucht darin sicher nicht auf.

Fred ist temperamentvoll, feurig, gut aussehend, geht direkt und voller Neugier auf andere Menschen zu. Stets möchte er gefallen, Eindruck machen, auf Kinder wie Erwachsene, auf junge Frauen wie alte Männer. An der Sorbonne Plage aber spürt er, dass er hier auf gesellschaftliche Hürden stößt, so hoch, dass er sie nicht überwinden kann. Er schleicht sich oft davon, besucht die Cafés des nah gelegenen Ortes oder den Strand, freundet sich mit den Fischern an.

Irène und ihre Mutter sind wenig überrascht, Marie Curie schreibt ihrer Tochter: »Ich hoffe, dass sich Fred nicht verpflichtet fühlt, den anderen Gesellschaft zu leisten, wenn ihm das nicht passt.« Sicher spielt auch eine Rolle, dass Fred in diesem Kreis nicht so brillieren kann, er steht sonst gern im Mittelpunkt. Mit der Zeit werden die anderen sich aber mehr auf ihn einlassen, auf diesen jungen Mann voller Charme, mit dem der Umgang so spielend leichtfällt.

Am 9. Oktober 1926 heiraten Fred und Irène, im Rathaus des 4. Arrondissements, am nördlichen Seine-Ufer, unweit der Kathedrale von Notre-Dame. Ohne religiöse Zeremonie, in kleinem Kreis. Und sie nehmen jeweils den Nachnamen des anderen an, nennen sich ab sofort Joliot-Curie. Im September 1927 kommt Tochter Hélène zur Welt, im Oktober nimmt Irène ihre Arbeit im Labor wieder auf.

Auf Drängen seiner Schwiegermutter holt Fred das Abitur nach, das er wegen des Krieges nicht hatte ablegen können und promoviert mit einer Arbeit über die Elektrochemie radioaktiver Elemente. »Marie Curie war sehr stolz auf ihren Schwiegersohn«, berichtet der deutsche Physiker Gentner später.

Als der junge Stipendiat im Januar 1933 im Radium-Institut eintrifft, sind Irène und Fred bereits ein eingespieltes Team. »Er war ein sehr guter Experimentator, sie war in den theoretischen Aspekten der Chemie vielleicht etwas besser ausgebildet«, erklärt er später. Es sei jedoch nicht einfach gewesen, mit ihr zu reden, eine Beziehung zu ihr aufzubauen: »Sie war sehr schüchtern und zurückhaltend.«

Beide, Irène und Frédéric, interessieren sich bald für die Gentners. »Zu dieser Zeit war es in Frankreich nicht üblich, zu sich nach Hause einzuladen. Aber die Joliots waren in dieser Hinsicht anders«, wird der deutsche Physiker berichten. Gentners Frau spricht als Schweizerin fließend Deutsch und Französisch, kann sich also problemlos unterhalten: »Die Joliots mochten sie sehr, wir gingen abends oft zu ihnen.«

Im Juni 1935 allerdings ziehen die Joliot-Curies aus ihrem kleinen Appartement in Paris in den Vorort Antony, an den Rand eines großen Parks mit Schloss und einer prächtigen Orangerie, einst vom ersten Architekten von König Ludwig XIV. erbaut. In ihrem neuen Haus haben Irène und Frédéric beide ein eigenes

Arbeitszimmer, im Garten findet sich neben einer großen Terrasse und Wiese sogar Raum für einen Tennisplatz.

Abends übersetzt Irène gern Gedichte des britischen Schriftstellers Rudyard Kipling, der mit seinem *Dschungelbuch* Weltruhm erlangte. Frédéric hört Bach oder Mozart oder improvisiert auf dem Flügel im großen Wohnzimmer ihres neuen Heims.

Auch am Institut ändert sich die Situation nach Marie Curies Tod. Frédéric Joliot-Curie erhält eine Professur am Collège de France, der wohl angesehensten Universität in Frankreich, neben der Sorbonne. Im Jahr 1530 gegründet, halten dort handverlesene Professoren aus einer Vielzahl von Natur- und Geisteswissenschaften ihre Vorlesungen, kostenlos, sie sind für jeden öffentlich zugänglich. Joliot-Curie bekommt auch Platz für sein Labor und verbringt kaum noch Zeit am Radium-Institut.

Marie Curies Nachfolger sei ein seltsamer Mann gewesen, berichtet Gentner später. Er habe den ganzen Tag in seinem Labor verbracht, mit verschlossener Tür, mit ihm zu sprechen sei nicht leicht gewesen. Deshalb zieht es Gentner zurück nach Deutschland, selbst wenn die Nachrichten von Zuhause ihn erahnen lassen, wie sehr sich seine Heimat seit der Machtergreifung Hitlers vor zwei Jahren verändert hat.

Jüdische Wissenschaftler kommen aus Deutschland nach Paris, viele von ihnen fragen Gentner um Rat, was sie jetzt machen sollen. Die Kollegen haben ihre Arbeit verloren, oft ihr Hab und Gut zurücklassen müssen. »Das war nicht einfach«, wird er später berichten. Schließlich weiß er, dass er mit seiner Familie jederzeit in seine Heimat zurückkehren kann, die Kollegen aber nicht. Manche der Forscher lassen sich in Paris nieder, ohne zu ahnen, dass sie bald auch in Frankreich um ihr Leben werden fürchten müssen.

KAPITEL 3

Rückkehr in eine fremde Heimat

Es ist bereits dunkel, als die ersten Steine gegen die Hausfassade fliegen. Fenster bersten, 80 Studenten und Mitläufer der Frankfurter Universität brüllen und skandieren judenfeindliche Parolen vor dem Zuhause des Physikprofessors Friedrich Dessauer, des Doktorvaters von Wolfgang Gentner. Im Licht einer Straßenlaterne zertrümmern sie den Gartenzaun, versuchen, das Schloss der Eichentür am Hauseingang zu öffnen, schlagen schließlich ein Loch hinein. Ein großer Stein kracht durch das Flurfenster und streift Dessauers Kopf. Schnell löscht er das Licht im Haus. Er setzt einen Notruf ab, doch zunächst kommt ihm und seiner Familie niemand zu Hilfe, an jenem Februartag im Jahr 1934, im beschaulichen Frankfurt-Sachsenhausen.

Ein Mann nach dem anderen kriecht durch das Loch ins Haus, sie beschimpfen Dessauer, stoßen seine 13-jährige Tochter zurück auf die Treppe Richtung Obergeschoss, als sie ihrem

Vater zu Hilfe eilen will. Dessauers Frau, sein Sohn und das Dienstmädchen bleiben im ersten Stock. Dann, endlich, kommt die Polizei. Der Beamte teilt ihm im Vertrauen mit, dass er »von oben« die Weisung erhalten habe, erst 20 Minuten nach dem Anruf einzugreifen, den Physiker und seiner Familie also zunächst schutzlos der Gewalt zu überlassen.

Friedrich Dessauer war es, der Wolfgang Gentner bei Marie Curie empfohlen hatte, und Gentners Frau Alice hatte an seinem Institut als Sekretärin gearbeitet. Ein feingliedriger, kleiner Mann mit wallendem Haar, der nicht nur als Professor für Physik an der Universität Frankfurt tätig ist. Er sitzt seit Dezember 1924 als Mitglied der Zentrumspartei im Deutschen Reichstag, gibt die *Rhein-Mainische Volkszeitung* heraus. »Wir sind von dem Ernst der Zeit ganz gepackt«, hatte Dessauer Gentner schon im März 1933 in einem Brief nach Paris geschrieben. Bald wird er einer jener unerwünschten Kollegen sein, die ihre Stelle an der Universität verlieren. Viele von ihnen werden wegen ihrer jüdischen Abstammung entlassen, andere, weil ihre politische Gesinnung dem NS-Regime nicht passt. Bei Dessauer trifft beides zu, sein Urgroßvater war Jude.

Im März 1933 ist er einer der wenigen Politiker seiner Parteifraktion, die dem Ermächtigungsgesetz Hitlers nicht zustimmen wollen. So zerbrechlich der Wissenschaftler wirken mag, so fest entschlossen ist er zunächst, nicht nachzugeben. Er weiß, dass damit die neuen Machthaber die gesetzgebende Gewalt vollständig an sich reißen wollen.

Da der Reichstag in Berlin Ende Februar 1933 gebrannt hat, müssen die Politiker in einem Berliner Opernhaus abstimmen. Die SS sperrt das Gebäude von außen ab, innen marschieren Truppen der SA auf. Die Abgeordneten, auch Dessauer, spüren die Bedrohung, als der neue Reichskanzler Adolf

Hitler im Braunhemd das neue Gesetz verteidigt. Eine große Hakenkreuzfahne prangt hinter dem Podium. Schließlich stimmen alle Parteien außer der SPD dem Ermächtigungsgesetz zu. Selbst Dessauer sieht keinen anderen Ausweg, als sich seiner Fraktion zu fügen. »Von unsagbar schweren Tagen« schreibt der Physiker später in einem Brief. »Förmlich zermahlen« sei er aus Berlin nach Frankfurt zurückgekehrt. Er kann nicht wissen, dass bald sein ganzes Leben in die Brüche gehen wird.

Im Juni 1933 wird Dessauer wegen seiner politischen Haltung festgenommen, muss mehr als sechs Monate in Haft verbringen. Selbst als er wegen Hautkrebs in einer Klinik operiert werden muss, sitzen Polizisten vor seiner Tür, Tag und Nacht. Der Physiker hat viele Jahre ungeschützt mit Röntgenstrahlen experimentiert, dabei schwere Verbrennungen erlitten. Sein Gesicht mit der spitzen Nase und den schmalen Wangen ist bereits von Narben früherer Eingriffe übersät.

Gentners Schwiegervater, der Arzt aus Solothurn, behandelt Dessauer in Frankfurt. Daher weiß der junge Physiker, wie ernst es um seinen Doktorvater steht: Die Frankfurter Universität hat Dessauer im Januar 1934 beurlaubt, bald nach dem Überfall auf sein Haus im Februar beschließt Dessauer, mit seiner Familie ins Exil zu gehen. Über die Schweiz gelangen sie nach Istanbul. Vierzig deutsche Professoren seien inzwischen an die Universität in Istanbul gekommen, schreibt Dessauer im August 1934.

Das alles hält Gentner nicht davon ab, im Sommer 1935 in seine Heimat zurückzukehren. In Paris kann er nicht mehr bleiben, sein Stipendium ist abgelaufen. Einen anderen Weg sucht er nicht, trotz der Gespräche mit Forschern, die aus Deutschland geflohen sind, trotz der Nachrichten über seinen Doktorvater. Vielleicht meint er, die Parolen der anderen, der schrecklich Radikalen, ignorieren zu können. Womöglich hofft er, als unpolitischer Wissenschaftler am Rande des NS-Regimes zu treiben, sich ganz auf die Forschung konzentrieren zu können. Vermutlich aber kann sich Gentner einfach nicht vorstellen, was es heißt, unter dem NS-Regime zu leben.

Voller Optimismus hatte ihm sein Doktorvater noch im Jahr 1933 in einem Brief nach Paris geschrieben: »Die Physik bleibt, wenn auch die Politik schwankt. Das ist das Große an der Wissenschaft, und speziell an unserer, dass ihre Ergebnisse von Zeiten und Stimmungen unabhängig sind.« Wie sehr sich Dessauer täuscht, muss Gentner selbst erfahren.

Bald werden sich Politik und Forschung in seinem Leben miteinander verheddern wie zwei Bündel Stacheldraht. Gentner wird ab sofort als Kernphysiker arbeiten, ein Forschungsbereich, den das NS-Regime bald interessieren wird. Zumal Gentner nach Heidelberg geht und dort in eine Gruppe von Wissenschaftlern gerät, deren nationalsozialistische Ideologie die physikalische Forschung auf unerträgliche Weise prägen.

Zum 1. Oktober bezieht Gentner mit seiner kleinen Familie sein neues Heim, in der Nördlichen Panoramastraße, eine Viertelstunde zu Fuß von der Heidelberger Altstadt entfernt. »Wir haben eine sehr nette Wohnung, etwas in der Höhe, mit wunderbarem Blick in die Rheinebene gefunden«, schreibt Gentner einem Kollegen in Frankfurt. Am Marktplatz der Innenstadt wird der Physiker entdecken, dass die Kreisleitung der NSDAP eines der alten Gebäude besetzt hat, in der Hauptstraße hängen an der Fassade des Heidelberger Rathauses rote Fahnen mit schwarzem Hakenkreuz auf weißem Grund. Vor dem neuen Universitätsgebäude, auf dem weitläufigen Platz mit düsterem Kopfsteinpflaster, wurden im Mai 1933 Bücher verbrannt. Über den gesamten Stadtkern sind Dienststellen und Parteifilialen des NS-Regimes verstreut, NS-Ortsgruppen, NS-Verbände. Die Nationalsozialisten, das muss Gentner klar werden, haben das Antlitz der Stadt in eine widerliche Fratze verwandelt. Niemandem soll entgehen, wer im Deutschen Reich das Sagen hat.

Selbst Gentners Verwandtschaft fällt auf die Propaganda des NS-Regimes herein, zumindest ein Onkel aus Wolfenbüttel. Der schreibt seinem Neffen zum Beispiel, dass die »Gräuelmärchen« über die Verfolgung von Juden und Ausländerverfolgungen »alles Lügen« seien.

Auch die Hochschulen, die Wissenschaft, die Dozenten beugen sich längst der Ideologie der Nationalsozialisten. Mehr als ein Viertel aller Physiker, die 1932 oder 1933 in Deutschland noch eine akademische Stelle innehatten, müssen im Laufe des NS-Regimes ihre Posten räumen, weil sie Juden sind oder politisch anders denken. Das »Gesetz zur Wiederherstellung des Berufsbeamtentums« vom 7. April 1933 hat es den Universitäten ermöglicht, im Sinne des NS-Regimes durchzugreifen.

Auf den ersten Blick scheint es in Heidelberg allerdings ruhig zuzugehen: Kein einziger Hochschullehrer muss seine Arbeit aufgeben, nicht am Physikalischen Institut, nicht am Radiologischen Institut, nicht am Theoretisch-Physikalischen Apparat. Wobei das vor allem daran liegt, dass die Leitung der Institute schon seit den 1920er-Jahren völkisch-nationalistisch gesinnt war. Längst hatten sie das Personal im Sinne des NS-Regimes aussortiert, daher waren nach der Machtergreifung Hitlers gar keine unerwünschten Köpfe mehr zu finden.

In der Physik war es vor allem Philipp Lenard, der seine Ideologie über die gesamte Forschung goss wie eine klebrige Paste, die überall haften bleibt. Der Nobelpreisträger leitete seit dem Jahr 1907 das Institut für Physik und Radiologie in Heidelberg.

Auf seinen Wunsch hatte die Universität sogar ein neues physikalisches Institut bauen lassen, am Philosophenweg, einem malerischen Spazierpfad mit Blick auf die Sehenswürdigkeiten der Stadt, unweit der Alten Brücke, jenem Prachtwerk aus rotem Sandstein aus dem 18. Jahrhundert, das der Dichter Friedrich Hölderlin bereits in seinem Gedicht über Heidelberg erwähnte.

Im Dezember 1913 öffnete das Institut seine Pforten, Lenards neues Reich, in dem er seine Mitarbeiter über Jahrzehnte politisch aufhetzen wird, sogar nach seiner Pensionierung. »Hitler und seine Kampfgenossen, sie scheinen uns wie Gottesgeschenke aus längst versunkener Vorzeit, da Rassen noch reiner, Menschen noch größer, Geister noch weniger betrogen waren«, schreibt Lenard im Mai 1924 in der *Großdeutschen Zeitung*. Lenard ist einer der ersten Anhänger des Nationalsozialismus unter den deutschen Professoren. Sein Einfluss ist enorm, Gentner selbst wird das zu spüren bekommen. Wegen Lenard wird es dem jungen Physiker nicht möglich sein, in Heidelberg als Dozent zu arbeiten.

Lenard, ein Mann mit gepflegtem, dunklem Bart und erstaunlich hellen Augen, propagiert bald eine Deutsche Physik. Dafür tut er sich mit Johannes Stark zusammen, ebenfalls Nobelpreisträger, ein machtbesessener Mann, der seit Hitlers Machtergreifung als Präsident der Physikalisch-Technischen Reichsanstalt in Berlin tätig ist. Beide lehnen die Relativitätstheorie Albert Einsteins ab, sprechen abfällig von einer abstrakten, jüdischen Physik. Lenard stiftet seine Mitarbeiter sogar dazu an, Fachartikel gegen die Relativitätstheorie zu veröffentlichen. In einem Zeitungsartikel schreibt Lenard von Einsteins »schädlicher Beeinflussung der Naturforschung von jüdischer Seite«, seine Theorien seien »mathematisch zusammengestoppelt« aus schon vorher da gewesenen Erkenntnissen und willkürlichen Zutaten. Dass ein jüdischer Forscher Großartiges geleistet hat, kann und darf plötzlich nicht mehr sein.

Dabei hat Lenard seinen Lehrer, einen Halbjuden, über Jahre verehrt. Bis Ende des Ersten Weltkriegs interessierte sich der Physiker gar nicht für Politik, war jedoch offenbar enttäuscht über die deutsche Niederlage und die politischen Verhältnisse in der Weimarer Republik. Zumal er sich als Forscher nicht ausreichend anerkannt fühlte, trotz seines Nobelpreises. All dies begann er nach und nach den Juden zuzuschreiben, sprach bald im Nazijargon von einer jüdischen Weltverschwörung.

Mit seiner wirren Ideologie trifft Lenard zunächst auf offene Ohren, der Reichsinnenminister ordnet im April 1933 sogar an, Lenard bei Berufungsverfahren in den Naturwissenschaften und der Mathematik im gesamten Deutschen Reich mitreden zu lassen. Er protestiert zum Beispiel mit Erfolg gegen die Berufung eines Professors für den Lehrstuhl für physikalische Chemie in Heidelberg, weil der noch im Wintersemester 1932/33 Vorlesungen zu Einsteins Relativitätstheorie gehalten hat.

Zu diesem Zeitpunkt ist Lenard bereits pensioniert, seine Nachfolge hat im Jahr 1931 nach zähen Verhandlungen Walther Bothe angetreten, jener Kernphysiker, bei dem sich Gentner um eine Stelle als Assistent bewerben wird.

Bothe selbst ist kein Nationalsozialist, hat es schwer unter den Mitarbeitern, die von Lenards Weltbild geprägt sind. Zumal die Regierung in Berlin Bothe im September 1933 mitteilt, dass er einen Großteil der Räume an seinem Institut abgeben muss. In einer neuen physikalisch-technischen Abteilung soll ab sofort wehrtechnischer Unterricht stattfinden.

Damit verschlechtert sich die Lage für Bothe erheblich, vor allem, weil die Assistentenstelle der neuen Abteilung ein Physiker übernehmen wird, der keinerlei Skrupel hat, seine eigenen

Kollegen zu bespitzeln. Ludwig Wesch zählt schon mit 18 Jahren zu den Führern der nationalsozialistischen Studenten in München, in Heidelberg war er der erste Führer der Studenten-SA, einer eigenständigen Formation der berüchtigten Sturmabteilung. Sie wird sich in den Jahren 1933 bis 1935 an der Universität Heidelberg damit hervortun, dass sie die Lehrveranstaltungen jüdischer und politisch missliebiger Professoren stört. Wie in vielen deutschen Städten ist auch in Heidelberg die junge Generation besonders empfänglich für rechtsradikale Parolen. Vor allem unter den Studierenden breitet sich der Nationalsozialismus früh aus, schon bei Wahlen zum Allgemeinen Studentenausschuss im Januar 1931 erringt der Nationalsozialistische Studentenbund 18 von 39 Sitzen, gemeinsam mit dem Nationalen Block erzielt er damit eine klare Mehrheit. Im gleichen Jahr tritt Wesch in die SS ein. Er steigt schnell zum Obersturmführer auf.

Auf dem Dachboden des Physikalischen Instituts, direkt über dem Arbeitszimmer des Institutsleiters Bothe, soll Wesch stundenlang mit Truppen der SA oder SS exerziert haben. Hin und her, vor und zurück, in dröhnendem Gleichschritt. Wesch selbst notierte damals, dass »Bothe am Institut infolge seiner Einstellung aus früherer Zeit auf größten Widerstand stieß«.

Dennoch zögert Walther Bothe lange, als ihm angeboten wird, das Lenard-Institut zu verlassen und die Leitung der physikalischen Abteilung des Kaiser-Wilhelm-Instituts für medizinische Forschung in Heidelberg zu übernehmen. Er hofft wohl, den Lehrstuhl für Physik an der Universität Göttingen zu erhalten, zieht dann aber im Sommersemester 1934 doch auf die andere Seite der Stadt.

Das Kaiser-Wilhelm-Institut gehört nicht zur Universität, womit der politische Einfluss auf die Mitarbeiter hier kaum zu spüren ist. Hier kann Bothe wieder in Ruhe arbeiten.

Und hier bewirbt sich Gentner um eine Stelle, um aus Paris ins Deutsche Reich zurückzukehren. Das dunkelrote Backsteingebäude liegt unweit des Neckars, zu Beginn grasen noch Schafe direkt unter den Fenstern der Wissenschaftler. Die ländliche Idylle kann jedoch nicht darüber hinwegtäuschen, dass der junge Physiker ein Institut vorfindet, das seiner Zeit weit voraus ist. Seitdem der Heidelberger Mediziner Ludolf von Krehl es 1930 eröffnet hat, arbeiten hier Grundlagenforscher aus der Physiologie und Pathologie mit Physikern und Chemikern über ihre Fachgrenzen hinaus zusammen. Vier Flügel des kastenförmigen Gebäudes beherbergen die vier Institute, in der Mitte liegt die gemeinsame Bibliothek und Verwaltung. »Das war sehr modern«, wird Gentner später berichten. Es gibt gemeinsame Seminare, und wer eine fachliche Frage hat, kann jederzeit zu den Kollegen aus dem anderen Forschungsgebiet hinüberlaufen.

Gentner hat sich für Heidelberg entschieden, weil Bothe sich für den Aufbau und die Eigenschaften von Atomen interessiert, ebenso wie er selbst. Bothe wie Gentner haben in den vorhergehenden Jahren untersucht, wie eine bestimmte Art radioaktiver Strahlen, die Gammastrahlen, verschiedene Materialien durchdringen, zum Beispiel das Leichtmetall Beryllium. Gammastrahlen werden nämlich im Gegensatz zur Alpha- und Betastrahlung von Papier oder Aluminium nicht aufgehalten. Nun wollen sich die beiden Physiker gemeinsam ansehen, welche Reaktionen Gammastrahlen in Atomkernen auslösen. Auch hier dreht sich also wieder alles um die Radioaktivität.

Am neuen Institut fühlt sich Gentner schnell »ganz zu Hause«, wie er einem Kollegen in Frankfurt nach ein paar Monaten schreibt. Er schätzt Bothe, weil der sich immer Zeit nimmt, um über die gemeinsame Forschung zu besprechen: »Es herrscht in allem eine offene Atmosphäre.«

Gentner kommt mit Bothe gut zurecht, obwohl sein 15 Jahre älterer Chef, ein Mann mit dichtem Schnauzer und Glatze, von seinem Wesen völlig anders ist als er. »Er wirkte oft einsilbig und abweisend, hatte im Umgang mit Menschen oft eine unglückliche Art«, wird ein anderer Kollege später über Bothe schreiben. Ruppig gibt er sich, barsch im Umgang, kanzelt die Arbeit seiner Untergebenen ab. Seinen militärischen Befehlston hatte er sich vermutlich an der kaiserlichen Physikalisch-Technischen Reichsanstalt in Berlin angewöhnt. Nur wenige Mitarbeiter erleben, wie er sich in seinem Privatleben bei Musik und Malerei entspannt.

Bothe war als Sohn eines Uhrenmachers im Jahr 1891 in Oranienburg bei Berlin zur Welt gekommen. Im Jahr 1914 meldete er sich als Kriegsfreiwilliger für die Ostfront, geriet jedoch schon ein Jahr später in russische Gefangenschaft. In Sibirien lernte er Russisch und stellte eine Zündholzfabrik auf die Beine, die den Lagerinsassen das Überleben sicherte. Zu Zeiten der russischen Revolution waren die Kriegsgefangenen weitgehend auf sich allein gestellt. Im Jahr 1920, endlich, konnte Bothe nach Deutschland zurückkehren. Er unterbrach allerdings seine Heimreise in Moskau, um zu heiraten. Vor dem Krieg hatte er eine Russin kennengelernt, sie hatten sich über die langen Jahre der Gefangenschaft hinweg Briefe geschrieben.

In Berlin angekommen, arbeitete Bothe an der Kaiserlichen Physikalischen Technischen Reichsanstalt, bei Hans Geiger, dem Entwickler der besagten Geiger-Müller-Zähler. Jenes Zählrohrs, das Gentner später in Paris bei den Joliot-Curies einsetzt, als sie die künstliche Radioaktivität entdecken.

Bothe und Gentner erkennen bald, dass für ihre Versuche natürlich vorkommende Gammastrahlen nicht ausreichen, sie brauchen andere, von höherer Energie und Intensität. Sie beschließen, einen Teilchenbeschleuniger zu bauen, auf der Basis eines Bandgenerators nach Van de Graaff. »Wir haben bereits zwei riesige Porzellanröhren bestellt, je sechs Zentner schwer«, schreibt Gentner einem Kollegen in Frankfurt. Der Koloss wird sich bald über zwei Stockwerke des Instituts in die Höhe strecken, es ist der erste deutsche Teilchenbeschleuniger überhaupt. Nun endlich können sie hoch intensive Gammastrahlen erzeugen, schießen damit erneut auf Atomkerne und stellen fest, dass sie dort Kernreaktionen auslösen können. Sie haben eine Form des Kernphotoeffekts entdeckt, eine neue Möglichkeit, künstlich radioaktive Substanzen zu schaffen, zumindest bei mittelschweren chemischen Elementen.

Gentner arbeitet bald mit Bothe auf Augenhöhe, geht allerdings völlig anders mit jüngeren Mitarbeitern um. Er ist großzügig und interessiert, nimmt sie ernst und spornt sie an. Zu Hause bei den Gentners kommen oft Kollegen zu Besuch, sie diskutieren dann stundenlang über ihre Forschung, Gentner nimmt dafür in seinem gemütlichen beigen Ohrensessel im Wohnzimmer Platz. Er ist humorvoll, kontaktfreudig, zugänglich, seine Frau Alice lebhaft und fröhlich. Später laden die Gentners auch befreundete Kollegen in ihr Ferienhaus im Schwarzwald ein, dort spielen sie Boule, was sie vermutlich in Paris gelernt haben.

Im Institut deutet Gentner den obligatorischen Hitlergruß nur an, wedelt nur ein bisschen mit der Hand, ohne den Arm zu heben. Doch er muss sich vorsehen, auch am Kaiser-Wilhelm-Institut hapert es bald mit der Zusammenarbeit zwischen den Wissenschaftlern. Aus politischen Gründen. »Das war damals in Deutschland so. Man tauschte sich nur mit einer bestimmten Gruppe von Menschen aus. Und über Politik konnten wir gar nicht reden«, erinnert sich Gentner später.

Zumal die Spannungen zwischen der Universität mit Lenards Gefolgschaft und dem Kaiser-Wilhelm-Institut ihnen das Leben schwer machen. Die Situation spitzt sich zu, als Ludwig Wesch, der ehemalige Führer der Studenten-SA, im Jahr 1937 beginnt, für den Sicherheitsdienst der SS zu arbeiten. Er informiert ab sofort ausführlich über Kollegen der Universität Heidelberg und anderer Hochschulen, verfasst Gutachten zu Vorlesungen, zur Stimmung unter den Studenten, zu Fachtagungen und Kongressen, zur Lage der Physik in Deutschland.

Die Mitarbeiter an der Universität meiden Wesch, sind im Umgang mit ihm zurückhaltend und ängstlich, sie kennen seine Rolle beim Sicherheitsdienst. Er wird auch über Bothe einen Bericht verfassen: »Absolut uneinheitlich. Absolut misstrauisch und dann wieder sehr freundlich. Bekannt ist seine Freundschaft mit Einstein, die er vor dem Umsturz in Berlin eifrig gepflegt haben soll.« Heute dagegen versuche Bothe, sich der Zeit anzupassen.

Politische Intrigen bestimmen die beruflichen Karrieren im Bereich der Physik, das bekommt Gentner bald zu spüren. Die nationalsozialistische Prägung am Lenard-Institut macht es ihm unmöglich, sich an der Universität Heidelberg zu habilitieren. Zumal Wesch den Sicherheitsdienst über ihn informiert, im Juli 1937: Eine genaue Auskunft über ihn sei in der Kürze der Zeit nicht möglich, schreibt der Informant damals, doch aus früheren Besprechungen habe das Urteil »sehr ungünstig« gelautet. »Soviel bekannt, gehört Gentner nicht der Bewegung an.«

Gentner nutzt seine alten Kontakte in Frankfurt, auch wenn sein Doktorvater Dessauer längst in die Türkei ausgewandert ist. Im Dezember 1936 reicht Gentner seine Habilitationsschrift in Frankfurt ein, am 12. März wird ihm die Habilitation zuerkannt. Was jedoch noch nicht bedeutet, dass er an der Universität als Dozent arbeiten darf – ein wichtiger Schritt für ihn, wenn er einmal eine Professur erhalten möchte.

Dafür muss Gentner im September 1937 an einem Dozentenlager teilnehmen, das schreibt die neue Reichshabilitationsordnung vor. Hatten früher die Habilitationsschrift und wissenschaftliche Aussprache genügt, müssen akademische Nachwuchskräfte seit 1934 zusätzlich eine Lehrprobe ablegen und in solchen Lagern beweisen, dass ihre Weltanschauung und ihr Charakter dem NS-Regime genügen. Eine schlechte Bewertung, so waren sich alle Teilnehmer bewusst, konnte für ihre Karriere verheerend sein.

Seit Februar 1936 organisiert das Reichwissenschaftsministerium die Dozentenlager. Der SA-Obersturmbannführer Willy Grundig sorgt vor Ort dafür, dass sich die Teilnehmer ausgiebig bewegen, sie alle müssen in leichter Sportkleidung im Lager erscheinen. Für die akademische Seite wählt das Ministerium stets Universitätsprofessoren aus.

Diesmal soll Walther Wüst das Dozentenlager leiten, Professor für Arische Kultur- und Sprachwissenschaft und Dekan der Philosophischen Fakultät München. Mit 25 Jahren wurde er zum Dozenten ernannt, im Alter von 31 Jahren zum Professor. Ein politisches Gutachten des NS-Dozentenbundes zu seinem Charakter wird unter anderem seinen brennenden Ehrgeiz, seinen Hochmut beschreiben, Historiker werden ihn später als bedenkenlosen Opportunisten bezeichnen. Schon im 1933 wird er Mitglied der NSDAP. Bald erkennt der Professor mit dem kantigen Gesicht und dem perfekt gekämmten Seitenscheitel, dass er in der SS Karriere machen kann.

Als Wüst zum Lager reist, ist er bereits enger Vertrauter des SS-Reichsführers Heinrich Himmler. Erst am 1. Februar 1937 hat der ihn zum Präsidenten des Ahnenerbes der SS ernannt. Es hat zum Ziel, mithilfe von Forschungsprojekten zu beweisen, wie überlegen die deutschen »Arier« sind und waren, insbesondere mit Studien zur germanischen Vorgeschichte.

An seriöser, sachlicher Forschung dagegen ist das Ahnenerbe als wissenschaftliches Zentrum der NS-Ideologie nicht interessiert, auch wenn Himmler und seine Gefolgsmänner das Gegenteil beteuern. Wüst ist Himmler völlig ergeben, weiß vermutlich auch von den späteren Menschenversuchen im Konzentrationslager Dachau als »wehrwissenschaftliche Zweckforschung«, Unterkühlungsversuche zum Beispiel oder auch Druckkammerversuche, in denen die KZ-Insassen allesamt sterben.

Wüst wird es auch sein, der fünf Jahre später die von einem Hausdiener ertappten Studenten Sophie und Hans Scholl an der Universität München der Gestapo übergibt. Als Teil der Widerstandsgruppe »Weiße Rose« hatten die beiden Flugblätter verteilt. Vier Tage später sind beide tot.

Gentner erreicht also im Sommer 1937 die Nachricht, dass er sich am 1. September um 16 Uhr am Bahnhof Rudolstadt zum Dozentenlager einfinden solle, im Wartesaal der 2. Klasse. Ziel der Reise ist das Schloss Tännich, unweit des Singer Bergs im Thüringer Becken. Der Freiherr Lothar von Kahlitzsch hatte das Rittergut mit Herrenhaus Anfang des 20. Jahrhunderts an den Staat verkauft, bis 1933 hatte die Sozialistische Arbeiterjugend es als Bildungsstätte genutzt. Als die Nationalsozialisten das Gut übernahmen, erklärten sie sogleich die wertvollen Wandgemälde des Künstlers Alfred Hanf im Festsaal des Schlosses zu entarteter Kunst und ließen sie übermalen. Neben dem Herrenhaus finden sich Scheunen und andere Nebengebäude auf dem Rittergut, alles ist von einem großen Park umsäumt.

Gemeinsam mit Gentner müssen 62 weitere Männer drei Wochen an diesem abgelegenen Ort verbringen. Ägyptologen und Psychiater etwa, Chemiker und Geologen, Volkswirte und Germanisten aus dem gesamten Deutschen Reich. Jeder Teilnehmer muss vorab drei Themenvorschläge für einen Vortrag einreichen und erfährt am Vorabend, welches Thema ausgewählt wurde. In seinem Vortrag soll jeder Einzelne beweisen, dass er sich über einen Kreis von Spezialisten hinaus verständlich machen kann.

Der Münchner Universitätsprofessor Wüst sieht sich die Teilnehmer in Tännich genau an. Wie »kameradschaftlich« er sich dabei verhalten habe, wird er später in einem Brief an einen Oberregierungsrat im Reichsministerium für Wissenschaft, Erziehung und Volksbildung betonen. Mit manchen Teilnehmern habe er Schach gespielt, andere nahm er auf Autoausflügen in die Umgebung mit. Mit den Zurückhaltenden unter ihnen unternahm er ausgedehnte Spaziergänge, um sie näher kennenzulernen, womöglich auch mit Wolfgang Gentner.

Unter den Teilnehmern findet sich Hans Mußgnug, Chirurg am Universitätskrankenhaus Heidelberg und seit 1. Mai 1937 Mitglied der NSDAP und Truppführer der SA. Zwei Jahre nach dem Aufenthalt in Tännich wird er eine Dozentur in Heidelberg erhalten, nach dem Krieg werden ihn die Amerikaner als brennenden Antisemiten einstufen. Mit dabei ist aber auch der Wirtschaftswissenschaftler Robert von Keller, der später in einem Beschwerdebrief an das Reichsministerium von einer »Verstimmung« im Dozentenlager berichten wird. Einer Verstimmung, »die sich schon bald nach Beginn des Lagers zwischen Professor Wüst und den Kursteilnehmern gebildet hatte und seitdem, ohne sich in einem offenen Konflikt zu äussern, von Tag zu Tag gewachsen war«.

Davon will Wüst nichts wissen, erinnert aber in seinem Brief an das Reichsministerium daran, dass Keller in seinem Vortrag zur Wirtschaftspolitik im Nationalsozialismus völlig unzureichend die »Gestalt des Führers und sein schöpferisches, weitplanendes Gedankengut« hervorgehoben habe. Keller wird ein vernichtendes Urteil zu seiner Teilnahme in Tännich erhalten, taucht als Dozent in Verzeichnissen der Folgejahre nicht auf.

Gentner muss gewusst haben, wie bedeutsam das Urteil von Wüst und Grundig für seine wissenschaftliche Laufbahn werden konnte. Eine pädagogische Begabung sei nicht zu leugnen, heißt es im abschließenden Gutachten über ihn, sein Verhalten sei korrekt gewesen. Doch sei Gentner politisch indifferent und undurchsichtig, zurückhaltend und vielleicht sogar hinterhältig. Aktive politische Erzieher- und Führerschaft sei nicht vorhanden und es erscheine mehr als zweifelhaft, ob er »den Anschauungen Philipp Lenards und Starks sich anschließen wird«, den Anhängern der Deutschen Physik.

In vier Gruppen werden die Teilnehmer bei der Bewertung eingeteilt, wobei die Gruppe eins als »wünschenswerte Erscheinung, sehr gut« befunden wird. Gentner kommt aber nur in Gruppe drei, was mangelhaft und wenig genügend bedeutet, sogar begrenzt brauchbar und bedenklich. Wobei bei ihm noch der Buchstabe B hinzugefügt wird, was den Gruppengrad noch weiter erniedrigt, wie im Kleingedruckten des Dokuments zu lesen ist. Wüst und Grundig haben keinen Gefallen an dem jungen Physiker gefunden.

Damit nicht genug, auch das Ministerium für Volksbildung in Dresden erhält im November auf Anfrage die Nachricht, dass bei Gentner »für eine innere Ausrichtung im Sinne des Nationalsozialismus keine Anhaltspunkte gegeben« seien. Gentner lasse es an Aktivität und Einsatzbereitschaft fehlen, so das

Urteil des zuständigen Obersturmführers des Sicherheitsdienstes der SS des Oberabschnitts Elbe.

Gentner ist für eine Professur in Leipzig im Gespräch, die dortige Fakultät für Physik hat dem Ministerium in Dresden vier Kandidaten dafür vorgeschlagen. Da in Leipzig ein Zyklotron, ein neuer Teilchenbeschleuniger, entstehen soll, möchte die Universität einen Forscher gewinnen, der über »ausgedehnte Erfahrungen auf dem Gebiet der modernen Kernphysik verfügt«. Und der möglichst in Laboratorien zur Kernphysik im Ausland bereits Erfahrungen gesammelt hat. Niemand unter den Kandidaten erfüllt die beiden Wünsche so perfekt wie Gentner. Doch wird sich das Ministerium für Volksbildung mit seinem Wunschkandidaten durchsetzen: Es beruft den Physiker Robert Döpel aus Würzburg nach Leipzig, obgleich er keinerlei Erfahrung mit dem Bau von Teilchenbeschleunigern hat. Gentner geht leer aus.

Der junge Physiker hält sich daher weiter an seine alten Kontakte an der Universität Frankfurt. Um dort seine Lehrprobe für die Habilitation abzuhalten, braucht er einen politischen Leumund. Diese Rolle wird der örtliche Reichsdozentenführer Gerhart Jander übernehmen, sein Urteil über Gentner fällt deutlich milder aus: »Er ist eine völlig unpolitische Natur, die ganz in der Wissenschaft aufgeht.« Was wohl daran liegt, schreibt Jander, dass Gentner gerade in Paris weilte, als andere seines Alters »durch die Revolution innerlich begeistert wurden«. Jander beschreibt ihn als sehr klug und verträglich, kameradschaftlich und grundanständig. Und ergänzt, dass Gentner an einer Forschungseinrichtung »Glänzendes« leisten werde. Noch weitere Kollegen in Frankfurt und auch Bothe sprechen sich für Gentner aus. Mit Erfolg, am 17. Dezember 1937 wird ihm die Dozentur für das Fach Experimentalphysik an der Universität Frankfurt verliehen.

Gentner reist von nun an regelmäßig von Heidelberg nach Frankfurt, um Vorlesungen zu halten. »Dort wurde ich nicht einmal gefragt, ob ich Mitglied der Partei sei«, wird sich Gentner erinnern. Alle wussten, dass er vor allem in Heidelberg, nicht in Frankfurt arbeitete, er also nicht richtig dazugehörte. So konnte er sich dem Einfluss nationalsozialistischer Kollegen entziehen. »Damals war es wichtig, nicht allzu sehr auf einen Ort festgelegt zu sein«, wird der Physiker Jahre später erklären.

In Heidelberg forscht er weiter mit Bothe, der schnelle Erfolg beim Bau des Bandgenerators zur Teilchenbeschleunigung hat in ihren Köpfen eine neue Idee reifen lassen, ein Großprojekt völlig neuen Ausmaßes. Am Heidelberger Institut, so beschließen sie, soll ein Gerät entstehen, das Teilchen auf ungleich höhere Energie als bisher beschleunigen soll: ein Zyklotron. Elektrische Felder beschleunigen hier die geladenen Teilchen, magnetische Felder bringen sie in spiralförmige Bahnen. Die Teilchen werden dann mit großer Geschwindigkeit und damit hoher Energie auf andere Stoffe geschossen, um mehr über die Reaktionen in den Atomkernen zu erfahren.

Die USA gelten damals als Vorreiter der Beschleunigertechnik, der Physiker Ernest Lawrence hat 1929 das erste Zyklotron an der University of California in Berkeley gebaut. Im Jahr 1939 wird er dafür den Nobelpreis für Physik erhalten, drei Jahre später wird er am Manhattan-Projekt mitarbeiten, jenem geheimen Forschungsprojekt zum Bau einer Atombombe.

Gentner soll über den Atlantik reisen, um Lawrence und andere Kernphysiker zu treffen, um Erfahrungen zum Bau eines Zyklotrons zu sammeln. Für ihn allerdings ist es mehr als ein Forschungsbesuch. »Ich hatte damals überlegt, nicht mehr nach Deutschland zurückzukehren«, wird Gentner später erzählen.

Am 16. Dezember 1938 geht er in Bremen an Bord des Dampfers Europa, sechs Tage später erreicht er New York. Von dort aus fährt er weiter nach Boston, um einen Bekannten zu treffen: Der Physiker James Fisk war wenige Monate zuvor als Gastwissenschaftler in Heidelberg tätig gewesen. Sie verbringen die Weihnachtsfeiertage zusammen. »So hatte ich gleich Gelegenheit, mein Ohr an diese Töne aus einem geschlossenen Mund zu gewöhnen, was man hier sprechen nennt«, wird Gentner in einem Brief an Bothe über die Amerikaner spotten. Sein Englisch ist noch sehr dürftig, dennoch wird ihn Fisk mit Kollegen verschiedener Universitäten der Ostküste bekannt machen.

Mit Fisk diskutiert Gentner auch die Möglichkeit, mit seiner Familie in die USA auszuwandern. Gentners Frau lebt mit dem Sohn bereits seit ein paar Monaten bei ihren Eltern in der Schweiz. Schon vor Gentners Abreise hatte Fisk in einem Brief berichtet, dass er Gentner eine Stelle als Physik-Professor an der Universität von North Carolina in Chapel Hill besorgen könnte, ab September 1939. Er würde dann fünf Tage die Woche je eine Stunde Vorlesungen halten müssen, schreibt Fisk, über Kernphysik oder Biophysik, die übrige Zeit könnte er mit seiner Arbeit an Teilchenbeschleunigern verbringen. Allerdings müsse das Budget für die Stelle noch bewilligt werden. Auch deshalb soll Gentner auf seiner Reise möglichst viele einflussreiche Kollegen treffen.

Gentner hält einen Vortrag in Chapel Hill, muss dort jedoch erfahren, dass sich Fisks Pläne zerschlagen haben. »Er kam mit dem Leiter der Physikabteilung nicht zurecht«, wird Gentner später berichten. Der hat große Mühe, seine Abteilung zu finanzieren, der Teilchenbeschleuniger, den Fisk eigentlich bauen soll, wird nie entstehen.

Im Januar 1939 fährt Gentner schließlich zu Ernest Lawrence nach Berkeley, dem Erfinder des Zyklotrons. Er ist gerade vor Ort, als die Wissenschaftler ein Telegramm erhalten. Darin erfahren sie, dass die beiden Physiker Otto Hahn und Fritz Straßmann in Berlin die Kernspaltung entdeckt haben, einen Vorgang, der bis dahin als unmöglich galt. Fast gespenstisch wird der deutsche Physiker jenen Moment erleben. Gentner, der Besucher aus Nazideutschland, sinniert mit seinen amerikanischen Kollegen über die Folgen dieser bahnbrechenden Entdeckung.

Einer unter ihnen braucht nur wenige Stunden, um zu begreifen, dass eine solche Kernspaltung als Kettenreaktion ablaufen könnte, mit der Freisetzung von ungeheuer viel Energie: Robert Oppenheimer, jener Physiker, der zum Kopf des Manhattan-Projekts werden soll, zum Vater der ersten Atombombe.

Ob und wie das deutsche Militär diese Energie für eine solche Kriegswaffe oder einen Kernreaktor nutzen könnte, sollen Gentner und andere Kernphysiker bald im sogenannten Uranverein herausfinden, in streng geheimen Forschungsprojekten. Es ist der Beginn eines Wettrennens um eine Waffe mit immensem Potenzial, zu einer Zeit, in der die Tage des Friedens in Europa gezählt sind.

Zunächst aber bleibt Gentner noch bis Ende März in Berkeley und nimmt zahlreiche Skizzen zum Teilchenbeschleuniger mit an Bord, als er sich am 8. April in New York für die Heimreise einschifft. Auf dem Rückweg besucht er noch ein Labor in Cambridge, trifft in England auch seine Frau. Hier diskutieren sie nochmals, ob sie dem Naziregime den Rücken kehren sollen. Sie entscheiden sich dagegen, vermutlich, weil Gentner in England ebenfalls keine Aussichten auf eine Anstellung hat. Aber ihnen ist klar, dass Deutschland bald in den Krieg ziehen wird, selbst wenn ihnen in ihrer Heimat niemand glauben will. »Der Führer will doch nur Frieden, was wir denn da reden würden, wurden wir gefragt«, berichtet Gentners Frau später. Dann beginnt der Krieg.

Im Juni 1940 überrennen Hitlers Truppen die französischen Nachbarn, besetzen einen Teil des Landes. Und besetzen auch das Labor von Frédéric Joliot-Curie in Paris. Gentner erhält nun einen Auftrag, der ihn innerlich zerrissen haben muss: Für das NS-Regime soll er die Kontrolle über das Labor seines französischen Kollegen übernehmen. Der hat nämlich bereits ein Zyklotron gebaut, einen mächtigen Teilchenbeschleuniger. Und die Deutschen wollen das Gerät für ihre Forschungszwecke nutzen. Ohne seine Familie muss Gentner diesmal nach Paris zurückkehren, muss General Erich Schumann und Kurt Diebner begleiten, die beiden führenden Köpfe des Uranvereins, um Joliot-Curie nach seiner Forschung, aber auch nach dem Verbleib des schweren Wassers und des Urans zu befragen. In deutscher Militäruniform wird er seinem französischen Kollegen bei einem Verhör gegenübertreten. Zumindest äußerlich gehören sie ab sofort in verfeindete Lager.

KAPITEL 4

Deutsche Besatzer am Collège de France

Die falsche Uniform. Die falsche Rolle. Der falsche Text. Als hätte Wolfgang Gentner in einem Theaterstück sein Kostüm vertauscht, steht er plötzlich im Namen des Naziregimes im Labor des Collège de France. Das Heereswaffenamt hat ihn im September 1940 nach Paris entsandt, um an einem Verhör teilzunehmen. Ausgerechnet seinen alten Freund und Kollegen Frédéric Joliot-Curie wollen die Deutschen aushorchen. Und Gentner muss, furchtbar beschämt, die Fragen übersetzen.

Eine solche Rückkehr nach Paris hat sich der junge Physiker nicht ausmalen können, was für eine Schmach, den französischen Nobelpreisträger derart zu bedrängen. Da hilft es auch nicht, dass Erich Schumann, ein fast kahlköpfiger deutscher Physiker und General, der Leiter der Forschungsabteilung des Heereswaffenamts, vor versammelter Labormannschaft zu einer Lobesrede über Joliot-Curie anhebt. Er schwärmt von ihm als Forscher, er preist seine wissenschaftlichen Leistungen. Doch wirkt sein Auftreten merkwürdig überzogen, so sehr, dass sich die Anwesenden noch lange daran erinnern werden. »Schumann war ein bisschen verrückt«, wird Gentner später erklären. Als Nachfahre des berühmten Komponisten Robert Schumann schreibt der General in seiner Freizeit gern Militärmärsche, etwa das beliebte Stück *Panzerschiff Deutschland*.

Was im Labor so harmonisch beginnt, gerät hinter verschlossener Bürotür rasch in eine schiefe Tonlage. Harsch, ungeduldig, misstrauisch vernehmen die deutschen Offiziere Joliot-Curie zu wichtigem Versuchsmaterial, das aus dem Labor verschwunden ist. Deutsche Soldaten haben in einem verlassenen Eisenbahnwaggon zufällig vertrauliche Berichte Joliot-Curies an das Kriegsministerium gefunden, dort hatte die französische Behörde die geheimen Unterlagen nach der Invasion versteckt.

Die Besatzer wissen also genau, dass er mit den fehlenden Substanzen hantiert hat: mit dem schweren Wasser, mit dem Uran. Was mit dem Material geschehen sei, wollen sie wissen, sie bedrängen den französischen Kernphysiker wieder und wieder. Und Gentner muss die Fragen immer aufs Neue übersetzen, die von großem Interesse sind für den deutschen Uranverein. Jener geheime Forschungsverbund aus Kernphysikern des NS-Regimes, in dem Gentner von Beginn an offiziell Mitglied ist, will das schwere Wasser und das Uran für seine eigenen Ziele nutzen, vor allem für den Bau der ersten Atombombe.

Seit Beginn des Zweiten Weltkriegs hat sich das Wesen der Kernforschung völlig verändert. Hatten sich Wissenschaftler vorher im Rampenlicht ihrer Forschungserfolge gesonnt, arbeiten sie nun im Verborgenen, mit militärischen Zielen. In den Fachzeitschriften finden sich bald keine Artikel mehr zum Thema. Daher geben die deutschen Besatzer keine Ruhe, sie wollen mehr über Joliot-Curies letzte Experimente und, vor allem, das verschwundene Versuchsmaterial erfahren.

Im Dezember 1940 wird ein deutscher General ausgerechnet den Bankier Jacques Allier anweisen, mehr über den Verbleib des schweren Wassers herauszufinden. Ohne zu ahnen, dass es Allier war, der im Jahr 1940 die kostbare Flüssigkeit im Auftrag des französischen Geheimdienstes aus Norwegen nach Frankreich gebracht hatte. Der Bankier muss sich unter dem Vichyregime um deutsche Anfragen zu Kriegsmaterial kümmern. Als ihm der ahnungslose Offizier die Bedeutung des schweren Wassers für die Kriegsführung erklärt, lässt sich Allier nichts anmerken. Er richtet dem General schließlich aus, dass die Kanister mit der kostbaren Flüssigkeit in Bordeaux auf ein Schiff gelangt sind, das vermutlich gesunken sei.

Seit deutsche Forscher im Dezember 1938 die Kernspaltung entdeckt haben, glaubt das deutsche Militär, dass die Kernforschung den Krieg entscheiden kann. Die Wissenschaftler wollen längst nicht mehr allein Atomkerne platzen lassen. Sie wollen mithilfe von Neutronen, die bei der Kernspaltung freigesetzt werden, eine Kettenreaktion auslösen. Zur Energiegewinnung. Zur Entwicklung einer Bombe mit enormer Sprengkraft. An einer solchen Kettenreaktion hat Frédéric Joliot-Curie vor Ankunft der Besatzer gearbeitet, dafür interessieren sich Schumann und seine Kollegen bei ihrem Besuch.

Um eine solche Kettenreaktion auszulösen, müssen Forscher die neu entstehenden Neutronen verlangsamen, ausbremsen. Und genau dafür hat Joliot-Curie jenes schwere Wasser verwendet, das er mit seinem Kollegen Moureu in 26 Kanistern vor den Deutschen in Sicherheit gebracht hat. Eine Flüssigkeit, die schweren Wasserstoff enthält, mit einem Neutron im Atomkern. Da schweres Wasser sich nur aufwendig und nur in kleinen

Mengen gewinnen lässt, wollen die deutschen Offiziere unbedingt wissen, was mit dem Vorrat aus Norwegen geschehen ist.

Viel hat Gentner verpasst, seit er 1935 das Radium-Institut nach zwei Jahren verlassen hat. So waren die wissenschaftlichen Institute in Paris nicht mehr allein für ihre Studien zur Radioaktivität international bekannt. Sie wuchsen zu weltweit bekannten Zentren der Kernforschung heran, zogen Wissenschaftler aus vielen Ländern an. Auch solche, die aus Italien, Deutschland oder Österreich fliehen mussten, fanden hier eine neue Heimat. Sie kamen in französischen Laboren unter, erhielten Stipendien, konnten ihre Arbeit ungestört fortsetzen. Bis die Forschung in Frankreich abrupt zum Stillstand kam.

Im Mai 1940 überrumpelt die deutsche Wehrmacht das französische Militär in den Ardennen. Mit 1200 Panzern und 40 000 weiteren Fahrzeugen überwinden sie die dicht bewaldeten Berge, ein immenser Stau vom Rhein bis zur Maas entsteht, mehr als 250 Kilometer lang. Der Gegner ist auf einen Angriff aus dem Gebirge nicht vorbereitet, gelten die Ardennen doch als unzugänglich, vor allem für Panzer. Zügig und fast ohne Gegenwehr rückt die Wehrmacht von dort aus in den Nordosten des Landes vor. Die französische Regierung flieht am 10. Juni zunächst nach Bordeaux, Paris wird am 14. Juni zur offenen Stadt erklärt.

Hunderttausende Menschen strömen aus der Metropole. Zu Fuß, auf Fahrrädern, manche versuchen, den sich nähernden Deutschen mit dem Auto zu entkommen. Die Straßen Richtung Süden sind jedoch völlig verstopft, bald säumen vor Erschöpfung zusammengebrochene Kühe und Pferde den Straßenrand, Kinder weinen, brüllen, kreischen, viele von ihnen müssen miterleben, wie ihre Eltern aus der Luft von deutschen Militärflugzeugen erschossen werden.

Zehntausende Mädchen und Jungen gehen im Chaos verloren, irren allein oder in Banden umher. Insgesamt flüchten sechs bis sieben Millionen Franzosen vom Norden in den Süden des Landes, die Städte dort sind völlig überfüllt, es gibt nicht genug Nahrung, zu wenig Unterkünfte, die Flüchtenden schlafen in den Bahnhofshallen.

Ganz im Gegensatz zum Geschrei auf der Fluchtroute ist Paris plötzlich verstummt. Wie ein Patient nach einem Aderlass erscheint die Stadt schrecklich blass. Erschöpft. Benommen. Manche Häuserzüge stehen leer. Nichts regt sich hinter den Fenstern. Kaum ein Mensch läuft auf den Straßen.

Die Bäckereien haben bald keine Croissants und keine Brioches mehr im Angebot, das Brot wird streng rationiert. Ab sofort können die Einwohner nur noch mit Lebensmittelkarten einkaufen. Auf den Straßen von Paris sind vor allem deutsche Militärautos zu sehen, am Boulevard Haussmann hängen Flaggen mit Hakenkreuzen, in den Cafés am Boulevard Saint-Michel drängen sich deutsche Soldaten. Was für ein Anblick, für Wolfgang Gentner muss die Rückkehr in die so veränderte Hauptstadt erschütternd gewesen sein.

Als er im Sommer 1940 zum ersten Mal im Auftrag des Heereswaffenamts nach Paris fährt, haben Frédéric und Irène Joliot-Curie die Stadt zunächst verlassen. Sie haben alle wichtigen Forschungsunterlagen mitgenommen, andere Dokumente vernichtet, damit keinerlei Informationen über ihre Experimente in die Hände der Besatzer fallen. Dann hat sich das Ehepaar, wie die alte Regierung, auf den Weg nach Bordeaux gemacht.

Die Zeit der deutschen Besatzung bricht an, in der sich die Joliot-Curies wie alle Franzosen immer wieder aufs Neue werden entscheiden müssen, ob sie sich anpassen oder protestieren, notfalls mit Gewalt. Den Waffenstillstandsvertrag mit den Deutschen unterschreibt am 22. Juni der 84-jährige Held des Ersten Weltkriegs, Maréchal Philippe Pétain. Er wird willig mit den Nationalsozialisten kollaborieren, als Kopf des Vichyregimes, benannt nach jenem Kurort fast 400 Kilometer südlich der französischen Hauptstadt, in dem er fortan residieren wird.

Einen Tag nach Unterzeichnung besucht Adolf Hitler das menschenleere Paris, gemeinsam mit seinem Lieblingsarchitekten Albert Speer. Die Reise soll ihn für seine geplante Welthauptstadt Germania inspiriert haben. Dafür möchte Hitler in Berlin berühmte Monumente und Alleen Europas nachbauen, größer als ihre Vorbilder, die Champs-Elysées etwa oder den Triumphbogen. Oder die Opéra Garnier, Hitlers Lieblingsgebäude in Paris. In einem schweren braunen Ledermantel setzt er sich vor dem Eiffelturm in Szene, in weißem Stoff am Grab Napoleons im Invalidendom. Gleichzeitig tritt das NS-Regime in der Heimat eine große Werbekampagne los, um deutsche Soldaten für ihren Einsatz im Nachbarland zu begeistern. Dafür verwandeln sie ausgerechnet eine jiddische Redewendung in einen Nazislogan: Leben wie Gott in Frankreich.

Von diesem Überschwang ist wenig zu spüren, als sich General Schumann im Juli 1940 erstmals Zugang zum Labor am Collège de France verschafft, in Abwesenheit von Frédéric Joliot-Curie. Der Physiker und seine Frau sind zu diesem Zeitpunkt noch nicht nach Paris zurückgekehrt. Der General lässt die Laborräume öffnen, die Büros durchsuchen. Und er inspiziert das Zyklotron, jenen mächtigen Teilchenbeschleuniger, der die Deutschen besonders interessiert. Nirgendwo in Europa gibt es ein vergleichbar potentes Gerät, um Atomkerne mit Neutronen zu beschießen.

Wolfgang Gentner und auch sein Chef, Walther Bothe, müssen das Militär begleiten, kennen sie sich doch mit kernphysikalischer Forschung aus. Sie finden aber keinerlei relevante Unterlagen, auch keine Hinweise darauf, was mit den für die Atomforschung so wichtigen Substanzen geschehen ist. Die Offiziere versiegeln schließlich die Eingangstür und fahren mit leeren Händen nach Deutschland zurück.

In den Folgewochen erwacht Paris allmählich wieder zum Leben. Am 5. August fordert der Verwalter des Collège de France seine Professoren in einem Rundbrief auf, ihre Arbeit wieder aufzunehmen. Frédéric Joliot-Curie beschließt, dem Aufruf zu folgen. Seine Frau Irène dagegen wird den Sommer in einer Klinik in Clairevivre im Périgord verbringen, unweit der wildromantischen Schluchten von Auvézère. Dorthin hatte ihr Ehemann sie gebracht, als er Richtung Bordeaux gereist war, um seine Kollegen Halban und Kowarski zu verabschieden. Die Einrichtung ist vor allem für Soldaten mit Lungenverletzungen aus dem Ersten Weltkrieg gedacht. Irène aber möchte hier in der Natur wieder zu Kräften kommen, ihre Tuberkulose-Erkrankung setzt ihr zu, und eine wirksame Therapie dagegen gibt es zu diesem Zeitpunkt noch nicht. Frédéric kehrt also zunächst allein in die veränderte Metropole zurück, ihre beiden Kinder sind in ihrem Ferienhaus in der Bretagne.

Sofort sucht General Schumann Joliot-Curie in seinem Labor auf. Sein Französisch reicht jedoch nicht aus, um den Nobelpreisträger über das verschwundene Forschungsmaterial zu befragen. Daher muss Gentner ihn als Übersetzer ans Collège de France begleiten.

Nach dem Verhör bleibt Gentner hinter den deutschen Offizieren zurück und bittet Joliot-Curie leise, sich mit ihm am gleichen Abend zu treffen. Um 18 Uhr, im *La Source,* einem

Café mit großen Neonlettern am Boulevard Saint-Michel, im Herzen des Quartier Latin. In einem Hinterzimmer des Cafés können sie sich ungesehen unterhalten. Gentner erklärt seinem französischen Kollegen, dass ihn das Heereswaffenamt angewiesen hat, künftig das Labor am Collège de France zu überwachen. Ob Joliot-Curie damit einverstanden sei, möchte Gentner wissen. Der Franzose willigt sofort ein, ihm ist es viel lieber, seinen vertrauten Kollegen um sich zu haben als einen Fremden. Für beide beginnt ein gewagtes Spiel.

Dafür müssen sie sich im Alltag mit den Besatzern arrangieren, ihre Forschung irgendwie fortsetzen. Vor allem um das Zyklotron, den Teilchenbeschleuniger, soll sich Gentner kümmern. Eigentlich hatten die deutschen Militärs geplant, das Gerät nach Deutschland zu transportieren. Der französische Physiker hatte den Beschleuniger jedoch im Keller des Collège de France installieren lassen, was es unmöglich macht, das Zyklotron samt seinem schweren Magneten herauszuholen. Daher wollen die Besatzer das Gerät vor Ort in Gang setzen, bislang funktioniert es noch nicht. Einmal in Betrieb, wollen die Deutschen den Teilchenbeschleuniger in Paris für ihre Experimente nutzen. Andere Mitarbeiter des Heereswaffenamts treffen ein und machen sich sogleich an die Arbeit.

Die Deutschen interessieren sich vor allem dafür, wie das Zyklotron funktioniert, und erzeugen in ihren Experimenten neue radioaktive Elemente. Klar ist allerdings auch: Sollten die Nationalsozialisten entscheiden, am Zyklotron militärisch relevante Experimente durchzuführen, würde Joliot-Curie wenig dagegen unternehmen können. Über Wochen hinweg versucht der Physiker, sich offiziell von den Deutschen zusichern zu lassen, dass der Teilchenbeschleuniger nur für zivile Forschung zum Einsatz kommen wird. Doch die Besatzer weigern sich, ihm eine solche Garantie zu geben.

Sie dürften kaum geahnt haben, dass Joliot-Curie und Gentner unter sich vereinbart haben, dass am Zyklotron nur Grundlagenforschung stattfinden soll. In keinem Fall sollten dort Experimente stattfinden, die militärischen Zwecken dienen, so zumindest werden es Joliot-Curie und Gentner nach Ende des Zweiten Weltkriegs berichten. Auch durften die französischen Mitarbeiter stets erfahren, woran die Deutschen gerade arbeiteten. Joliot-Curie selbst blieb oft abends noch am Collège de France, wenn die Labors verlassen waren, um sich in den Räumen der Deutschen einen Überblick über deren Experimente zu verschaffen.

Zumal Gentner ohnehin auf die Hilfe der französischen Techniker angewiesen ist, nur sie wissen das Gerät zu bedienen. Haben Kernphysiker Jahre zuvor den Aufbau ihrer Experimente in Eigenregie stets neu geplant, hat sich ihr Vorgehen dramatisch verändert: Technische Mitarbeiter bedienen nun die großen Teilchenbeschleuniger, um neue radioaktive Elemente zu erzeugen und deren Atome und Atomkerne besser zu erforschen.

Erst der Wahlsieg der Front populaire im Jahr 1936 hatte diese Entwicklung in Frankreich ermöglicht, eine Allianz aus linksgerichteten Parteien. Die neue Regierung hatte erstmalig eine Kasse für wissenschaftliche Forschung eingerichtet, die Caisse nationale de la recherche scientifique. Daraus zum Beispiel wird für Joliot-Curie ein neues Labor finanziert. Im Dezember 1936 eröffnet er einen zweiten Standort, das Labor für Atomsynthese in einem Pariser Vorort. Auch dort arbeiten die Forscher mit einem Teilchenbeschleuniger, der allerdings nicht so mächtig ist wie das Zyklotron.

Frankreich soll in die Moderne aufbrechen, in der Politik, in der Wissenschaft, in der Gesellschaft. Der jüdische Ministerpräsident Léon Blum führt die 40-Stunden-Woche ein und zwei Wochen bezahlten Urlaub pro Jahr. Die Nationalsozialisten werden ihn später in die Konzentrationslager Buchenwald und Dachau verschleppen.

Blums Regierung möchte Frankreich auch nach außen als Land mit reicher Kultur und zukunftsweisender Technik präsentieren und ruft ein Jahr später in Paris eine Weltfachausstellung ins Leben. Insgesamt 190 Pavillons verschiedener Regionen und Länder entstehen entlang der Seine, von der Île aux Cygnes unweit des Eiffelturms bis zur Place de la Concorde mit ihrem Obelisken.

Zu diesem Anlass öffnet der Palais de la Découverte im Westflügel des Grand Palais an den Champs-Elysées erstmals seine Türen. Ein Museum, das sich ganz der Wissenschaft verschrieben hat. Als Gentner im Herbst 1937 zur Weltfachausstellung anreist, findet er im Palais einen Van-de-Graaff-Generator vor, den wesentlichen Baustein eines Teilchenbeschleunigers aus dem Labor Joliot-Curie. Zwei 14 Meter hohe Säulen recken sich in die Kuppel des Palastes, auf jeder von ihr ruht eine Kugel mit einem Durchmesser von drei Metern. In einem spektakulären Experiment begibt sich je eine Versuchsperson in eine der Kugeln, die mit 10 000 Volt aufgeladen werden. Die Zuschauer staunen, wenn ein meterlanger Blitz entsteht und die Testpersonen den Versuch dennoch unversehrt überstehen. Die Metallhüllen der Kugeln schirmen sie vom elektrischen Feld ab, nach dem Prinzip eines faradayschen Käfigs. Pariser Zeitschriften bringen Fotos des Generators mit seinen Blitzen auf ihren Titelseiten.

Aufsehen erregt auch jener Pavillon auf der Weltfachausstellung, den Hitler nach den Entwürfen seines Architekten Albert

Speer hat errichten lassen. Gentner kann den Turmbau kaum übersehen haben, alles an ihm wirkt hochmütig, aggressiv, vermessen. Oben auf dem Gebäude etwa sitzt der bronzefarbene Reichsadler, 5,50 Meter groß. An der Rückseite prangt ein mehr als vier Meter großes Hakenkreuz. Der Turm steht dem sowjetischen Exponat frontal gegenüber, ebenfalls ein kaltes, strenges, kantiges Bauwerk, auf dem die 25 Meter große Skulptur eines jungen Paares den deutschen Adler überragt, es trägt Hammer und Sichel in den Händen. Zwei Großmächte buhlen um Aufmerksamkeit, direkt am Trocadéro, aufdringlich und laut.

Wenig Beachtung findet dagegen zunächst ein Kunstwerk, das die Verbrechen des deutschen Führers anprangert. Was aber auch daran liegt, dass es noch nicht fertig ist, als die Ausstellung beginnt. Für die spanischen Republikaner hält der Künstler Pablo Picasso den brutalen Angriff auf die baskische Kleinstadt Guernica im Norden seiner Heimat fest, in Schwarz, Grau und Weiß, auf einer raumgroßen Leinwand. Ende April 1937 haben deutsche und italienische Bombenflugzeuge den schutzlosen Ort vollständig zerstört. Hitler hat so den angehenden Diktator Francisco Franco im spanischen Bürgerkrieg unterstützt. Gleichzeitig konnte er testen, was seine Flieger bei Angriffen auf die Zivilbevölkerung taugen.

Auf dem Gelände der Ausstellung können Besucher wie Gentner also direkt nachempfinden, was gerade in Europa geschieht: Spanien versinkt im Bürgerkrieg, in der Sowjetunion herrscht Josef Stalin, und in Deutschland und Italien haben faschistische Führer die Macht übernommen.

Trotz dieser finsteren Entwicklungen hofften viele Franzosen auf eine hellere Zukunft. Die Front populaire hatte sich aus zehn linksgerichteten Parteien gebildet, als Reaktion auf rechtsnationale Gruppierungen. Auch deshalb glaubten viele Wissenschaftler nach ihrer Flucht, dort eine neue Heimat zu finden. Aus Deutschland und Österreich, dem besetzten Polen und Italien kamen sie nach Frankreich, in der Hoffnung, den Nationalsozialisten zu entrinnen.

Der neue Ministerpräsident Blum hatte Irène Joliot-Curie gebeten, in der Regierung den Posten der Unterstaatssekretärin für den Bereich der Wissenschaft zu übernehmen. Eigentlich lag es der scheuen, schweigsamen Frau gar nicht, in der Öffentlichkeit aufzutreten. Auch ihr Ehemann war von der Idee nicht begeistert, war sogar erbost über das Angebot, fand sich selbst geeigneter für den Posten als seine Frau. Zu seiner Überraschung willigte sie jedoch ein. Irène, die sonst keinerlei Wert auf ihr Aussehen legte, wird nun in schmalem Kleid, mit adrettem, kleinen Hut und Lederaktentasche ihre Arbeit am Ministerium aufnehmen.

Blum hat diesen Posten geschaffen, auch weil er seine Wahl unter anderem dem starken Engagement der Wissenschaftler für die Front populaire verdankt. Nun soll die Nobelpreisträgerin in ihrer neuen Rolle der Forschung in der Regierung mehr Gewicht verleihen. Es mangelt bislang an Finanzierungsmöglichkeiten und an offenen Stellen für Wissenschaftler.

Zwar wird Irène ihr Amt schon nach drei Monaten abgeben, um sich wieder ihrer Forschung zu widmen. Doch ist es auch ihr zu verdanken, dass ausländische Wissenschaftler in Paris unterkommen: Die Front populaire begrüßt den Aufbau eines neuen Hilfskomitees für bedrohte Forscher und ermöglicht über eine nationale Forschungskasse Stipendien für Flüchtlinge. Damit können sie in der neuen Heimat überleben und ihre Experimente in französischen Labors fortsetzen, so zum Beispiel auch ein Kollege Gentners aus Heidelberg.

Die Hilfsorganisation kam gegenüber dem Labor von Irène

Joliot-Curie unter, am Institut de Biologie Physico-Chimique, einem imposanten Gebäude aus roten Backsteinen mit großen Fenstern. Es gilt seit seiner Gründung im Jahr 1930 als das modernste Forschungsinstitut Frankreichs. Hier arbeitete zum Beispiel der Physiker und Nobelpreisträger Jean Perrin, ein enger Freund der Joliot-Curies. Er willigte ein, das Komitee als Präsident zu repräsentieren. Wobei die meiste Arbeit der Biochemiker Louis Rapkine übernahm, der am gleichen Institut forschte, aber als Ausländer politisch im Hintergrund bleiben musste.

Einst im russischen Kaiserreich geboren, war Rapkine in Kanada aufgewachsen und erst zum Studium an die Sorbonne-Universität nach Paris gekommen. Er entstammte einer jüdischen Schneiderfamilie, war als Student bettelarm, ging oft im Umland der Metropole hausieren. An manchen Tagen ernährte er sich von der Glukose aus den Flaschen in seinem Labor, weißem Pulver, das eigentlich für die Experimente gedacht war.

Erst als er an jenem Institut für Physikalisch-Chemische Biologie eine Anstellung findet, kann er sich eine eigene, kleine Wohnung leisten. Im Labor wird Rapkine rasch in den Kreis der Forscher aufgenommen, ein kleiner Mann mit schmalem Gesicht, hoher Stirn und ernstem Blick. Mit Studien zur Entwicklung von Embryonen macht er sich einen Namen.

Es lässt ihm aber keine Ruhe, dass so viele Forscher vor dem NS-Regime flüchten wollen und nicht wissen, wohin. »England und die USA haben bereits viel für die Wissenschaftler im Exil getan, Frankreich dagegen nicht«, schreibt er im August 1936 an seine Schwester in Kanada. »Ich hoffe, dass wir die verlorene Zeit noch aufholen können.« Immerhin hat er für den Ehrenausschuss des Hilfskomitees Frédéric und Irène Joliot-Curie gewonnen, ebenso wie Frédérics Mentor, den Physiker Paul Langevin.

Zunächst setzt sich Rapkine für berühmte Forscher ein, in der Hoffnung, in deren Schatten auch weniger bekannte Kollegen zu retten. Der Biochemiker Otto Meyerhof wird der renommierteste Wissenschaftler sein, dem Rapkine helfen wird. Er arbeitet am Kaiser-Wilhelm-Institut für medizinische Forschung in Heidelberg, an dem auch Wolfgang Gentner tätig ist. Im Jahr 1938 veröffentlichen die beiden sogar einen Fachartikel gemeinsam, über die erste Anwendung eines radioaktiven Isotops in der Biochemie, des radioaktiven Phosphor.

Meyerhof hat im Jahr 1922 den Nobelpreis für Medizin erhalten, er hatte den Zusammenhang zwischen dem Sauerstoffverbrauch und dem Milchsäureumsatz in den Muskeln entdeckt. Er hatte zum Beispiel festgestellt, dass Glykogen, die Speicherform von Glukose, bei Sauerstoffmangel in Milchsäure umgewandelt wird.

Trotz seines Ansehens muss er bereits im Jahr 1933 um seine Stellung als Abteilungschef in Heidelberg fürchten. Am 7. April versetzt nämlich ein neues Gesetz der Nationalsozialisten alle Beamte und Angestellte nicht arischer Abstammung in den Ruhestand. »Professor Meyerhof ist Volljude und betätigt sich zudem politisch«, schreibt der regimetreue Leiter der Dozentenschaft der Universität Heidelberg an den damaligen Rektor. Meyerhof sei daher »höchst gefährlich«. Sogar sein Nachbar und Kollege Richard Kuhn denunziert ihn, berichtet im Jahr 1936 an die Generaldirektion, dass Meyerhof angeblich noch drei Angestellte nicht arischer Abstammung beschäftige.

Längst ist am Heidelberger Institut die ursprüngliche Idee verkümmert, dass sich Forscher aus verschiedenen Fachbereichen austauschen und zusammenarbeiten sollen. Der politische Wandel hat die Mitarbeiter argwöhnisch gemacht, sie ziehen sich in ihre Laborräume zurück. Als Kuhn im Jahr 1937 die Leitung des gesamten Heidelberger Instituts übernimmt, nehmen sich viele vor ihm in Acht. Gentners Chef zum Beispiel versteht sich gar nicht mit ihm, die beiden reden nicht miteinander. Kuhn wird später chemische Kampfstoffe für das NS-Regime entwickeln.

Meyerhof spürt die wachsende Bedrohung, sucht nach einem Fluchtweg für sich und seine Familie. Er erhält ein Stellenangebot aus den USA, doch ist das Gehalt so niedrig, dass er es ausschlagen muss. Zugleich erschweren die Nationalsozialisten allmählich die Auswanderung der Juden; sie müssen nun eine Reichsfluchtsteuer zahlen und ihren Besitz weit unter Wert verkaufen, was dazu führt, dass sich viele der Flüchtenden völlig verarmt auf den Weg machen müssen. Die vormals breite Fluchtroute ins Ausland wird zu einem Nadelöhr.

Auch wollen viele Länder keine Flüchtlinge mehr aufnehmen. US-Präsident Franklin D. Roosevelt drängt darauf, dass sich im Juli 1938 die Vertreter von 32 Staaten und 71 Hilfsorganisationen im französischen Kurort Évian treffen, um über die rapide ansteigende Zahl von jüdischen Flüchtlingen aus Deutschland und Österreich zu beraten. Im Hotel Royal am Genfer See diskutieren sie, was mit den etwa 300 000 Juden geschehen soll, die in die Nachbarstaaten geflohen sind.

Bereits vor Beginn der Konferenz stellen die USA klar, dass sie die Zahl von 27 000 Einwanderern aus Deutschland und Österreich pro Jahr keinesfalls erhöhen wollen. Auch der britische Vertreter macht deutlich, dass Großbritannien kein Land für Immigranten sei. Ein Delegierter nach dem anderen steht auf und verkündet, wie gern er Flüchtlinge aufnehmen würde, eigentlich, dazu jedoch nicht in der Lage sei. Die jüdische Delegation reist verbittert ab. »Niemand will sie haben«, so ergötzt sich der *Völkische Beobachter* des NS-Regimes an der Not der Menschen.

Allein die Dominikanische Republik erklärt sich bereit, weitere Flüchtlinge ins Land zu lassen. Wobei der Diktator Rafael Trujillo nicht etwa Mitleid mit den Verfolgten hat. Ihn treiben vor allem rassistische Gründe an. Mit den Juden aus Deutschland und Österreich will er die Hautfarbe der Einheimischen aufhellen, die Bevölkerung »aufbessern«, so beschreiben es seine Berater. Die Einwanderer sollen ein eigenes Stück Land erhalten und als Bauern oder Viehzüchter arbeiten.

Der Nobelpreisträger Meyerhof jedoch findet einen anderen Weg durch das Nadelöhr. Auf einer Reise trifft er einen ehemaligen Kollegen, der nach Paris ausgewandert ist. Beide beginnen, Meyerhofs Flucht zu planen, schreiben ihre Briefe in einem speziellen Code, für den Fall, dass ihre Korrespondenz in falsche Hände gerät. Endlich, im Sommer 1938, erhält er mit seiner Familie die Erlaubnis, ein paar Wochen in der Schweiz zu verbringen. Sie geben gesundheitliche Gründe vor, kehren nach ihrer Abreise nicht mehr nach Heidelberg zurück. Ein schönes Haus mit großem Garten bleibt zurück, das die Kaiser-Wilhelm-Gesellschaft eigens für Meyerhof und seine Familie hat bauen lassen.

Der Biochemiker Louis Rapkine sorgt mit seiner Hilfsorganisation in Paris dafür, dass Meyerhof ein eigenes Labor erhält, am Institut für Physikalisch-Chemische Biologie. Hier kann er in die fast fiebrig aktive Forschungswelt des Quartier Latin eintauchen, wenn auch nur für kurze Zeit.

Meyerhof ist schon wieder auf der Flucht, als sein Heidelberger Kollege Gentner im Sommer 1940 mit den deutschen Besatzern in Paris eintrifft. Auch Rapkine selbst ist zu dieser Zeit bereits fortgezogen. Er wird zunächst in London, später von New

York aus Wissenschaftlern helfen, aus Frankreich zu entkommen, mit Unterstützung der Rockefeller-Stiftung. Dafür muss er zwei Listen mit Namen von Wissenschaftlern aufstellen, denen der Weg in die USA ermöglicht werden soll. Mathematiker und Physiker, Biochemiker und Biophysiker, Biologen, Chemiker und Physiologen. Auf der ersten Liste stehen besonders renommierte Forscher, Frédéric und Irène Joliot-Curie zum Beispiel. Auf der zweiten dagegen finden sich weniger bekannte oder auch ältere Kollegen, die als Nachrücker dienen sollen für jene, die eine Ausreise aus Frankreich ablehnen.

Mehr als 50 Wissenschaftler bringt Rapkine bis Ende des Krieges in Sicherheit, darunter auch den jüdischen Physiker Salomon Rosenblum. Der aus Polen stammende Forscher hat bereits unter Marie Curie am Radium-Institut gearbeitet. Mit ihm hat sich Gentner zu seiner Zeit als Stipendiat in Paris besonders gut verstanden. Oft hat er den Kollegen in seinem Labor im Keller des Gebäudes besucht und mit ihm über dessen Arbeit diskutiert, zur Feinstruktur von Alphastrahlen. Sie entstehen beim Alphazerfall, einer Art des radioaktiven Zerfalls von Atomkernen.

Gentner wird ihn nicht mehr antreffen, als er im Jahr 1940 in der französischen Hauptstadt eintrifft. Viele Mitarbeiter des Radium-Instituts und des Collège de France haben Paris den Rücken gekehrt, um sich vor den deutschen Besatzern in Sicherheit zu bringen. Was die Tageszeitung *Paris Soir* nicht daran hindert, gegen Joliot-Curie zu hetzen: Er sei ein großer Beschützer der Juden, in seinem Labor, an der Universität. Am Radium-Institut und am Collège de France haben bis zur deutschen Besatzung viele jüdische Forscher gearbeitet.

Vor allem einen von ihnen hatten die Joliot-Curies ins Herz geschlossen: Bruno Pontecorvo, einen jungen Physiker, der aus seiner Heimat Italien zunächst nach Paris geflohen war. Ein herausragender Wissenschaftler, der lange nach dem Zweiten Weltkrieg unter mysteriösen Umständen hinter dem Eisernen Vorhang verschwinden wird. Ob er dort Informationen über die Atombombenforschung an die Sowjets preisgegeben hat, kann bis heute niemand sagen. Fest steht allerdings, dass er sich im Umkreis der Joliot-Curies für kommunistische Ideen zu begeistern beginnt.

Pontecorvo stammt aus der Großfamilie eines reichen Textilindustriellen, er hat sieben Geschwister. Bereits im Alter von 21 Jahren schließt er sich dem Team des Physikers und späteren Nobelpreisträgers Enrico Fermi in Rom an. Gerade beginnt die Kernforschung als neuer Forschungszweig zu wachsen, fast jede Woche gibt es Berichte über neue Entdeckungen.

Mit seinem Mentor Fermi forscht Pontecorvo an Neutronen, jenen neutral geladenen Teilchen im Atomkern. Sie entdecken zum Beispiel, dass langsame Neutronen besser mit Atomkernen reagieren als schnelle – ohne zu ahnen, welche enorme Rolle ihre Beobachtung nur wenige Jahre später spielen sollte, in der Entwicklung der Kettenreaktion. Fermi schrieb noch im Jahr 1923, dass es in naher Zukunft wohl nicht möglich sein werde, die Energie aus Atomkernen freizusetzen: »Der erste Effekt wäre eine Explosion, die so fürchterlich wäre, dass sie den Physiker, der es versucht, in Stücke reißen würde.« Er selbst wird diese Energie zwei Jahrzehnte später entfesseln helfen, beim Bau der ersten Atombombe.

In den 1930er-Jahren muss Pontecorvo miterleben, wie die Faschisten in seiner Heimat die Massen begeistern. Im Jahr 1936 beschließt der jüdische Physiker, ein neues Leben in Paris zu beginnen, genau zu jenem Zeitpunkt, als Hitler und der italienische Diktator Benito Mussolini eine Berlin-Rom-Achse verkünden.

Er kommt im *Hôtel des Grands Hommes* unter, direkt am

Panthéon, eine einfache Unterkunft aus dem 18. Jahrhundert, mit kaltem Wasser auf dem Zimmer und Toilette auf dem Gang. Nur wenn Pontecorvo sich vorher anmeldet und bezahlt, kann er ein heißes Bad nehmen. Von seinem Hotel aus läuft er nur zehn Minuten zum Collège de France.

Der charmante, warmherzige, herausragend kluge Physiker lebt sich schnell ein. Zum Vergnügen seiner Arbeitskollegen fährt er manchmal rückwärts auf seinem Fahrrad. Oder er macht sich einen Spaß daraus, einen Stock auf seiner Nasenspitze zu balancieren. Die Joliot-Curies laden ihn bald zu sich nach Hause ein. Auf dem Tennisplatz im Garten des Forscherehepaars wird er ihnen ebenfalls imponieren: In Italien hat er als Jugendlicher einige Tennisturniere gewonnen.

Einmal vertrauen sie dem jungen Kollegen sogar ihre Tochter Hélène an, die noch eine Schulprüfung ablegen muss, bevor sie ihren Eltern in einen Urlaubsort in den Bergen nachreisen kann. Die Jugendliche genießt die Zugfahrt mit dem dunkelhaarigen Italiener, Jahrzehnte später schwärmt Hélène noch von seinen großen braunen Augen. Auch Wolfgang Gentner wird den jungen Italiener im Jahr 1937 kennenlernen, auf einem Foto lachen sie gemeinsam, als Joliot-Curie seinen deutschen Kollegen zur Zeit der Weltausstellung durch sein Labor am Collège de France führt.

Bald erforscht Pontecorvo mit Frédéric Joliot-Curie die Eigenschaften von Neutronen. Etwa die Frage, warum die entstehende radioaktive Strahlung nach Auftreffen eines Neutrons auf einen Atomkern nicht immer gleich groß ist, selbst wenn die Anzahl an Neutronen und Protonen im Atomkern identisch ist. Das Phänomen wird als Kern-Isomerie bekannt und hilft dem Italiener, seinen Ruf als führender Neutronenforscher zu festigen.

Sein Kollege Lew Kowarski möchte mit ihm zusammenarbeiten, jener freundliche Hüne aus Russland am Collège de France. Der wollte eigentlich Konzertpianist werden, doch sind seine Finger irgendwann zu groß für die Klaviertasten geworden. Im Jahr 1937 ist er bereits 30 Jahre alt und zweifelt, ob ihm noch eine wissenschaftliche Karriere gelingen wird.

Pontecorvo interessiert sich nicht für Kowarskis Arbeit, bietet ihm jedoch an, ihn mit Hans von Halban bekannt zu machen, einem etablierten deutschen Physiker am Collège de France. Pontecorvo und von Halban teilen viele Hobbys, gehen zum Beispiel gern in den Bergen wandern. Im Gegensatz zum warmherzigen Italiener gilt von Halban jedoch als arrogant, unangenehm, hart, er führt sich manchmal auf wie ein preußischer Offizier. Dennoch bringt Pontecorvo ihn mit Kowarski zusammen. Ein Gespann, das sich bald bewähren wird. Wenige Jahre später werden sie gemeinsam die Kernspaltung und Kettenreaktion erforschen und den kostbaren Vorrat an schwerem Wasser nach England bringen.

Der junge Italiener dagegen konzentriert sich ganz auf seine Neutronenforschung mit Joliot-Curie. Als er noch in Fermis Labor in Italien arbeitete, spielte die Politik unter den Kollegen keine Rolle. Überrascht stellt er in den Gesprächen mit seinem Pariser Laborchef jedoch fest, dass sich der Franzose intensiv mit den aktuellen Ereignissen beschäftigt. Überall am Collège de France ist Pontecorvo von politischen Aktivisten umgeben, die Mehrheit seiner Kollegen haben eine linkspolitische Haltung, manche sind Kommunisten, wie auch sein Chef.

Die Ideen Joliot-Curies haben großen Einfluss auf Pontecorvo. Im Herbst 1936 nimmt ein italienischer Cousin, sieben Jahre älter, ihn mit zu einer großen Kundgebung der kommunistischen Partei. Pontecorvo wird selbst politisch aktiv, so sehr, dass der Geheimdienst seiner faschistischen Heimat sogar eine Akte über ihn anlegt.

Als die Deutschen im Frühsommer 1940 Frankreich überfallen, drängt Joliot-Curie den jungen Kollegen, aus Frankreich fortzugehen. Als Italiener ist er nun offiziell ein Feind der Franzosen, als Jude von den Nazis bedroht. Über Umwege erhält er ein Stellenangebot in Tulsa, Oklahoma. Doch zunächst muss es Pontecorvo samt seiner Familie gelingen, den Deutschen zu entkommen. Sie sind spät dran, die Wehrmacht nähert sich bereits Paris.

Erst vor Kurzem hat Pontecorvo die Schwedin Marianne Nordblom geheiratet, eine schmale Frau, blond, mit hohen Wangenknochen. Sie fährt Anfang Juni mit ihrem gemeinsamen Sohn mit dem Zug zu Pontecorvos Schwester nach Südfrankreich. Er selbst dagegen bleibt in der Hauptstadt. Erst als das deutsche Militär am 14. Juni Paris erreicht, bricht er auf, sein Cousin und andere Freunde begleiten ihn. Mit ihren Fahrrädern machen sie sich auf den Weg. Eilig haben sie es nicht, sie besuchen noch Freunde in der rue Mouffetard, einer Marktstraße in der Nähe seines Hotels. Pontecorvo verspeist noch zwei Macarons, bevor sie endlich das Weite suchen.

Als sie in einem Gasthaus südlich der Pariser Stadtgrenze übernachten, haben die deutschen Panzer sie bereits eingeholt. Am nächsten Morgen stehen die Soldaten direkt auf dem Vorplatz, unter ihrem Hotelfenster. Pontecorvo und seine Gefährten zögern, wollen zunächst umkehren, beschließen dann aber, ihre Reise fortzusetzen. Sein Cousin nimmt allerdings eine andere Route, Richtung Nizza. Dort schließt er sich dem Widerstand gegen Mussolini an und wird nach dem Krieg als Held gefeiert werden. Pontecorvo dagegen wird die gesamte Strecke bis nach Toulouse zu Ehefrau und Sohn mit dem

Fahrrad zurücklegen. Von dort aus entkommen sie in die USA. Später wird er an einem kanadisch-britischen Geheimprojekt zur Kernforschung mitarbeiten, unter der Leitung von Hans von Halban, jenem unangenehmen Kollegen am Collège de France.

Als Joliot-Curie im August 1940 nach Paris zurückkehrt, muss er zunächst in einem Hotel unterkommen. Deutsche Offiziere haben sein Haus besetzt.

Gentner sorgt jedoch schnell dafür, dass die Soldaten das Anwesen räumen und sein Kollege und dessen Familie Ende September wieder einziehen können. Als Joliot-Curie in seine Bleibe zurückkehrt, ist ein Teil seiner Briefmarken verschwunden, die er seit seiner Jugend gesammelt hat. Ein Bett fehlt, und aus dem Keller haben die deutschen Offiziere die teuren Weinflaschen mitgenommen.

In Paris herrscht nun von 21 bis sechs Uhr morgens Ausgangssperre, nachts bleiben die Straßenlaternen dunkel. Das Schulgebäude von Joliot-Curies Tochter Hélène wird von deutschen Soldaten beschlagnahmt, das Mädchen muss auf ein anderes Gymnasium ausweichen, auch dort haben Soldaten einen Teil der Räume belegt. Hélènes Deutschlehrer gibt den Kindern plötzlich viel mehr Hausaufgaben auf als früher. Irène Joliot-Curie protestiert, trotz ihrer Erkrankung spricht sie erbost in der Schule vor: Nur weil die Deutschen im Land seien, sei das noch kein Grund, die Kinder so viel pauken zu lassen. Sie hat Erfolg, der Deutschlehrer knickt ein. Noch müssen die Joliot-Curies die Besatzer nicht fürchten.

Allerdings fällt es schwer, die Forschung am Collège de France wieder in Schwung zu bringen, die Heizung fällt oft aus, das Licht, häufig fehlt es an chemischen Produkten für Experimente. An Geräten. An Ersatzteilen. Zumal viele Mitarbeiter vor den Besatzern geflohen sind. Frédéric Joliot-Curie bleiben nur fünf Mitarbeiter, die in der Kernphysik tätig sind, fast alle sind neu im Labor. Die Kollegen sind wie betäubt, verwirrt, der Überfall ihres Landes ist so rasend schnell verlaufen.

Bald aber beginnen sie an neuen radioaktiven Elementen zu forschen, auch für medizinische Zwecke. So weist Joliot-Curie zum Beispiel in den Folgejahren nach, dass sich mit radioaktivem Jod der Stoffwechsel der Schilddrüse abbilden lässt.

Allmählich stellt sich am Collège de France eine neue Routine ein. Gentner besucht seinen französischen Kollegen oft in dessen Büro, um ihn über die Pläne der Deutschen zu informieren. Auch hat Joliot-Curie weiterhin Zugang zu allen Räumen und weiß stets, woran die Besatzer gerade forschen. Auch wenn keine militärisch relevante Arbeit am Zyklotron stattfinden soll, hat der Uranverein in Deutschland längst damit begonnen, die Entwicklung einer Atombombe auszuloten.

Außer General Schumann wird der Kernphysiker Kurt Diebner vor Ort sein, der organisatorische Leiter des Uranvereins. Im Gegensatz zu Schumann gilt er als fachlich kompetent, allerdings werden ihn die Alliierten nach Ende des Zweiten Weltkriegs wenig positiv beschreiben: »Nach außen sehr freundlich, hat aber eine unangenehme Persönlichkeit, der man nicht trauen kann.« Er ist unter Kollegen äußerst unbeliebt, nur mit dem Physiker Erich Bagge ist er befreundet, einem regimetreuen, ernsten, hart arbeitenden Deutschen, der immer wieder Experimente am Collège de France durchführt. Die deutschen Kernphysiker belegen die zweite Etage des Labors, planen dort ihre eigenen Versuche am Zyklotron.

Manche Franzosen am Collège de France beginnen, willig mit den deutschen Kernphysikern zu kollaborieren, begeistern sich sogar für die nationalsozialistische Ideologie. Eine

Chemielaborantin zum Beispiel, fröhlich, herzlich und sehr hübsch. Mitarbeiter aus dem Labor werden sie regelmäßig zum Mittagessen ins Restaurant mitnehmen, um Zweifel über ihre eigene politische Haltung zu zerstreuen. Während sie mit ihr plaudern, wird die Restaurantbesitzerin ihnen heimlich Informationen über deutsche Truppenbewegungen zustecken, so berichtet es einer der Labortechniker Jahrzehnte später.

Ein Kern von Widerstandskämpfern entsteht am Collège de France, der für verschiedene Netzwerke arbeitet. André Berthelot zum Beispiel, ein militanter Kommunist, tritt seine Stelle im September 1940 an, gerade als die Deutschen mit ihrer Arbeit im Labor beginnen. Gentner lernt bald, nicht so genau hinzusehen, wenn französische Mitarbeiter die Türen ihrer Laborräume hinter sich schließen.

Eine brachliegende Baustelle auf dem Gelände des Collège de France kommt den Kämpfern der Résistance sehr gelegen. Die Bauarbeiten sind nach dem deutschen Überfall zum Stillstand gekommen, und der Baustellenleiter nutzt das Fundament der halbfertigen Gebäude, um Pistolen zu verbergen, Gewehre, Granaten. Allerdings müssen die Mitarbeiter den impulsiven Mann bald ausbremsen, um keinen Verdacht zu erregen.

Unweit der Baustelle versuchen die Deutschen, das Zyklotron in Gang zu bringen, den mächtigen Teilchenbeschleuniger. Gentner bestellt dafür Rohre und Ersatzteile aus Deutschland, nach etwa einem halben Jahr scheint das Gerät zu funktionieren. Allerdings nur für einen Augenblick. Als Gentner den Teilchenbeschleuniger vorführen will, fordert Joliot-Curie seinen Haupttechniker plötzlich auf, das Gerät abzuschalten. Der Mitarbeiter unterbricht also die Verbindung zwischen dem Teilchenbeschleuniger und seinem Magneten. Der Effekt ist gewaltig: Die Energie, die aus dem Magneten frei wird, führt zu einem Feuer, das vorhandene Kupfer schmilzt, das Kühlwasser tritt aus den Rohren. »Es war ein riesiges Durcheinander. Wir hatten das Zyklotron komplett zerstört«, wird sich Gentner Jahre später erinnern. Die Arbeit ging also von vorne los: Sie mussten das Gerät reparieren und wieder zum Laufen bringen. Hatte Joliot-Curie das Gerät absichtlich zerstört? War es ein technischer Fehler?

Manche Techniker berichten Jahre später, dass sie den Teilchenbeschleuniger absichtlich außer Gefecht setzten, um die Arbeit der Deutschen zu sabotieren. Andere betonen, dass die Maschine einfach sehr störanfällig war. Immer wieder kommt es zu Pannen am Zyklotron, vor allem, wenn Gentners Chef aus Heidelberg zu Besuch ist und Experimente am Gerät plant. Walther Bothe nämlich hält sich nicht an die stille Vereinbarung, keine militärische Forschung in Paris durchzuführen. Er bringt meist Uranproben mit, die er im Zyklotron mit Neutronen beschießen lässt.

In jedem Fall finden seit der Besatzung keine relevanten Experimente zur Kernspaltung oder zu Kettenreaktionen mehr statt. Und die deutschen Physiker sollen auch nichts über die Versuche erfahren, mit denen Joliot-Curie und andere Forscher in Paris direkt vor der Invasion beschäftigt waren. Darum hat der Physiker einem seiner Mitarbeiter geheime Unterlagen überlassen, einem weiteren jüdischen Kollegen, der den Besatzern knapp entronnen ist: Moshé Feldenkrais, der später weltbekannt werden soll. Nicht etwa für seine Forschung, sondern für die nach ihm benannte Methode, die Körperwahrnehmung und die Körperhaltung zu verbessern, sich für Bewegungsabläufe zu sensibilisieren und Schmerzen zu bekämpfen. Feldenkrais arbeitet am Collège de France, bevor er sich im Juni 1940 auf den Weg nach Bordeaux macht, ebenso wie zunächst das

Ehepaar Joliot-Curie. Er möchte eines der Schiffe nehmen, die Richtung England ablegen.

Feldenkrais stammt aus der Stadt Baranowicze, die damals noch zum russischen Kaiserreich gehörte. Im Alter von 14 Jahren wandert er allein nach Palästina aus, das zu jener Zeit unter britischem Protektorat steht. Im Jahr 1930 entscheidet er schließlich, in Paris zu studieren. Für Palästinenser bedeutet Frankreich damals einen Ausweg aus dem britischen Kolonialismus, für Polen und Russen ist Französisch die Sprache der Aristokraten und Schriftsteller. Feldenkrais hat viele Gründe, sich in der Hauptstadt niederzulassen.

Nach seinem Studium beginnt er am Radium-Institut zu arbeiten, im Jahr 1933, als auch Frédéric Joliot-Curie dort tätig ist. Zunächst erhält Feldenkrais zwar ein Stipendium, es reicht jedoch kaum zum Leben. Als Doktorand darf er für seine Arbeit kein Gehalt bekommen, so sehen es die Vorschriften der Universität vor. Der Physiker gönnt sich keine Pausen, er arbeitet fast Tag und Nacht, lehnt alle Einladungen zum Mittagessen ab.

Im Jahr 1934 ist er abends noch im Labor, als Frédéric Joliot-Curie erste Hinweise auf künstliche Radioaktivität entdeckt, was ihm und seiner Frau den Nobelpreis bescheren soll. Im Jahr 1935 arbeitet er mit beim Bau des Van-de-Graaff-Teilchenbeschleunigers, dem ersten in Frankreich überhaupt. Das Gerät ist das schnellste seiner Art, bis zur Erfindung des Zyklotrons. Feldenkrais wird mithelfen, die Maschine auf der Weltfachausstellung im Palais de la Découverte zu installieren, in dem es bald seine Blitze fürs Publikum setzt. Joliot-Curie ist beeindruckt vom tatkräftigen Einsatz des jungen Physikers und unterstützt ihn dabei, weitere Stipendien zu erhalten.

Dennoch sucht Feldenkrais dringend nach einem Weg, Geld zu verdienen. Er lernt in Paris zufällig Jigoro Kano kennen, den japanischen Begründer des Judo. Bald beginnt der durchtrainierte, kräftig gebaute Physiker, den Kampfsport zu lehren. Der Direktor der Hochschule, an der er studiert hat, wird ihm die Schlüssel eines Raums im Gebäude überreichen, damit er dort Judo unterrichten und so seinen Lebensunterhalt bestreiten kann. Mit seinem Charisma zieht er viele Kollegen an, auch Irène und Frédéric Joliot-Curie nehmen bei ihm Unterricht.

Selbst Lew Kowarski, der russische Hüne im Labor, versucht sich im Judotraining. Als Feldenkrais eines Abends bei ihm zum Abendessen eingeladen ist, klagt der Kollege allerdings über furchtbare Schmerzen im Nacken. Feldenkrais sieht sich daraufhin die Wirbelsäule von Kowarski an, ertastet die einzelnen Wirbel mit seinen Händen. Er kann nichts Auffälliges finden. Als er seine Hände zurückzieht, ruft Kowarski überrascht, dass seine Schmerzen verschwunden seien. Und sagt: »Es gibt Tausende durchschnittliche Physiker auf der Welt, aber nur ein Paar solcher Hände. Du solltest den Beruf wechseln.« An eine Wunderheilung glaubt keiner von beiden, doch Feldenkrais beginnt darüber nachzudenken, was er mit seinem Talent anfangen kann.

Im Jahr 1936 wird Feldenkrais offiziell den ersten Judo-Klub in Frankreich eröffnen, im Beisein des japanischen Begründers Jigoro Kano. Als erster Europäer überhaupt wird Feldenkrais den schwarzen Gürtel ablegen. Bei seiner Prüfung sehen die Joliot-Curies zu, ebenso wie auch Jean Zay, der unter dem Präsidenten Léon Blum als Minister für nationale Bildung und schöne Künste tätig ist.

Zay wird im Juni 1940 nach Nordafrika gehen, um den Kampf gegen die deutschen Besatzer fortzusetzen. Er wird im August 1940 verhaftet und zu lebenslanger Haft verurteilt. Wenige Wochen vor der Befreiung, am 20. Juni 1944, werden französische

Milizen Zay aus seinem Gefängnis holen und in einem Wald unweit der Regierungsstadt Vichy erschießen.

Als spürte Moshé Feldenkrais die wachsende Bedrohung für ihn und andere jüdische Immigranten, intensiviert er sein Judotraining, als Kampfsport, zur Selbstverteidigung. In Palästina hatte Feldenkrais von einem Deutschen aus Berlin gelernt, wie er sich mithilfe von Jiu-Jitsu verteidigen konnte. Wobei zu jener Zeit die Grenze zwischen Jiu-Jitsu und Judo noch verschwamm. Er hatte sich der landesweiten Organisation Haganah angeschlossen. Deren Kämpfer sollten arabische Überfälle abwehren und auch gewöhnliche Verbrechen der Araber bestrafen. Wie in Palästina hält er den Kampfsport in Paris vermutlich auch für überlebenswichtig, zum Schutz vor Nazis aus Deutschland.

Seine Eltern kann er 1936 davon überzeugen, aus Baranowicze nach Tel Aviv auszuwandern. Ihre alte Heimatstadt wird fünf Jahre später von den Deutschen besetzt, 12 000 Juden müssen zunächst in einem Ghetto ausharren, dann werden fast alle deportiert und umgebracht.

In Paris dagegen kommen noch Wissenschaftler aus aller Welt zu Besuch. Noch zählen die Labors der Joliot-Curies zu den weltweit fortschrittlichsten Stätten der Kernforschung. Feldenkrais spricht viele Sprachen, führt daher die internationalen Gäste herum, wenn sie die Labors am Radium-Institut, später am Collège de France und an anderen Standorten besuchen.

Auf diese Weise lernt er Albert Einstein kennen und auch Enrico Fermi, den Mentor von Bruno Pontecorvo. Und er trifft zwei wissenschaftliche Berater der britischen Regierung, denen er später in England wieder begegnen wird. Die beiden Besucher gründen im Frühjahr 1940 mit den französischen Kollegen die englisch-französische Gesellschaft für Wissenschaften.

Sie wollen sich gemeinsam dafür einsetzen, dass Forscher in beiden Ländern zu Kriegszeiten eine größere Rolle bei den militärischen Vorbereitungen spielen. Nur wenige Wochen später allerdings müssen die Briten fassungslos zusehen, wie die Deutschen ihre französischen Partner überfallen. Die gemeinsamen Pläne sind geplatzt.

Im Juni 1940 macht sich Feldenkrais auf den Weg zur Atlantikküste. Gemeinsam mit seiner Frau Yuna möchte er nach England auswandern. Sie haben im Jahr 1938 geheiratet, Irène und Frédéric Joliot-Curie waren die Trauzeugen. Nun will er seinen Laborchef in Bordeaux treffen und dann irgendwie versuchen, ein Schiff zu erreichen.

Doch möchte er seine Schwester Malka nicht zurücklassen. Sie studiert Chemie an der Sorbonne-Universität und arbeitet im Labor von Irène Joliot-Curie als Assistentin. Feldenkrais sucht sie zu Hause, im Labor, an der Universität, vergeblich. Daher vermutet er, dass sie aus Paris geflohen ist, aus Furcht vor den sich nähernden deutschen Truppen.

Tatsächlich hat sie aus Angst vor den Besatzern versucht, sich in ihrer Wohnung umzubringen, mit einer Überdosis Tabletten. Nur einem aufmerksamen Arbeitskollegen, dem ihr Verhalten an jenem Tag merkwürdig vorkam, verdankt sie ihr Leben. San Tsiang Tsien, ein chinesischer Kernphysiker, verschafft sich Zugang zu ihrer Wohnung, als Malka nicht öffnet. Er findet die Kollegin und bringt sie ins Krankenhaus. Ihr Retter, San Tsiang Tsien, wird später in seiner Heimat zum Vater der chinesischen Atombombe.

Ein paar Tage nach der Rettung fährt die deutsche Sicherheitspolizei am Radium-Institut vor und befiehlt allen Mitarbeitern, sich im Innenhof zu versammeln. Malka, bereits zurück im Labor, eilt in die Garderobe des Instituts und steckt alle Ausweise der Kollegen in ihren Laborkittel. Dann erst läuft sie nach draußen. Nun können die neuen Besatzer nicht feststellen, welche der Mitarbeiter Juden sind, keine Verhaftungen vornehmen. Die Kollegen haben etwas Zeit gewonnen. Malka selbst wird ab 1942 auf einem Bauernhof in Savigné-l'Evêque an der Loire unterkommen, unter dem falschen Namen Mariette Matthieu, Irène Joliot-Curie soll ihr dabei geholfen haben.

Von all dem ahnt Moshé Feldenkrais nichts. Im Tumult der frühen Junitage 1940 sucht er seine Schwester vergeblich. Er hinterlässt ihr schließlich als Geschenk eine Flasche Cognac Napoléon, den er von einem adeligen Judoschüler bekommen hatte, und eine Nachricht, in der Hoffnung, sie bald in Bordeaux zu treffen.

Als Feldenkrais an der Atlantikküste eintrifft, muss er jedoch enttäuscht feststellen, dass weder seine Schwester noch die Joliot-Curies vor Ort sind. Stattdessen erfährt er von Beamten der Exilregierung, dass sein Laborchef ihm etwas hinterlassen hat. Sie überreichen ihm zwei versiegelte Koffer, die er mit nach England nehmen soll. Was genau sich darin verbirgt, wollen sie ihm nicht verraten, vermutlich auch zu seinem Schutz. Geheime Dokumente, auch zum Bau einer Brandbombe, sollen sich darin befunden haben, angeblich auch die Beschreibung, wie Flugzeuge mithilfe von Metallstreifen dem Radar entgehen können.

Sicher ist, dass sich zwei Liter des schweren Wassers in dem kostbaren Gepäck befanden, ein kleiner Teil jenes kostbaren Vorrats aus dem Labor Joliot-Curie, an dem die deutschen Besatzer für ihre kernphysikalischen Experimente großes Interesse haben.

Feldenkrais und seine Frau versuchen, auf irgendeinem der Schiffe in Bordeaux an Bord zu gehen. Doch vergeblich. Viele der Transporter sind überfüllt, auch werden sie von der deutschen Luftwaffe bombardiert, ein Schiff in Saint Nazaire, an der Loire-Mündung, geht im Hafen unter. Tausende Menschen sterben, wie viele genau, weiß niemand.

Das jüdische Ehepaar zieht dennoch weiter, in der Hoffnung, woanders ein Boot zu finden. Sie gelangen mit den Menschenmassen ins Baskenland, nahe der spanischen Grenze. Aber an jedem Hafen hören sie, dass das letzte Schiff bereits abgelegt hat. Die Straßen sind so verstopft, dass sie schließlich zu Fuß weitergehen müssen, Moshé schiebt seine Frau in einer Schubkarre vor sich her, sie leidet an einer angeborenen Fehlbildung der Hüfte. Die versiegelten Koffer haben sie auch dabei.

Schließlich erreichen sie den Küstenort Saint-Jean-de-Luz, ein pittoreskes Fischerdorf, in dem einst der Sonnenkönig Ludwig der XIV. im Jahr 1660 die Infantin Marie Thérèse von Spanien geheiratet hat. Am Hafen fällt Feldenkrais ein britischer Marineoffizier auf, der inmitten der hin und her eilenden Flüchtlinge auffallend entspannt und souverän wirkt.

Wie Feldenkrais in Erfahrung bringt, wartet der Soldat auf die Ankunft des albanischen Königs Achmed Zogu. Der Regent ist auf der Flucht, seit der italienische Diktator Mussolini Albanien im Frühjahr 1939 überfallen hat. Und der Marineoffizier hat den Auftrag, den durchaus umstrittenen Monarchen im Auftrag der britischen Regierung nach England zu bringen, auf dem Truppentransporter Ettrick.

Während der Soldat auf Zogu wartet, schmeichelt er den Kapitänen von sieben Handelsschiffen vor Ort so lange, bis sie bei der Evakuierung der Flüchtlinge mithelfen: Briten, die bis zur Invasion ein sorgloses Leben in Frankreich führten. Und Juden, die ihr letztes Hab und Gut mitbringen und aus Frankreich fortgehen wollen, weil sie um ihr Leben fürchten.

Beim Anblick des Marineoffiziers wird Feldenkrais plötzlich ganz ruhig, es gelingt ihm, den Soldaten von der Wichtigkeit der Unterlagen und Materialien in seinen Koffern zu überzeugen – und er darf samt Ehefrau und Gepäck an Bord gehen. Der Offizier heißt Ian Fleming und wird Jahre später für seine James-Bond-Romane weltberühmt werden.

Als König Zogu schließlich in einer Kolonne von Luxusfahrzeugen das Dock erreicht, können sie ablegen. Irgendwann vor dem 25. Juni 1940 läuft der Transporter aus dem Hafen von Saint-Jean-de-Luz, er wird das Ehepaar Feldenkrais samt dem kostbaren Gepäck nach Plymouth bringen. Es ist eines der letzten Schiffe, das die französische Atlantikküste Richtung England verlässt. Zehntausende Juden bleiben zurück.

Bald wird die deutsche Sicherheitspolizei Joliot-Curie nach dem Verbleib des jüdischen Kollegen fragen. Doch sie werden nichts aus ihm herausbringen, weder über Feldenkrais noch darüber, was mit dem Uran und dem schweren Wasser aus seinem Labor geschehen ist.

KAPITEL 5

Verfolgung französischer Wissenschaftler

Seine Stimme klingt erstickt, als Frédéric Joliot-Curie im Amphitheater des Collège de France zu sprechen beginnt. Nicht er sollte hier eigentlich stehen, an jenem 8. November 1940. Der große Physiker Paul Langevin hatte an jenem Tag seine erste Vorlesung im neuen Studienjahr geplant. Über Elektromagnetismus hatte er reden wollen, eine jener physikalischen Grundkräfte, die so zahlreiche Phänomene des menschlichen Alltags erklärt. Doch zu der Vorlesung kommt es nicht mehr; die aktuellen Geschehnisse haben den Alltag verschluckt. Langevin ist verhaftet worden und der Hörsaal bleibt zunächst zugesperrt. Bis Joliot-Curie nach dem Schlüssel zum Amphitheater verlangt.

Rund 50 Forscher, Hochschullehrer und Studierende strömen durch die Tür, die Verhaftung des berühmten Physikers hat sich bereits im Quartier Latin herumgesprochen. Sogleich wird Joliot-Curie für seinen alten Freund das Wort ergreifen, sich öffentlich den deutschen Besatzern widersetzen, zum ersten Mal. Hat er bislang behutsam, tastend, seinen eigenen Weg gesucht, um sich mit den deutschen Besatzern zu arrangieren, lässt er plötzlich alle Vorsicht fahren. Langevin, sein Mentor, sein Vorbild, ist in die Fänge der Nationalsozialisten geraten. Joliot-Curie, von seinen Gefühlen überwältigt, verkündet seinen Zuhörern, dass sein Labor ab sofort geschlossen sei, jede Zusammenarbeit mit den deutschen Besatzern vorerst unterbrochen. So lange, bis sein Mentor aus seinem Arrest entlassen werde.

Kaum ein Forscher genießt in Frankreich in jenen Jahren ein solches Ansehen wie Paul Langevin, kaum ein Wissenschaftler wird so verehrt. Seine Vorlesungen zählen zu den Großereignissen des intellektuellen Lebens in Paris, als einer der ersten Physiker überhaupt lehrt er die Relativitätstheorie seines Freundes Albert Einstein. Der gut aussehende Forscher mit den dunklen, runden Augen und dem prächtigen Schnurrbart leitet seit vielen Jahren die Hochschule für industrielle Physik und Chemie, seine Studenten nennen ihn nur *le patron,* den Chef, seine ruhige, natürliche Autorität imponiert ihnen. Selbst seine außereheliche Affäre mit der Nobelpreisträgerin Marie Curie, von der im Jahr 1911 diverse Zeitungen berichteten, hat seinem Ruf nichts anhaben können.

Ausgerechnet ihn verhaften die deutschen Besatzer im Herbst 1940, als ersten prominenten Wissenschaftler in Paris. An ihm möchten sie ein Exempel statuieren, andere Forscher einschüchtern, die sich den Besatzern widersetzen. So hat sich der Physiker öffentlich gegen den Faschismus ausgesprochen. Ein Schreiben des deutschen Militärbefehlshabers in Frankreich stuft ihn als deutschfeindlich ein, ein Urteil, das lebensbedrohlich sein kann. Machen die Besatzer doch vor allem die Wissenschaftler in Frankreich dafür verantwortlich, dass die Bevölkerung die Deutschen zunehmend ablehnt. Die Besatzer klagen über eine »beispiellose Verhetzung der französischen Intelligenz gegen das nationalsozialistische Deutschland«.

Die Nationalsozialisten sammeln Informationen über Hochschulprofessoren, legen geheime Listen an, um zu entscheiden, welche Professoren ihre Posten räumen sollen. Weil sie jüdischer Herkunft sind. Oder weil sie eine andere politische Meinung haben als das NS-Regime. Eine der beiden ersten Institutionen, auf die sich die Besatzer stürzen, ist das Collège de France. Dort war Langevin als Professor tätig, ebenso wie sein ehemaliger Student und Freund, Frédéric Joliot-Curie.

Beide gehören zu einer Gruppe von Intellektuellen, die den Besatzern ein Dorn im Auge sind: Idealisten, Pazifisten, Menschen mit klaren politischen Ansichten. Eine elitäre Gemeinschaft, einige von ihnen Nobelpreisträger, die jeden Sommer zusammen in der Bretagne verbringt. Sie alle verbindet der feste Glaube, dass die Wissenschaft dem Menschen dient, dass Forscher der Gesellschaft verpflichtet sind. Der große Mathematiker Émile Borel zählt dazu und Marie Curie, ebenso wie ihre Tochter Irène. Und auch Langevin.

Ende Oktober 1940 hat die Geheime Feldpolizei den Physiker in das Gefängnis La Santé in Paris gebracht, im 14. Arrondissement. Eine fensterlose Mauer aus Kalkstein umgibt die Haftanstalt, die Zellen verteilen sich im Hauptgebäude auf sternförmig angelegte Gefängnistrakte. »Freiheit, Gleichheit, Brüderlichkeit« steht noch am Haupteingang, die Losung der französischen Revolution. Deren Errungenschaften allerdings hat das Vichyregime längst vergessen. Eifert es doch den Nationalsozialisten nach, für die Brüderlichkeit nur unter

Auserwählten gilt. Sie denken in Rassen, glauben an die Überlegenheit der »Arier«, alle anderen sind für sie minderwertige Untermenschen. Die leuchtende Losung der Revolution haben die Vichypolitiker durch die matten Worte »Arbeit, Familie, Vaterland« ersetzt.

Am Eingang muss Langevin seine Hosenträger und Schnürsenkel abgeben, seine Krawatte und seinen Kugelschreiber. In Zelle 112 wird er viele Stunden allein verbringen, sie misst nicht einmal zwei mal vier Meter, die Wände dagegen sind drei Meter hoch. Er findet ein Metallbett vor, das in die Wand zementiert ist. Einen Klapptisch, ein Waschbecken, eine Toilette. Der Physiker ist zum Zeitpunkt seiner Verhaftung 68 Jahre alt. Langevin kann nicht wissen, dass seine Haft nur den Beginn einer dunklen Zeit einläutet, in der sein Schwiegersohn gefoltert und erschossen wird und eine seiner Töchter deportiert.

Zunächst erhält der Intellektuelle nichts zum Lesen, nichts zum Schreiben. Um sich zu beschäftigen, bastelt er aus Drähten eine Seifenschale, beginnt bald, physikalische Formeln auf Toilettenpapier zu notieren, mit Stummeln von Streichhölzern. Die sammelt er vom Eichenflur der Gefängnisgänge auf und taucht sie in Aktivkohle, die ihm der Gefängnisarzt eigentlich für seine Verdauungsprobleme verschrieben hat. 60 Streifen Toilettenpapier wird er mit seinen Notizen füllen, etwa mit ergänzenden Berechnungen für die Doktorarbeit eines der Mitarbeiter seines Forschungslabors.

Obwohl der Physiker mitten in Paris einsitzt, findet seine Familie erst nach drei Tagen heraus, was mit ihm geschehen ist. Seine Tochter Hélène beginnt sofort, überall von der Verhaftung zu erzählen. Und ihr Ehemann Jacques beschließt, erstmals die Untergrundzeitung *L'université libre* herauszugeben, gemeinsam mit einem langjährigen Freund und einem Lehrer.

Zwei Wochen später werden sie 1000 Stück davon in Paris verteilen, auf der Titelseite berichten sie fast ausschließlich über die Verhaftung Langevins.

Das illegale Blatt erscheint pünktlich zu einer geplanten Demonstration am 11. November, zum Gedenken an die Opfer des Ersten Weltkriegs. Frédéric Joliot-Curie wird an jenem Tag dabei beobachtet, wie er über einen Zaun klettert, um öffentlich Blumen an einem Monument niederzulegen, das an die Gefallenen der Grande Guerre erinnern soll.

Auf den Straßen reden die Leute über die Festnahme des großen Physikers, in der Métro und im Quartier Latin, so jedenfalls erläutert es später ein französischer Schriftsteller in einem Brief, den er Langevin ins Gefängnis schickt. Studenten verteilen Flugblätter, sie protestieren gegen seine Verhaftung, gegen die Zensur in Frankreich, gegen die Anwesenheit der Besatzer an ihren Universitäten. Bald würden die Behörden bemerken, welchen schweren Fehler sie mit der Festnahme begangen hätten, versichert der Autor Langevin.

Von all dem ahnt der deutsche Physiker Wolfgang Gentner zunächst nichts. Zwar überwacht er eigentlich das Labor von Frédéric Joliot-Curie, im Auftrag des Heereswaffenamts. Doch verbringt er gerade ein paar Tage in Heidelberg, am Kaiser-Wilhelm-Institut. Als er nach Paris zurückkehrt, haben Joliot-Curie und seine Kollegen am Collège de France ihre Arbeit bereits niedergelegt.

Doch schreibt Wolfgang Gentner bald seiner Frau, dass es großen Tumult auf den Champs-Elysées gegeben habe, viele Studenten dabei verhaftet wurden. Seither seien jegliche Vorlesungen verboten. Stattdessen wimmele es nun an der Sorbonne und in seiner Umgebung am Collège de France von Polizisten.

Gentner weiß, wie sehr Joliot-Curie seinen Mentor Langevin verehrt. Der Franzose hat bei dem großen Physiker an der Hochschule für industrielle Chemie und Physik studiert, hat auf seine Empfehlung hin am Radium-Institut bei Marie Curie eine Stelle als Assistent bekommen. Gentner möchte Joliot-Curie helfen, Langevin zu befreien, muss aber vorsichtig sein. Es muss den Besatzern verborgen bleiben, wie zugetan er den französischen Kollegen ist und wie sehr er das NS-Regime ablehnt.

Gentner muss erst herausfinden, warum die Besatzer Langevin überhaupt festgenommen haben, was im Wirrwarr der Zuständigkeiten in Paris keine leichte Aufgabe ist. Ein Freund macht ihn mit Admiral Wilhelm Canaris bekannt, dem Leiter der Abwehr, dem Geheimdienst des NS-Regimes. Wie sich Jahre später herausstellen wird, hat Canaris heimlich konservative Widerstandskämpfer im Militär bei ihren Umsturzplänen unterstützt. Im Jahr 1944 wird er verhaftet werden und im April 1945 im Konzentrationslager Flossenbürg gehängt.

Der Admiral erklärt Gentner, dass es in Paris nicht einfach sei herauszufinden, wer wen verhafte, weil dort drei bis vier Stellen unabhängig voneinander Festnahmen durchführen können. Tatsächlich wissen die Besatzer erst gar nicht, wer überhaupt die Anweisung gegeben hat, Paul Langevin zu inhaftieren. Das Militär war nicht daran beteiligt, so viel ist klar, es wusste nichts davon, obwohl es in Paris eigentlich das Sagen hat. Auch die Verwaltungsabteilung Nummer 4 des Militärbefehlshabers war nicht daran beteiligt, obwohl deren Hauptaufgabe es zu dieser Zeit ist, eben jene französischen Hochschullehrer »auszumerzen«, die sich deutschfeindlich betätigt haben, wie es in einem Brief Anfang November heißt.

In den folgenden Wochen klärt sich allmählich, dass die Dienststelle der Sicherheitspolizei Langevin festgenommen hat, auf Veranlassung der deutschen Botschaft. Zuständig dafür ist der SS-Sturmbannführer Helmut Knochen, ein hagerer Mann mit schmaler, langer Nase und feinen Gesichtszügen, die Haare streng aus der Stirn gekämmt. Knochen ist Chef eines kleinen SS-Sonderkommandos, das direkt nach dem deutschen Einmarsch nach Paris gekommen ist.

Seit 1936 gehört Knochen zur jungen akademischen Elite des Sicherheitsdienstes. Zwei Jahre später schon wird er zum Befehlshaber der Sicherheitspolizei und des Sicherheitsdienstes in Frankreich ernannt. An Männern wie ihm wird es liegen, dass sich die deutsche Besatzungsherrschaft in Frankreich im Jahr 1942 in ein Terrorregime verwandelt.

Seine Gefolgsleute haben Langevins Büro nach dessen Verhaftung durchsucht, an der Hochschule für industrielle Physik und Chemie. Anonyme Schriften haben sie gefunden, die teils offen, teils verdeckt die Franzosen auffordern, deutsche Anordnungen nicht zu respektieren, so heißt es später in einem Bericht. Auch Briefe des ehemaligen Kommunisten Willi Münzenberg stellt die Geheime Feldpolizei sicher, ebenso wie Schreiben von Heinrich Mann. Der Schriftsteller hatte sich früh gegen die Nationalsozialisten gewandt, war bereits 1933 nach Frankreich ausgewandert. Seine Bücher hatte das NS-Regime öffentlich verbrannt.

Vor allem aber entdecken die SS-Männer Briefe jüdischer Wissenschaftler, unter anderem des Physikers Albert Einstein, mit dem Paul Langevin seit Jahren befreundet ist. »Ein Jude! Noch ein Jude«, ruft ein SS-Gefolgsmann abfällig, ein ehemaliger Geschichtslehrer, als er die Unterlagen im Büro inspiziert. Und soll dennoch einen Brief Einsteins in seine eigene Tasche gesteckt haben.

Im Gefängnis werden die Besatzer Langevin zu anderen

Wissenschaftlern befragen, zu Einstein, dessen Relativitätstheorie die Nationalsozialisten als »jüdische Physik« diffamieren. Zu französischen Kommunisten. Sie möchten von Langevin wissen, was er von Deutschland hält. Stoisch berichtet der Physiker, dass er die Deutschen in der Vergangenheit stets bewundert habe, für ihren Beitrag in der Literatur und Kunst, der Wissenschaft und Technik. Zweimal hat er seinen Urlaub in Deutschland verbracht, in Göttingen und in Heilbronn, hat seinen Kindern das Land zeigen wollen. Er vergisst dabei zu erwähnen, dass er für seinen Nachwuchs sogar eine deutsche Gouvernante eingestellt hat.

In einem winzigen Zimmer der Haftanstalt La Santé stellt sich der Physiker den Fragen der Besatzer. Es ist kalt draußen, im Vernehmungsraum steht dichter Tabakqualm. Der SS-Mann setzt an, ein Fenster zu öffnen. »Wir Barbaren, wir lieben die frische Luft«, sagt er, mit ironischem Unterton. Der Physiker erwidert ungerührt, dass er die freie Luft bevorzuge. Seiner souveränen Haltung kann der Deutsche wenig entgegensetzen. Später wird Langevin einem Freund in London berichten, dass er sich im Laufe der Verhöre darin bestätigt sah, dass »die Nazis weder Philosophie noch Intelligenz besitzen«.

Vergeblich versucht der SS-Mann den Physiker in seinen Verhören zu provozieren. Er wirft Langevin schließlich vor, für das NS-Regime noch gefährlicher zu sein als einst die Enzyklopädisten für den französischen Staat, zu Zeiten der Aufklärung: Im Jahr 1752 hatten Gelehrte, darunter ein Physiker, den ersten Band des skandalumwitterten Universallexikons *Encyclopédie* herausgegeben, dessen letzter im Jahr 1783 erschien. Mit diesem radikal aufklärerischen Werk wollten sie das damalige Wissen möglichst vielen Menschen zugänglich machen. Bald wurden Verbote einzelner Artikel und Bände erlassen, die jedoch rasch umgangen wurden. 1789 begann die französische Revolution. Langevin dürfte der Vergleich geschmeichelt haben.

In einem Protokoll vom 25. November 1940 findet sich schließlich die Aussage Langevins, dass er seine Ideen und Meinungen öffentlich vertreten und diskutiert hat, niemals aber an verdeckten Aktionen gegen die Besatzer beteiligt war.

Deshalb wird rasch klar, dass die Besatzer keinen konkreten Grund für die Verhaftung Langevins vorweisen können, das wird auch Admiral Canaris dem Physiker Gentner ein paar Tage später berichten. Langevin stehe nur unter dem Verdacht, die Studentenproteste an der Sorbonne gegen die deutschen Besatzer unterstützt zu haben. Erleichtert nimmt Gentner das zur Kenntnis, nun kann er sich unbesorgt für die Freilassung des großen Intellektuellen einsetzen.

Er drängt darauf, seine vorgeblich kriegswichtige Arbeit im Labor Joliot-Curies für das Heereswaffenamt fortzusetzen. Es sei schon wertvolle Zeit verstrichen, seit alle französischen Mitarbeiter dem Collège de France nach der Verhaftung Langevins ferngeblieben seien. Daher fordert er, den Grund für Langevins Verhaftung zu erfahren, wohl wissend, dass es keinen konkreten Grund gibt.

Daraufhin beginnt die Außenstelle des Heereswaffenamts in Paris über das Schicksal des großen Physikers zu verhandeln. Die SS besteht darauf, dass Paul Langevin seinen Posten am Collège de France verlieren soll. Auch soll der Physiker seinen politischen Einfluss einbüßen, auf Kollegen, auf Studenten. Unter allen Umständen müsse er die politisch turbulente und labile Atmosphäre der Hauptstadt verlassen, heißt es in einem geheimen Bericht.

Dabei hat Langevin fast sein ganzes Leben in Paris verbracht. Im Januar 1872 brachte ihn seine Mutter dort zur Welt, sie war

Lehrerin, der Vater arbeitete als Vermesser und Prüfer auf dem Bau. Mit 16 Jahren besuchte Langevin die neu gegründete Hochschule für industrielle Physik und Chemie der Hauptstadt. Er überflügelte schnell seine Mitstudenten, schloss das Studium als Jahrgangsbester ab. Und begann bald im Labor von Pierre Curie zu arbeiten, dem damaligen Direktor der Hochschule.

Damit tauchte er mitten ein in eine Forschung, die zu jener Zeit eine bahnbrechende Entdeckung nach der anderen brachte. Umbrüche, über die Wissenschaftler weltweit stritten, staunten, schimpften. Glich die Physik jahrelang einer glatten Meeresoberfläche, auf der sich allenfalls kleine Wogen kräuselten, fegten in dieser Zeit große Wellen über sie hinweg. Wellen, die nicht allein über die Wissenschaft schwappten, sondern mitten in die Gesellschaft, bald sogar in den Krieg hinein.

Zunächst entdeckte im Jahr 1895 der Physikprofessor Wilhelm Conrad Röntgen in Würzburg zuvor unbekannte Strahlen, die feste Materie durchdringen und Fotoplatten belichten können. Im Jahr 1896 kam der französische Kollege Henri Becquerel einer weiteren Strahlung auf die Spur, im Schwermetall Uran. Marie Curie würde sie bald als radioaktiv bezeichnen. Und als Langevin im Jahr 1897 ein Jahr in Cambridge verbrachte, stand dort der britische Physiker Joseph John Thomson kurz davor, das erste Elementarteilchen nachzuweisen: das Elektron.

So spielend leicht sich Langevins Karriere entfaltet, so schwer tut er sich mit seinem Liebesleben. Seine Ehe mit Emma Jeanne Desfosses, Tochter eines Keramikers, ist von Beginn an angespannt, schwierig, unglücklich. Manchmal beschimpft ihn seine Ehefrau so aggressiv vor ihren gemeinsamen Gästen, dass der Physiker betreten das Zimmer verlässt. Manchmal soll Langevin sogar mit blauen Flecken oder Schnittverletzungen am Kopf zur Arbeit an seinem Institut erschienen sein.

Er erzählt Marie Curie von seinem Kummer, sie kommen sich näher, beginnen vermutlich im Sommer 1910 eine Affäre. Die Nobelpreisträgerin, die sich seit dem Tode ihres Mannes stets in schlichte schwarze Kleider hüllt, blüht plötzlich auf. Die beiden mieten eine Wohnung, um bei ihren heimlichen Treffen ungestört zu sein. In der vierten Etage eines unscheinbaren Gebäudes in der rue du Banquier Nummer fünf wird Langevin ein Appartement unter falschem Namen führen, zwei Zimmer, eine kleine Küche, zwischen der Place d'Italie und dem Krankenhaus der Salpêtrière, unweit der Forschungsinstitute, an denen beide arbeiten.

Marie und Paul schreiben sich Briefe, obwohl der untreue Ehemann weiß, welches Risiko er damit eingeht: Seine Ehefrau hat bereits früher einmal seine Post abgefangen und gelesen. Ausgerechnet in diesem Brief hatte Langevins Mutter ihre Sorgen über den Zustand der Ehe ihres Sohnes zu Papier gebracht.

Zumal Marie Curie ihn in ihren Zeilen drängt, sich von seiner Ehefrau zu trennen: »Tu, was Du kannst, um die Sache zu beenden«, schreibt sie ihm. Ihre Nächte seien grauenhaft, wenn sie wisse, dass er bei seiner Ehefrau schlafe. »Ich wache auf und fühle mich fiebrig, und ich kann nicht arbeiten«, klagt sie.

Langevins Ehefrau ahnt jedoch vom außerehelichen Liebesleben ihres Mannes, verschafft sich Zutritt zum heimlichen Liebesnest, in dem in einer Schublade besagte Briefe liegen. Mit dieser Beute kann die Ehefrau nun Druck auf das Liebespaar ausüben: Ihr Schwager, ein Journalist, sucht Paul auf und droht ihm, die Korrespondenz zu veröffentlichen, wenn er nicht sofort jeden Kontakt mit Marie abbricht.

Marie und Paul wissen, was eine Publikation der Briefe bedeuten würde. Damals, in der Belle Époque, haben Zeitungen viel Macht, sie erscheinen morgens und abends, die Pariser geifern nach neuen Schlagzeilen, nach Tratsch und Skandalen. Daher gehen beide Forscher auf die Forderung der betrogenen Ehefrau ein.

Allerdings sehen sie sich auf der ersten Solvay-Konferenz im Herbst 1911 in Brüssel wieder. Der belgische Industrielle Ernest Solvay lädt erstmals zu einem Treffen, bei dem sich handverlesene Forscher aus der ganzen Welt vor allem mit unbeantworteten Fragen der Wissenschaft beschäftigen sollen: Ernest Rutherford, der Entdecker des Protons. Max Planck, der Begründer der Quantenphysik. Albert Einstein, der Verfasser der Relativitätstheorie. Auf einem Foto sitzt Marie Curie als einzige Frau an einem langen Tisch neben anderen Physikern. In der Reihe hinter ihr steht Paul Langevin.

Womöglich bringt das Treffen in Brüssel Madame Langevin dazu, ihre Drohung wahr zu machen. Noch während Paul und Marie in Belgien weilen, berichtet die Pariser Zeitung *Le Journal* auf der ersten Seite von der Affäre. Andere Blätter greifen die Geschichte auf, selbst die *New York Times* druckt die Liebesbriefe ab. In der Presse wird Marie Curie als kühle, gewiefte Ausländerin skizziert, die versucht, eine französische Ehe und die Karriere eines großen französischen Wissenschaftlers zu zerstören. Die Liebesaffäre gilt als der größte Skandal seit dem Raub der Mona Lisa, im Sommer des gleichen Jahres.

Vor Curies Haus in Sceaux bei Paris versammelt sich eine aufgebrachte Menschenmenge, die Meute verstört die beiden Töchter der Physikerin und macht sie alle zu Gefangenen im eigenen Haus. »Raus mit der Ausländerin«, rufen die Leute, die böse Polin habe einer armen Französin den Ehemann geraubt. In Marie Curie reift allmählich der Gedanke, das Land zu verlassen und in ihre Heimat zurückzukehren. Sie erhält sogar ein Angebot der Universität Warschau.

Ihre Freunde aber halten zu ihr, die Ehefrau des Mathematikers Émile Borel, eine Schriftstellerin, bietet ihr an, bei ihnen zu wohnen, außerhalb der Reichweite der fremdenfeindlichen Meute. Der Cousin des Mathematikers Henri Poincaré, ein Presseanwalt, bewirkt, dass die Zeitungen ihre Hetze gegen Marie Curie beenden.

Zu diesem Zeitpunkt, ausgerechnet, erreicht die Forscherin eine Nachricht aus Stockholm. Sie wird zum zweiten Mal einen Nobelpreis erhalten, das ist zuvor noch niemandem geglückt. Curie erhält ihn diesmal ganz allein, für die Entdeckung und Beschreibung der radioaktiven Elemente Radium und Polonium.

Es dauert allerdings nicht lange, bis sich die Liebesaffäre Marie Curies auch im Nobelpreiskomitee herumspricht. Die Organisatoren sind beunruhigt, fürchten um den Ruf der Auszeichnung, bitten sie, der Zeremonie in Schweden fernzubleiben. Womöglich, so heißt es, hätte sie den Preis gar nicht erhalten, wenn die Zeitungen die Liebesbriefe früher veröffentlicht hätten. Marie Curie ist empört, beschließt, sich mit ihrer Schwester und ihrer Tochter Irène auf den Weg nach Stockholm zu machen. »Ich kann den Gedanken grundsätzlich nicht akzeptieren, dass die Anerkennung des Wertes einer wissenschaftlichen Leistung durch eine verleumderische Rufschädigung, die mein Privatleben betrifft, beeinflusst werden sollte«, schreibt sie dem Preiskomitee. Nach ihrer Reise allerdings bricht sie zusammen, erkrankt an einem schweren Nierenleiden. Sie verlässt Paris, fährt zu einer Freundin in England, um sich körperlich und psychisch zu erholen.

Während Marie Curie um ihren Ruf und ihre Gesundheit kämpft, fühlt sich Paul Langevin nur anfangs von dem Skandal bedroht. Er sieht sich zu Beginn gezwungen, einen der

Journalisten zum Pistolenduell herauszufordern. »Eine üble Studentin« hat der Reporter Marie Curie genannt, Langevin als Feigling und Flegel bezeichnet. Die Duellanten treffen am Mittag des 25. November 1911 auf der Radrennbahn Parc des Princes aufeinander, fast zehn Kilometer westlich von Langevins ehemaligem Liebesnest. Der Journalist, als antisemitisch und rechtsextrem bekannt, kommt ganz in Schwarz gekleidet, der Physiker ebenfalls. Ein paar Zeugen stehen dabei, auch neugierige Journalisten.

Die Duellanten stellen sich gegenüber auf. Sie setzen zum ersten Schuss an. Doch: Es bleibt merkwürdig still. Überrascht stellen die Zuschauer fest, dass der Journalist seine Waffe nicht angehoben hat. Er habe großen Respekt vor der wissenschaftlichen Persönlichkeit Langevins, wollte daher seine Waffe nicht gegen ihn richten, wird er später erklären. An diesem Tag wird kein einziger Schuss fallen.

Langevin bleibt von weiteren Konsequenzen verschont, müssen doch untreue Männer des wohlhabenden Bürgertums zu jener Zeit nicht befürchten, ihr soziales Ansehen mit außerehelichen Affären zu gefährden. Selbst als er Jahre später mit einer viel jüngeren Wissenschaftlerin einen unehelichen Sohn zeugt, schadet das keineswegs seinem Ruf. Er wird dennoch zu einem der prominentesten Physiker Frankreichs, zum Vorbild und Mentor für viele Studenten, auch für Frédéric Joliot-Curie. Darum hofft der im Herbst 1940, dass Wolfgang Gentner ihn aus den Händen der Besatzer befreien kann.

Doch vergeblich, der Forscher bleibt zunächst in Haft, obwohl Gentner auf eine rasche Lösung drängt. Obwohl der deutsche Physiker darauf pocht, dass seine Arbeit für das Heereswaffenamt kriegsentscheidend sei und unbedingt fortgeführt werden müsse. Gentner überredet Joliot-Curie schließlich, auf einen Kompromiss einzugehen: Langevin soll aus dem Gefängnis La Santé entlassen werden, muss aber Paris den Rücken kehren, sich in der Kleinstadt Troyes unter Hausarrest stellen. Innerhalb jenes Orts an der Seine, 200 Kilometer von der Hauptstadt entfernt, wird er sich jedoch frei bewegen können, er muss sich nur regelmäßig auf der deutschen Kommandantur melden. Joliot-Curie akzeptiert schließlich, und seine Techniker gehen wieder an die Arbeit.

Wobei auch Joliot-Curie längst unter Beobachtung der Besatzer steht. Die Aktennotiz eines Treffens von SS und Heereswaffenamt macht deutlich, was die deutschen Besatzer von ihm halten, ebenso wie von Langevin: »Man ist sich dabei darüber klar, dass J. auch nicht viel besser als L. ist und dass er insbesondere auch ein Deutschenfeind ist. Er ist aber unentbehrlich für die Arbeit in seinem Institut, deren Ziel er selbstverständlich nicht kennt. In diesem Institut befinden sich Apparate, die einmalig und in Deutschland nicht vorhanden sind.« Noch brauchen die Deutschen Joliot-Curie, daher lassen sie ihn gewähren. Doch der Wandel der deutschen Besatzung zum Schreckensregime hat bereits begonnen.

Das dürfte auch Gentner geahnt haben. Er verlangt, dass ab sofort Verhaftungen von Wissenschaftlern aus dem Umfeld von Joliot-Curie nur erfolgen dürfen, wenn der Oberbefehlshaber des Militärs damit einverstanden ist. In Zukunft soll zudem das Heereswaffenamt über alle Verhaftungen von Professoren der Universität informiert werden. Auch dürften die Besatzer keinen von ihnen zur Geisel erklären. Damals nämlich rächten die Besatzer ermordete deutsche Soldaten, in dem sie Häftlinge zu Geiseln erklärten und erschossen. Auf diese Weise will Gentner andere Forscher in seinem Umfeld vor der Willkür der Besatzer schützen.

Zumal Frédéric Joliot-Curie im November 1940 ein kommunistisches Mitglied der Résistance unter falschen Namen in seinem Labor einstellt, unter den Augen der deutschen Militärs. Der neue Kollege wird vor allem mit dem Physiker Solomon an der Untergrundzeitung *L'université libre* arbeiten.

Langevin wird nach insgesamt 38 Tagen aus La Santé entlassen. Inzwischen ist der Aufruhr um den Physiker so groß, dass die Besatzer die Proteste mäßigen wollen. Der Chef des zuständigen Militärverwaltungsbezirks für die Stadt Troyes erhält in einem Brief strenge Anweisungen: Langevin sei ein Forscher von internationalem Ruf, schreiben die Deutschen, es dürfe auf keinen Fall der Eindruck entstehen, dass er schlecht behandelt worden sei.

Bevor Langevin Anfang Dezember nach Troyes reisen muss, darf er für eine Nacht in sein Zuhause zurückkehren, um sein Gepäck für die Abreise vorzubereiten. Dort erwarten ihn seine Familie und seine Freunde, sie verbringen den Abend zusammen. Am nächsten Morgen bringt ihn ein Wagen der Geheimen Feldpolizei in sein Exil. In eine Stadt, in der einst einer der bedeutendsten jüdischen Gelehrten des Mittelalters lebte. Im Zentrum drängen sich schmale Fachwerkhäuser, in Gelb, Grün, Rot. Unweit der gotischen Kathedrale und der Markthalle aus Gusseisen und Glas wird Langevin wohnen. Die Besatzer bringen den Physiker in eine Wohnung, die früher einem Juden gehört hat. Er muss sich nun regelmäßig bei der deutschen Kommandantur melden.

Sofort beginnt Langevin, die Zeit im Exil seiner Forschung zu widmen. Mit Joliot-Curie, der ihn oft besucht, wird er sich über seine Ideen austauschen, ihm sogar Experimente fürs Labor auftragen. Ähnlich wie sein Schüler hat sich Langevin zuletzt mit Problemen der Kernphysik beschäftigt, sich etwa ange-

1 Unter Freunden: Im Jahr 1923 reist der französische Physiker Paul Langevin (rechts) nach Berlin, um mit seinem deutschen Kollegen Albert Einstein an einer Friedensdemonstration teilzunehmen.

2 Drei-Generationen-Picknick: Marie Curie (ganz links) kommt zum Picknick mit ihrer Tochter Irène Joliot-Curie und deren Ehemann Frédéric Joliot-Curie zusammen (rechts im Bild dessen Mutter Emilie). In der Mitte ist Enkeltochter Hélène zu sehen, ebenso wie Enkelsohn Pierre (ganz vorne).

3 Geistesblitze am Collège de France: Der Österreicher Hans von Halban, der Russe Lew Kowarski und ihr Laborchef Frédéric Joliot-Curie arbeiteten seit 1938 gemeinsam intensiv an Versuchen zur Kernspaltung. Hier experimentieren sie mit einer Nebelkammer.

4 Kampf um Aufmerksamkeit: Der deutsche und der sowjetische Pavillon stehen sich im Jahr 1937 auf der Weltfachausstellung direkt gegenüber. Auf dem Gebäude des Stalinregimes recken sich Skulpturen eines Arbeiters und einer Kolchosbäuerin 25 Meter in die Höhe, auf dem Turm gegenüber sitzt ein 5,50 Meter hoher Reichsadler. Das deutsche Exponat hatte Hitlers Lieblingsarchitekt Albert Speer entworfen.

5 Gespenstische Ruhe: Am 14. Juni 1940 wird Paris zur offenen Stadt erklärt, das deutsche Militär marschiert in die Metropole ein. Das NS-Regime hat ab sofort in der französischen Hauptstadt das Sagen. Millionen Menschen sind zuvor aus Paris geflohen.

6 Fröhliches Wiedersehen: Frédéric Joliot-Curie (Mitte) zeigt seinen deutschen Kollegen Wolfgang Gentner (links) und Walther Bothe (rechts) sein Labor am Collège de France in Paris. Die beiden sind anlässlich der Weltfachausstellung 1937 zu Besuch gekommen. Hinter Joliot-Curie ist der italienische Neutronenforscher Bruno Pontecorvo zu sehen.

7 So vereint wie an diesem Tag in den 1930er-Jahren wird die Familie Langevin während der deutschen Besatzung nicht bleiben: Jacques Solomon, Physiker und Mitglied der Résistance, wird im Mai 1942 erschossen. Sein Schwiegervater Paul Langevin (direkt daneben) wird 1940 unter Hausarrest gestellt, flieht 1944 in die Schweiz. Langevins Tochter Hélène, die Ehefrau Solomons (rechts in der Mitte), wird im März 1943 nach Auschwitz deportiert.

8 Vertrauen im Aufbau: Eine deutsche Delegation macht sich im Dezember 1959 auf die Reise nach Israel, darunter der deutsche Physiker Wolfang Gentner mit seiner Frau Alice (zweiter von links und Mitte) und der Kernphysiker Otto Hahn (zweiter von rechts), damals Präsident der Max-Planck-Gesellschaft. Die Reise stellt nicht nur den Beginn der wissenschaftlichen Zusammenarbeit beider Länder dar. Sie bildet auch den Anfang deutsch-israelischer Beziehungen.

sehen, was passiert, wenn schnelle Neutronen mit Atomkernen unterschiedlicher Masse zusammenstoßen. Solche Neutronen entstehen bei einer Kernspaltung. Militärisch relevante Versuche plant jedoch auch Langevin nicht, zumal das schwere Wasser und das Uran längst vor den Deutschen in Sicherheit gebracht worden sind.

Zuvor allerdings hat sich Langevin jahrelang für andere Themen interessiert. Ein Teil seiner Forschung baut auf den Arbeiten seines Vorgängers an seiner Hochschule auf, des Nobelpreisträgers Pierre Curie. Lange vor dessen Unfalltod an einem Regentag in Paris hatte Curie nämlich eine wichtige Entdeckung gemacht. Gemeinsam mit seinem Bruder hatte er im Jahr 1880 beobachtet, dass elektrische Ladungen entstehen, wenn man Quarzkristalle verformt, sie zum Beispiel zusammendrückt. Nach dem griechischen Wort *piezo* für Druck nannten sie das Phänomen Piezoelektrizität. Bald stellten sie fest, dass sich der Effekt auch umdrehen ließ: Wenn Quarzkristalle mit einem elektrischen Feld in Kontakt kommen, verformen sie sich. Und es kommt zu Schwingungen im Material.

Das Phänomen brachte Langevin gemeinsam mit einem Ingenieur auf die Idee, mithilfe der Piezoelektrizität in Kristallen so schnelle Schwingungen zu erzeugen, dass Ultraschallwellen entstehen. Damit entwickelte er im Laufe des Ersten Weltkriegs ein Verfahren, um U-Boote zu orten. Er wusste, dass Schall sich üblicherweise in alle Richtungen ausbreitet. Wenn Schall allerdings auf etwas Festes trifft, wird er reflektiert. In der Luft, im Wasser.

Kehren die Schallwellen zum Ausgangspunkt zurück, erzeugen sie Druck auf die Quarzkristalle. Die Kristalle verformen sich – und das Phänomen geht wieder seinen umgekehrten Lauf: Über den piezoelektrischen Effekt entsteht elektrische Spannung.

Aus der Zeit, die zwischen der gemessenen Spannung zu Anfang und Ende der Versuche verging, konnte Langevin ermitteln, wie weit entfernt das Hindernis lag. Ein U-Boot zum Beispiel oder Eismassen im Meer. Wobei die Technologie für die Titanic zu spät kam, die in der Nähe von Neufundland im Jahr 1912 mit einem Eisberg kollidierte. Dabei starben 1500 Menschen. Doch nach dem Ersten Weltkrieg diente die Methode beim Militär als Grundlage, um feindliche U-Boote zu orten.

Langevin lehnt Gewalt ab, setzt sich früh für den Frieden und für soziale Gerechtigkeit ein. Im Jahr 1898 zum Beispiel unterzeichnet er eine Petition zu Gunsten von Alfred Dreyfus, jenem jüdischen Artillerie-Hauptmann, der vier Jahre zuvor fälschlicherweise des Landesverrats bezichtigt worden war, aufgrund zweifelhafter Gutachten und Beweise. Inmitten des Aufruhrs, der die französische Gesellschaft damals spaltet und den Schriftsteller Émile Zola ins Exil zu gehen zwingt, scheut sich der Physiker nicht, seine Meinung öffentlich zu äußern.

Im Jahr 1919 tritt er der Société des Nations bei, einer Vorläufer-Organisation der Vereinten Nationen. Nach dem Ersten Weltkrieg drängt er vor allem darauf, dass sich Wissenschaftler weltweit wieder untereinander austauschen, auch mit den Deutschen. Viele Kollegen lehnen das zunächst ab, erweisen sich Forscher doch als besonders nachtragend. Ein internationaler Wissenschaftsrat schließt Deutsche von Kongressen aus, verbannt die deutsche Sprache aus der Wissenschaft, untersagt Treffen mit Vertretern des ehemaligen Feindes. In den Nachkriegsjahren finden fast 80 Prozent aller internationaler Kongresse ohne deutsche Forscher statt.

Unbeirrt setzt sich Langevin dennoch weiter für Völkerverständigung und internationale Zusammenarbeit ein, ebenso wie übrigens auch Albert Einstein in Berlin. Die beiden haben sich auf dem ersten Solvay-Kongress in Brüssel angefreundet. Jenem Kongress, der Langevins Frau dazu brachte, die Liebesbriefe zwischen ihrem Ehemann und Marie Curie an die Zeitungen zu geben. Im Jahr 1922 lädt Langevin den deutschen Physiker zu einem Vortrag ans Collège de France ein, gegen den Widerstand der einheimischen Nationalisten.

Einstein lehnt zunächst ab, hält die politische Lage für zu heikel für einen Besuch. »Lieber Langevin, es schmerzt mich, daß ich Ihnen nicht willfahren kann, denn ich habe Sie lieb«, schreibt er seinem Freund in Paris. Erst dem deutschen Außenminister Walther Rathenau gelingt es, ihn zur Reise ans Collège de France zu überreden. Dort soll er auch die Menschenrechtsliga und die französische philosophische Gesellschaft treffen.

Es dauert nicht lange, bis die französische Presse vom geplanten Besuch des jüdischen Wissenschaftlers erfährt. Antisemitische Zeitungen äußern sich abfällig über ihn, französische Ultranationalisten planen sogar eine Demonstration bei Einsteins Ankunft, am Nordbahnhof, der Gare du Nord. Doch Langevins Sohn hilft Einstein, auf der anderen Seite des Waggons aus dem Zug auszusteigen und den Bahnhof unbemerkt durch einen Seitenausgang zu verlassen. Einstein sei nicht zum angekündigten Zeitpunkt eingetroffen, schreibt die Zeitung *La Presse* mit ironischem Unterton. Was aber nicht weiter verwundere, heißt es, wenn man sich seine Theorien über die Relativität von Zeit und Raum anschaue.

Auch französische Forscher versuchen, die deutsche Wissenschaft und vor allem auch Einsteins Relativitätstheorie zu diffamieren. Sie widerspreche jeder Logik, dem gesunden Menschenverstand. Seine bahnbrechende Theorie wird in Frankreich als minderwertige deutsche Physik verachtet. In

Deutschland dagegen wird sie zur gleichen Zeit als jüdische Physik abgetan, vor allem von Philipp Lenard, jenem Physiker, dessen Einfluss Wolfgang Gentner in Heidelberg später hautnah erleben wird.

Nichts von alledem muss Einstein von Langevin befürchten. Als einer der ersten Wissenschaftler überhaupt hat der Franzose die Relativitätstheorie verstanden und akzeptiert und verteidigt sie leidenschaftlich. Einstein wird später sogar schreiben, dass sein Freund vermutlich selbst die revolutionären Erkenntnisse gehabt hätte, wenn er ihm nicht zuvorgekommen wäre. Erkenntnisse, die das damalige Weltbild der Physik erschütterten.

Vor allem, weil Einstein behauptete, dass es eine Trägersubstanz nicht gab, von deren Existenz Wissenschaftler jahrhundertelang überzeugt gewesen waren: den sogenannten Äther. In dieser Trägersubstanz breite sich Licht im Raum aus, so der Glaube, ähnlich wie Schallwellen in der Luft. Allerdings war es bislang niemandem je gelungen, das Vorhandensein der Trägersubstanz tatsächlich zu beweisen.

Wenn es sie wirklich gab, so die Überlegung, dann müsste jedes Objekt, das sich durch sie hindurchbewegt, einen Widerstand spüren. Und das Licht müsste sich unterschiedlich schnell bewegen, je nachdem, in welche Richtung es reist. Unzählige Experimente fanden statt, um diesen Effekt nachzuweisen – und alle blieben erfolglos. Bis Einstein im Jahr 1905 in seiner speziellen Relativitätstheorie zu dem Schluss kam, dass sich die Lichtgeschwindigkeit gar nicht verändert. Was ihn schließlich vermuten ließ, dass Licht gar keiner Trägersubstanz bedarf, um sich auszubreiten, der Glaube an den Äther also Unfug war. Viele Kollegen aber konnten sich nicht vorstellen, dass sich Licht ohne ein Medium im Raum ausbreiten kann, es fiel ihnen schwer, Einsteins revolutionäre Erkenntnisse zu akzeptieren. Auch deshalb ist Langevin so erpicht darauf, Einstein in Paris zu empfangen.

Der Forscher aus Berlin kommt gut an beim Publikum: »Mit seiner hohen Stirn, dem gelockten, leicht silbergrauen Haar, Augen, die eher versonnen als melancholisch blicken, und einem kleinen braunen Schnurrbart hat dieser Mathematiker nichts Hinterlistiges, Strenges oder Sprödes an sich«, schreibt etwa die Zeitung *Le Figaro*.

Einstein spricht über die Lichtgeschwindigkeit und auch über seine revolutionäre neue Sicht auf Zeit und Raum. Am Collège de France geht er zudem auf ein Thema ein, dass Jahre später an genau diesem Ort die Grundlage sein wird für die Experimente zur Kernspaltung von Frédéric Joliot-Curie: dass Masse und Energie seiner Ansicht nach mehr oder weniger dasselbe sind. Masse besteht aus Energie, und wenn diese freigesetzt wird, bewegt sie sich mit Lichtgeschwindigkeit.

Allerdings wird sich Frédéric Joliot-Curie nicht allein in seiner Forschung an Einstein orientieren. Ähnlich wie Einstein und auch Langevin wird Joliot-Curie später politisch Haltung zeigen, Verantwortung in der Gesellschaft übernehmen. Damit werden sie alle drei zu Ausnahmeerscheinungen, als die Nationalsozialisten in Deutschland und bald in Europa an Macht gewinnen. Als Rechtsextremisten im Juni 1922 Einsteins langjährigen Freund, den jüdischen Außenminister Walther Rathenau, auf offener Straße erschießen, klagt Einstein in der *Neuen Rundschau:* »Dass Hass, Verblendung und Undankbarkeit so weit gehen würden, hätte ich doch nicht gedacht«. Dann sagt der Physiker alle öffentlichen Auftritte ab und versteckt sich in Norddeutschland. Die Polizei hat ihn gewarnt, dass auch sein Leben in Gefahr sein könnte.

Dennoch reist Langevin im Jahr 1923 nach Berlin, um mit Einstein an einer »Nie wieder Krieg«-Kundgebung teilzunehmen. Für ein Foto posieren die beiden Physiker auf einer der Straßen, Einstein mit Krawatte, Langevin mit Fliege, in lange Mäntel gehüllt und mit dunklen Hüten in den Händen. Dem Franzosen fallen bei seinem Besuch die vielen Menschen auf, die in Schlangen vor den Lebensmittelgeschäften der deutschen Hauptstadt stehen, die Straßenbahnen, die menschenleer ihre Runden ziehen. Ein Laib Brot kostet in Berlin Anfang 1923 zunächst tausend Mark, im Herbst bald Millionen, Milliarden. Unzählige Menschen sind plötzlich mittellos. Im gleichen Jahr versucht Hitlers Nazipartei ihren ersten Putsch in München. Zehn Jahre später soll es den Nationalsozialisten gelingen, die Macht in Deutschland zu erringen.

Schon bald verschärft sich die Lage in Deutschland für Wissenschaftler jüdischer Herkunft. Nach einer Vortragsreise in den USA erfährt Einstein im Frühjahr 1933, dass die Nationalsozialisten sein Sommerhaus in Caputh bei Berlin durchsucht haben, sein Segelboot haben sie beschlagnahmt. Da beschließt er, nicht mehr nach Deutschland zurückzukehren. Zunächst findet er Zuflucht in Belgien, als Vertrauter von Königin Elisabeth.

Die Monarchin, eine aufgeweckte, lebensfrohe Adelige aus Bayern, fühlt sich am Hofe eingeengt. Sie sucht ihren Ausgleich in der Musik, nimmt Geigenunterricht, kann sich ein Leben ohne ihr geliebtes Instrument bald nicht mehr vorstellen. Damit hat sie viel mit Einstein gemeinsam, der auf Reisen stets seine Geige mitnimmt. Sie werden enge Freunde, die Königin und der Wissenschaftler, musizieren stundenlang. Oft sprechen die beiden auch über Philosophie, über Politik, Einstein versucht, der Königin und ihrem Ehemann klarzumachen, welche dunklen Zeiten Europa nun drohen.

Sechs Monate verbringt Einstein in der Küstenstadt De Haan, unter dem Schutz der belgischen Polizei. Die Nationalsozialisten sollen ein Kopfgeld auf ihn ausgesetzt haben.

Langevin, der von den Schwierigkeiten seines Freundes erfahren hat, setzt sich sofort für Einstein ein. Und erreicht, dass ihm das Collège de France einen Lehrstuhl anbietet. Einstein ist begeistert. Das Angebot erfülle ihn mit Freude und Dankbarkeit, schreibt er dem französischen Konsul in Belgien, dem Überbringer der Nachricht. Es sei Ausdruck einer Geisteshaltung, die die europäische Kultur hoffentlich vor der großen Gefahr retten werde, die ihr drohe.

Noch im Jahr 1933 richtet das Pariser Collège den Lehrstuhl für ihn ein, doch wird Einstein seinen Posten nie antreten. Zunächst hofft er, im Frühsommer 1934 wenigstens ein paar Monate in Frankreich forschen zu können. Doch hat er bereits ein Angebot der Princeton Universität in den USA angenommen. Am 7. Oktober 1933 wird er gemeinsam mit seiner Ehefrau Elsa in Southampton den Dampfer Westernland besteigen, um Europa den Rücken zu kehren.

Wären die französischen Physiker nur etwas schneller gewesen mit ihrem Angebot, dann hätte Einstein am Collège de France nicht nur mit Langevin geforscht. Auch mit Frédéric Joliot-Curie hätte er zusammengearbeitet, sogar mit Wolfgang Gentner. Und er hätte sicher viel Zeit mit seiner Freundin Marie Curie verbracht. Doch es kommt anders, der Physiker bringt sich fernab der Nationalsozialisten in Sicherheit.

Von der renommierten Privatuniversität in New Jersey aus verfolgt er mit Entsetzen, wie sich Hitlers Macht in Europa von Jahr zu Jahr ausdehnt. Bis schließlich im Juni 1940 die Heimat seines französischen Freundes von NS-Truppen überrannt wird. Als die deutschen Besatzer Langevin im Herbst 1940 verhaften, versucht Einstein, ihn in die USA zu holen. Er bittet einen amerikanischen Diplomaten um Hilfe, schreibt an den Vorsitzenden des Ausschusses für politische Flüchtlinge der USA. Doch vergeblich.

Allerdings erreicht Langevin in seiner Wohnung in Troyes eine Einladung von anderer Seite: Die Akademie der Wissenschaften in Moskau lässt Langevin über den sowjetischen Botschafter ausrichten, dass er seine Arbeit gern in der UdSSR fortsetzen kann. Diese Perspektive gefällt Langevin sehr. Noch hält der Hitler-Stalin-Pakt, noch scheint der Weg für den Physiker offen. Er beginnt in seiner Wohnung in Troyes, seine heimliche Abfahrt zu planen. Bis die deutschen Truppen am 22. Juni 1941 die Sowjetunion überfallen und damit den Pakt brechen. Langevin muss einsehen, dass sein Plan gescheitert ist, ihm bleibt nichts übrig, als in Troyes auszuharren.

Die Einwohner des Orts gewöhnen sich bald an den neuen Nachbarn mit seinem grauen Schnurrbart, der an den Enden ausfranst wie ein Pinsel. Im Winter trägt Langevin einen langen Mantel mit weiten Ärmeln, ähnlich einem mittelalterlichen Gewand. Nur wenige wissen, dass jener alte Mann, der mit ihnen zusammen um Milch und Pferdefleisch Schlange steht, ein Wissenschaftler von Weltruhm ist. Und selbst die, die es wissen, neigen dazu, es zu vergessen, so bescheiden und freundlich tritt er auf.

Rasch formt sich ein Kreis von Bekannten, die ihn vor Ort unterstützen und begleiten. Ein Staatsanwalt erinnert sich an Langevins warme Stimme, die ihn bei seinem ersten Besuch gleich willkommen heißt. Bald wird der Physiker den Juristen zweimal die Woche in seinem Dorf im Umkreis von Troyes aufsuchen. Die zwölf Kilometer Wegstrecke legt der Forscher zu Fuß zurück, trotz seines hohen Alters.

Einmal sucht er den Staatsanwalt in dessen Kanzlei auf. Sie haben Langevins Wohnung in Troyes durchsucht, nachdem ein Kollege von ihm verhaftet worden war. Dabei haben sie sogar das Funkgerät des Physikers kontrolliert. Doch als sie es einschalten wollen, leuchtet die Anzeige nicht auf. »Es funktioniert nicht«, hat Langevin geistesgegenwärtig erklärt. Dabei ist es nur das Licht, das defekt ist, nicht das Radio. Hätten die Deutschen das Gerät eingeschaltet, hätten sie bemerkt, dass ein britischer Sender eingestellt war. Ausländisches Radio zu hören war unter dem Vichyregime streng verboten.

In seiner Wohnung pinnt Langevin große Landkarten an die Wände, auf denen er die Truppenbewegungen der Deutschen und ihrer Gegner nachverfolgt. Seinen Besuchern erklärt er die militärischen Operationen, voller Vertrauen und Optimismus, dass es irgendwann gelingen wird, die NS-Truppen zurückzudrängen.

Langevin vertreibt sich die Zeit mit theoretischer Physik, macht Berechnungen zu Schwerkraft und Radioaktivität. Er gibt Kurse über Atomphysik an einer Hochschule für Lehrerinnen in Troyes, Studentinnen wie Dozentinnen hören sich seine Vorträge an. Um seine Forschung möglichst anschaulich zu erläutern, bastelt Langevin ein goldfarbenes Atommodell aus Tischtennisbällen, auf das er sehr stolz ist. Später wird er sich mit kernphysikalischen Problemen befassen und seinen Freund Joliot-Curie sogar mit Experimenten beauftragen.

Zwei Frauen umsorgen ihn zu dieser Zeit, sie besuchen ihn abwechselnd. Mal bleibt seine Ehefrau Jeanne bei ihm, mal Éliane Montel, eine ehemalige Studentin, die zunächst seine Assistentin und schließlich seine Geliebte wird. Mit ihr hat er einen Sohn, Paul-Gilbert, mit seiner Ehefrau vier Kinder. Montel findet eine Anstellung im Labor von Frédéric Joliot-

Curie. Obwohl sie Jüdin ist, versteckt sie sich nicht, sondern bleibt in Paris, um sich regelmäßig um den Physiker in Troyes zu kümmern. Den gemeinsamen Sohn allerdings schickt sie zu Verwandten in die Berge.

Langevins jüngste Tochter Hélène dagegen und sein Schwiegersohn Jacques Solomon müssen sich bald vor den Besatzern verbergen. Solomon hat die Résistance an der Universität angeführt, die Untergrundzeitung *L'université libre* herausgegeben, unter anderem mit seinem Freund, dem Philosophen Georges Politzer. Gemeinsam hatten sie bereits jene erste Ausgabe des illegalen Blatts in Umlauf gebracht, auf deren Titelseite es vor allem um die Verhaftung Langevins ging.

Solomon ist ebenfalls Physiker, hat Langevins Vorlesungen am Collège de France besucht. Er ist damals einer der wenigen Wissenschaftler in Paris, die sich für die Quantenphysik interessieren, jene noch junge Lehre des Allerkleinsten, die beschreibt, wie sich Elementarteilchen, Atome und andere winzige Objekte verhalten.

Im Alter von 16 Jahren hat Solomon bereits die allgemeine Relativitätstheorie verstanden, interessiert sich aber auch für Kunst, für Philosophie und bald auch für die Politik. Die Schriften von Karl Marx haben es ihm angetan, im Jahr 1934 wird er Mitglied der kommunistischen Partei. Großzügig und sensibel sei er gewesen, erinnert sich sein bester Freund Jahre später. Bei der Arbeit vergisst Solomon alles andere, selbst beim Mittagessen versucht er, seine Berechnungen im Kopf fortzusetzen, zählt verschiedene Rechenschritte laut auf. Nach dem Einmarsch der Deutschen aber schließt er sich der Résistance an, tritt mit der Zeit härter, schneidender auf. Ganz so, als würde er ahnen, was ihm bevorsteht.

Am 1. März 1942 verhaften ihn die Besatzer in Paris, zwei

Wochen, nachdem sein Freund Politzer bereits in die Hände der Deutschen geraten ist. Und einen Tag nach Solomon finden sie auch seine Ehefrau Hélène, die gerade einen Koffer aus einem Schließfach des Bahnhofs Saint-Lazare holt. Zunächst weiß Paul Langevin nicht, was mit ihnen passiert ist. »Ich für meinen Teil leide am meisten unter meiner Ohnmacht, ihnen zu helfen, und unter meiner Unkenntnis darüber, was genau geschieht. Scheut euch nicht, mir alles mitzuteilen, was ihr über dieses Thema wisst«, schreibt Langevin in diesen Tagen an seine anderen Kinder.

Zunächst gelangen Georges Politzer, Jacques Solomon und ihre Ehefrauen in das Gefängnis La Santé, jene Haftanstalt mit den dicken Kalksteinmauern, in der Langevin selbst fast 40 Tage verbringen musste. Sie müssen in Einzelhaft, kommunizieren aber über die Rohrleitungen des Gefängnisses mit ihren Zellennachbarn.

Eine Mitgefangene von Hélène Langevin wird Jahre später als Zeugin bei den Nürnberger Prozessen berichten, dass sie in der Zelle zwischen Georges Politzer und Jacques Solomon untergebracht war. Politzer wird zunächst gefoltert, erklärt sie, dann wird er gefragt, ob er Pamphlete für die Nationalsozialisten schreiben würde. Doch Politzer weigert sich. Jacques Solomon wird so schwer misshandelt, dass er seine Frau Hélène nicht in den Arm nehmen kann, als er sich von ihr verabschiedet. Es ist ein Abschied für immer, Politzer und Solomon werden am 23. Mai 1942 auf dem Mont Valérien erschossen, einem Hügel westlich von Paris, der von den deutschen Besatzern als Hinrichtungsstätte genutzt wird. Bei einem Ausflug im nah gelegenen Bois de Boulogne hört eine Gruppe von Waisenkindern einmal Geräusche, die sie zunächst für Windböen halten. Es sind die Schüsse vom Mont Valérien, ein Schwarm Vögel fliegt kreischend davon. In einem Brief an den Chef der deutschen Sicherheitspolizei vom 3. Juni 1942 halten die deutschen Besatzer nüchtern fest, dass sieben Juden und Kommunisten als Sühnemaßnahme für einen Pistolenanschlag in Paris erschossen worden sind.

Solomons Ehefrau Hélène gelangt in ein Lager der Festung von Romainville. Von dort aus finden seit dem Frühjahr erste Deportationen nach Auschwitz statt.

Frédéric Joliot-Curie ist von der Ermordung Solomons so erschüttert, dass er beschließt, Mitglied der kommunistischen Partei zu werden. »Wenn ich gefangen genommen werde, dann möchte ich als Kommunist erschossen werden, weil die Kommunisten wahre Patrioten sind«, sagt er zu einem Kollegen am Collège de France.

Er wählt dafür einen denkbar ungünstigen Moment. Werden die Deutschen doch einen Monat später, im Juni 1942, den Nichtangriffspakt mit der Sowjetunion brechen, indem sie gen Osten marschieren. Von nun an machen die Besatzer Frankreichs gezielt Jagd auf Kommunisten. Diese bilden schnell den Kern der Résistance, nun da kein Pakt sie mehr daran hindert, gegen die Nationalsozialisten zu kämpfen.

Als Langevin vom Tod Solomons und der Verhaftung seiner Tochter erfährt, besucht er zwei Freundinnen in Troyes. Er bittet die beiden, eine Schallplatte für ihn aufzulegen, die 9. Symphonie von Beethoven. Er hört schweigend der Musik zu, fährt sich dabei immer wieder über die Stirn und die Schläfen. Als die Symphonie ausgeklungen ist, erhebt er sich, seine Augen sind voller Tränen. »Ich kann ihnen heute nichts mehr sagen«, erklärt er und geht.

KAPITEL 6

In den Händen der Sicherheitspolizei

Nichtsahnend sitzt Wolfgang Gentner an jenem kühlen Sonntagmorgen beim Frühstück, in seinem kleinen Hotel nahe des Arc de Triomphe, als er plötzlich zum Telefon gerufen wird. »Melden Sie sich sofort bei Madame Joliot«, bellt eine Stimme in die Leitung und legt auf. Beunruhigt wählt Gentner die Nummer von Irène Joliot-Curie und muss erfahren, dass zwei französische Polizisten ihren Mann von zu Hause abgeholt haben.

Was der Physiker stets gefürchtet hat, ist nun, am 29. Juni 1941, geschehen. Frédéric Joliot-Curie wurde verhaftet, und Gentner weiß zunächst nicht einmal, wer ihn festgenommen hat. Der Deutsche erreicht zwar seinen Dienststellenleiter beim Heereswaffenamt; der kann jedoch an einem Sonntag nichts ausrichten, Gentner soll am nächsten Morgen zu ihm ins Büro kommen. Der Physiker aber weiß, dass die Zeit drängt, er bleibt in der Nähe des Telefons, hofft auf ein Zeichen von Joliot-Curie, wartet. Stunde um Stunde vergeht, es wird Mittag, und noch immer hat er keine Nachricht über den Verbleib seines Freundes und Kollegen.

Mehr als ein halbes Jahr ist es inzwischen her, seit ihn das NS-Heereswaffenamt nach Paris geschickt hat, um das Labor von Frédéric Joliot-Curie am Collège de France zu überwachen. Seither arbeiten Gentner und seine Kollegen daran, den Teilchenbeschleuniger, das Zyklotron, in Betrieb zu setzen. Bald sollen auch NS-Forscher in Deutschland ein solches Gerät bauen, sie möchten darin Experimente zur Kernspaltung durchführen, möchten mehr darüber lernen, wie sie die entstehende Kernenergie nutzen können. Und vor allem, ob sie damit einen Sprengstoff entwickeln können, der zerstörerischer ist als alle bislang bekannten Kriegswaffen: eine Atombombe.

Bislang sind die Monate im Labor friedlich verlaufen, deutsche und französische Wissenschaftler haben sich miteinander arrangiert, eine Arbeitsroutine gefunden, bei der sie sich meistens aus dem Wege gehen.

Dennoch spüren Gentner und Joliot-Curie, wie sich die Situation in Paris langsam verschlechtert, ähnlich einem Luftzug, der stetig kühler wird. Er hat sich in einen eiskalten Windstoß verwandelt, seit Joliot-Curie verhaftet wurde.

Wenige Tage zuvor, am 22. Juni, hatte Hitler überraschend den Nichtangriffspakt mit Stalin gebrochen und war mit seinen Truppen in die Sowjetunion eingefallen. Das »Unternehmen Barbarossa«, das Paul Langevins Fluchtpläne aus Troyes zunichte gemacht hat, sollte die Deutschen vor dem »jüdischen Bolschewismus« bewahren, so verkündete der NS-Propagandaminister Joseph Goebbels am frühen Morgen des Angriffstags auf allen deutschen Nachrichtensendern.

Was an der Ostfront geschah, sollte auch das Zusammenleben im Westen schlagartig verändern, zwischen den deutschen Besatzern und den Franzosen. Zu Zeiten des Nichtangriffspakts hatten sich die Kommunisten in Frankreich noch recht still verhalten. Nun aber entwickelten sich die linken Gruppen rasch zu den wichtigsten Elementen der Résistance. Sie organisierten sich in verschiedenen Zirkeln, viele von ihnen gaben ihre eigene Widerstandszeitung heraus, eigene Flugblätter. Gleichzeitig forderten die Deutschen ab sofort Listen von der französischen Polizei, mit den Namen von Kommunisten oder Sympathisanten der Sowjetunion. Auf diesen Listen stand auch Joliot-Curie.

Bislang hatte der Nobelpreisträger unter dem Schutz der Wehrmacht gestanden, schließlich arbeitete er in seinem Labor mit deutschen Physikern zusammen. In einem Brief vom 11. November 1940 schrieb ein Mitarbeiter des Oberkommandos des Heeres an den Militärbefehlshaber Frankreichs, dass der »ungestörte Fortgang der Arbeiten« im Labor Joliot-Curies »wegen ihrer kriegswichtigen Bedeutung unter allen Umständen gewährleistet werden muss«.

Der Teilchenbeschleuniger, das Zyklotron, im Labor des Collège de France war die stärkste Neutronenquelle, die damals für Kernspaltungsversuche zur Verfügung stand. Daher hatte das Heereswaffenamt das Gerät nach dem Einmarsch in Paris sogleich beschlagnahmt. Den deutschen Physikern war inzwischen klar, dass sie ihr Ziel nur mit hochmoderner Technologie erreichen konnten: den militärischen Nutzen der Kernenergie zu erforschen. Seit Otto Hahn und Fritz Straßmann im Jahr 1938 die Kernspaltung entdeckt hatten, ging es dem NS-Regime darum, die geheime Forschung zu einer möglichen Atombombe möglichst rasch voranzutreiben.

Doch lief die Entwicklung nicht schnell genug, zumindest, wenn es nach dem Chefentwickler der Firma Henschel Flugzeugwerke in Kassel ging. Herbert Wagner selbst war kein Kernphysiker, aber er hatte schnell begriffen, dass die Entdeckung der Kernspaltung zum Bau von Atomwaffen verwendet werden konnte. Waffen, die den Deutschen die Weltherrschaft sichern würden. »In Deutschland muss man sofort und mit allen verfügbaren Mitteln sowie den besten Kräften darangehen, die Entdeckung, die in Deutschland ihren Ursprung hat, auch für Deutschland nutzbar zu machen«, schrieb Wagner in einem Bericht.

Bei der Nutzung der Kernenergie handele es sich nicht allein um eine Frage des wissenschaftlichen Fortschritts, »sondern für Deutschland ist es eine Handlung der Notwehr, des Selbsterhaltungstriebs. Den Sieg, den jetzt das deutsche Volk erkämpft, würde wertlos, sollte den Amerikanern mit ihrem ungeheuren Aufwand an Material und Leuten vor uns die Lösung des Problems gelingen.«

Dabei waren die Voraussetzungen für die Deutschen gut, eigentlich. Seit sie Belgien im Mai 1940 besetzt hatten, hatten sie Zugriff auf die Uranvorkommen in Belgisch-Kongo, eine Hauptzutat für die Atomversuche. Seit sie im gleichen Monat in Norwegen eingefallen waren, hatten sie die Fabrik Norsk Hydro in Vemork besetzt. Jene Fabrik also, deren Vorrat an schwerem Wasser Joliot-Curie und seine Kollegen quer durch Frankreich und dann nach England transportiert hatten. Nun mussten die Norweger neues schweres Wasser für die Nationalsozialisten produzieren. Es galt damals für die Atomversuche als unerlässlich.

Um mehr über den Teilchenbeschleuniger zu erfahren, fuhren zwei Mitarbeiter der Firma Henschel Flugzeugwerke nach

Paris und besuchten das Labor Joliot-Curies, zwei Wochen vor dessen Verhaftung. Allerdings stießen sie bei den deutschen Kollegen des Heereswaffenamts in Paris auf wenig Interesse, die Forscher vor Ort weigerten sich, den Besuchern das Zyklotron ein zweites Mal zu zeigen, als sie am Folgetag darum baten. Bei einer zufälligen Begegnung in einem Pariser Restaurant ignorierten die Kollegen vom Heereswaffenamt sie sogar, wie ein Mitarbeiter in seinem Reisebericht schrieb.

Der Chefentwickler Henschel fand kein Gehör, nicht beim Heereswaffenamt, und auch nicht beim Reichsluftfahrtministerium. Bei den Kollegen der Luftfahrt beantragte er im August 1941 sogar die Gründung eines Reichsinstituts für Kerntechnik und Kernchemie, das für drei Jahre mit etwa 25 Millionen Mark ausgestattet werden sollte. Fünf Monate später erhielt er nur mickrige 25 000 Reichsmark.

Immerhin aber erfuhr der Henschel-Mitarbeiter von den deutschen Kollegen in Paris, dass Uranzertrümmerungsversuche – wie man Tests zur Kernspaltung damals nannte – »unmöglich mit einem Mann wie Joliot« gemacht werden könnten, er sei nicht verlässlich genug. Joliot »tue immer sehr geheimnisvoll«, und seine deutschen Kollegen erführen nur sehr wenig von ihm.

Sie behaupteten sogar, dass Joliot-Curies Kollege Hans von Halban in der unbesetzten Zone Frankreichs kernphysikalische Versuche durchführte. Von der abenteuerlichen Abfahrt des Wissenschaftlers auf der Broompark Richtung England hatten die deutschen Forscher offensichtlich nichts gehört.

In den ersten Monaten kommt es immer wieder zu Pannen am Zyklotron, mal ist es das Kühlsystem, mal die Hochspannungsanlage, vor allem wenn Gentners Chef Walther Bothe mit Uranproben aus Heidelberg anreist, als Kernphysiker ist auch er

Mitglied des Uranvereins. Allerdings ist der Teilchenbeschleuniger ein so empfindliches Gerät, dass nicht immer klar ist, ob Sabotage im Spiel ist oder technische Probleme dahinterstecken.

Obwohl Joliot-Curie unter dem Schutz des Heereswaffenamts steht, taucht sein Name zunehmend in den geheimen Lageberichten des Sicherheitsdienstes auf. Im März 1941 ist darin vermerkt, dass der Physiker zum »antifaschistisch-kommunistischen Milieu« zu zählen sei, ungeachtet seiner Zusammenarbeit mit den Deutschen. Zwei Monate später geht es in einem weiteren geheimen Schreiben um das Collège de France, in dem Joliot-Curies Labor untergebracht ist.

Seit fünf Jahren werde versucht, aus der Hochschule eine Bastion des »Kommunismus wissenschaftlicher Prägung« zu machen, auch der jüdische Einfluss wird in den Unterlagen betont. So zählt der Sicherheitsdienst alle Juden und Halbjuden des Collège auf, sieben bis acht Kommunisten und weitere sieben bis acht Namen, die »extremen sozialistischen Organisationen« angehören sollen. Wie viele davon zu diesem Zeitpunkt noch am Collège de France verblieben sind, erwähnt der geheime Bericht allerdings nicht. Klar ist jedoch: Die Forschenden an der Hochschule stehen unter Beobachtung.

Gleich mehrere Machtzentren der deutschen Besatzer interessieren sich inzwischen für die intellektuellen Kreise der Hauptstadt: der Militärbefehlshaber, die SS und die deutsche Botschaft. Alle drei möchten in der Hauptstadt das Sagen haben, möchten die Fäden ziehen in ihren prächtigen Gebäuden, die sie nach dem Einmarsch der deutschen Truppen besetzt haben. SS und Militär sprechen sich oft nicht miteinander ab, informieren sich gegenseitig nicht über ihre Aktionen. Auch deshalb weiß Gentner zunächst nicht, in welche Hände Joliot-Curie nach seiner Verhaftung geraten ist.

Dabei hat Hitler nach dem Einmarsch allein der Militärverwaltung die Macht über Paris übertragen. Die sitzt im *Hôtel Crillon,* einem riesigen Adelspalast aus dem 18. Jahrhundert an der Place de la Concorde, mit dem berühmten Obelisken in Sichtweite. Direkt nach dem Einmarsch in Paris hatte ein deutscher Oberst einen französischen Polizeikommissar gezwungen, den Eingang des Hotels aufzubrechen und die französische Fahne durch die Hakenkreuzflagge zu ersetzen. Im Juli 1941 hielt das Militär auf der Place de la Concorde eine Parade deutscher Panzer ab.

Die SS war zunächst dem Militär unterstellt, was Heinrich Himmler als deren Chef gar nicht passte. Daher traf erst nur ein kleines SS-Kommando von zehn Männern im Juni 1940 in Paris ein. Das Reichssicherheitshauptamt hatte sie gesandt, jene Behörde, der die SS und der Sicherheitsdienst angehörten, ebenso wie jene berüchtigten Einsatztruppen, denen in Polen bereits Zehntausende Menschen zum Opfer gefallen waren. Das Kommando kam mitten in der Stadt unter, im *Hôtel du Louvre.*

Es sollte nicht lange dauern, bis die SS dem Militärbefehlshaber die Macht streitig machen würde.

Wobei die Grenzen der Macht oft unscharf verliefen, konnten doch SS-Offiziere überall in der NS-Bürokratie tätig sein. Schließlich stellte die SS eine Organisation der NS-Partei dar, nicht des deutschen Staates. Seit August 1940 etwa leitete der prominente SS-Brigadeführer Werner Best die Verwaltungsabteilung im Verwaltungsstab des Militärbefehlshabers. Rund 22 000 Angestellte in deutscher Militäruniform sollten ihn bei der Aufgabe unterstützen, die französische Bürokratie zu kontrollieren. In Berlin hatte es Best im Reichssicherheitshauptamt bereits zum Stellvertreter jenes SS-Obergruppenführers gebracht, der sich ab Juli 1941 mit der »Endlösung der Judenfrage« befassen sollte.

In politischen Fragen jedoch sollte Otto Abetz das letzte Wort haben, der deutsche Botschafter in Paris. Seit seiner Jugend hatte sich der Kunstlehrer für die deutsch-französische Verständigung eingesetzt, wurde im Jahr 1935 Mitglied der SS und außenpolitischer Referent von Hitlers Außenminister, warb vor dem Krieg im Auftrag des NS-Regimes im Nachbarland für das nationalsozialistische Deutschland.

Abetz residierte am linken Seine-Ufer in einem Stadtpalais, das Napoleons Frau einst für ihren Sohn gekauft hatte. Vom Garten aus hatten die Angestellten einen wunderbaren Blick auf den Louvre und das Grün der Tuilerien, auf der anderen Seite des Flusses. Seine Botschaft schmückte er mit wertvollen Kunstwerken, die ein Sonderkommando in französischen Museen und Privatsammlungen gestohlen hatte, Zeichnungen von Pierre-Auguste Renoir etwa, Gemälde von Edgar Degas. Ein Nebengebäude der Botschaft wurde zum Lager für weiteres Diebesgut.

Einen historischen Schreibtisch aus dem Jahr 1750 stellte Abetz in sein Büro. Ohne Rücksicht auf den Wert des Möbelstücks ließ er einen Aufsatz entfernen, um auf der anderen Seite des Tischs sitzen zu können. Das Kunstmobiliar war bei einem Raubzug im Palais Rothschild mitgekommen, einem Prachtbau einer jüdischen Bankiersfamilie. Vor allem die Sammlungen jüdischer Eigentümer interessierten Abetz sehr.

Früh hatte der Botschafter auch auf antisemitische Maßnahmen gedrängt, ab Herbst 1940 auf einer Meldepflicht für Juden bestanden, auch jüdische Geschäfte mussten ab sofort gekennzeichnet, jüdische Unternehmen »arisiert« werden. Bald forderte der Botschafter, Juden aus dem besetzten Frankreich in Vernichtungslager zu deportieren. Vor seinem Antritt in Paris hatte Abetz dazu direkte Anweisungen von Adolf Hitler erhalten, auf dem Obersalzberg bei Berchtesgaden.

Dort hatte ihm Hitler auch seine Pläne für die Rolle Frankreichs unterbreitet, in einem neuen Europa unter deutscher Führung. Es sollte politisch schwach bleiben, isoliert werden von seinen Nachbarn. Daher sollte Abetz alles dafür tun, die französische Gesellschaft zu spalten, mal die Linke, mal die Rechte unterstützen, um die politischen Parteien möglichst effektiv zu zersplittern.

Mithilfe seines großen Netzwerks gelingt es dem Botschafter, in weiten Kreisen des Vichyregimes das Bild eines neuen Europas unter deutsch-französischer Führung zu zeichnen. Schließlich hat Frankreich einen Waffenstillstand mit dem NS-Regime geschlossen, nicht etwa kapituliert, wie die anderen Nachbarstaaten. Daraus nährte sich die Hoffnung vieler Franzosen: Wenn sie intensiv mit den Deutschen kollaborierten, würden sie an diesem neuen Europa teilhaben, an der Seite der nationalsozialistischen Machthaber.

Das jedoch ändert sich schlagartig, als Hitler in die Sowjetunion einfällt. Sollten die Kommunisten bis dahin nur politisch klein gehalten werden, gehen die Besatzer nun massiv gegen sie vor. Bald herrschen Angst und Terror in der französischen Metropole. Damit gerät Frédéric Joliot-Curie ins Visier der deutschen Besatzer.

Seit Mai 1941 nämlich ist Joliot-Curie der Präsident der kommunistisch geprägten Front National, die Widerstandskämpfer gegen das Vichyregime vereinen soll. Einen Monat später wird er Vorsitzender des Front National Universitaire, der Résistance-Gruppe der Hochschulen. Während der Physiker in seinem Labor offiziell mit den Besatzern kollaboriert, bekämpft er sie insgeheim.

Dabei kommt ihm zu Hilfe, dass sein ehemaliger Laborchef den Posten des Direktors des städtischen Labors der Polizeipräfektur übernimmt. Mit Henri Moureu hatte Joliot-Curie im Vorjahr die 26 Kanister mit schwerem Wasser aus Paris gebracht, gerade noch rechtzeitig vor dem Einmarsch der Deutschen.

Im städtischen Labor lagern von der Polizei konfiszierte Waffen und Sprengstoffe. Eigentlich. Moureu aber lässt die beschlagnahmten Arsenale Joliot-Curie zukommen, der sie unter den Widerstandsgruppen verteilt. Ohne es zu ahnen, versorgen die Deutschen also die Résistance-Kämpfer mit Waffen. Jahrzehnte später werden Bauarbeiter bei der Renovierung der Laborräume in den Wänden ein verstecktes Maschinengewehr und Flugblätter der Résistance finden. »Ich wusste, dass es bestimmte Räume im Labor gab, die Joliot-Curie stets verschlossen hielt«, berichtet Gentner später. »Aber ich sagte ihm, dass ich lieber nichts darüber wissen wollte. Ich hatte genug Schwierigkeiten damit, auf zwei Stühlen gleichzeitig zu sitzen.«

Für Notfälle hatte der deutsche Physiker dem französischen Kollegen aber die Telefonnummer seines Hotels gegeben. Wie er später erfahren sollte, hatte Joliot-Curie den Zettel mit der Rufnummer in seinem Büro im Collège de France vergessen. Er hatte die französischen Polizisten jedoch nach seiner Verhaftung überreden können, dort vorbeizufahren. Von dort aus hatte er Gentner angerufen.

Die Beamten gingen vermutlich äußerst respektvoll mit Joliot-Curie um. Das lassen zumindest die Aufzeichnungen eines anderen Wissenschaftlers vermuten, der am gleichen Morgen ebenfalls von zu Hause abgeholt wird und in der Polizei-Präfektur auf Joliot-Curie treffen wird. Der Professor für spanische Sprache und Literatur an der Sorbonne berichtet später, dass er bei seiner Verhaftung fast ehrfürchtig behandelt wurde, er durfte sogar noch seine Unterlagen für eine Sitzung am Folgetag sortieren. Auch wiesen die Polizisten ihn darauf hin, dass er die Nacht in Gewahrsam verbringen würde und sich entsprechend ausrüsten möge. Als sie schließlich in Paris den Pont Saint-Michel überqueren, bedauerte einer der beiden Polizisten noch, dass der Professor bei diesem herrlichen Wetter nicht schon am frühen Morgen aufs Land gefahren sei. Was für ein mieser Job ihnen aufgebürdet würde, klagen die Polizisten in Zivil.

Das Gebäude der Präfektur wirkt an diesem Sonntag menschenleer, der Sorbonne-Professor sitzt etwa eine Stunde lang allein in einem schmutzigen Wartesaal, als Joliot-Curie eintrifft. Die beiden kennen sich vom Sehen, unterhalten sich leise, dem Wachposten ist das offensichtlich gleichgültig. Sie vermuten beide, dass sie als Mitglieder des Wachsamkeitskomitees der antifaschistischen Intellektuellen verhaftet wurden, einer linksintellektuellen politischen Gruppierung, die den Aufstieg des Faschismus offen ablehnt. Einer der prominentesten Vertreter des Komitees ist drei Tage zuvor festgenommen worden. Noch wissen beide jedoch nicht, was auf sie zukommt, wägen gemeinsam ihre Chancen ab, aus dieser Situation glimpflich davonzukommen. Und warten.

Irgendwann bringt ihnen ein Sekretär ein paar Zeitungen und Zeitschriften. Alle Blätter verkünden auf ihren Titelseiten die angeblich sensationellen Siege der NS-Truppen über die russischen Luftstreitkräfte. Joliot-Curie und seinen Kollegen interessiert das wenig. Sie kommen ins Plaudern, erzählen einander, welchen beruflichen Pflichten man sie bei der Verhaftung entrissen hat.

Der Sorbonne-Kollege kennt das Labor des Physikers nur flüchtig, er beschreibt es als hochmodern und imposant, wie der Maschinenraum eines großen Dampfers. Joliot-Curie berichtet ihm von der deutschen Übernahme im Collège de France. Dabei erscheint er dem Kollegen sehr ruhig und abgeklärt, wirkt fest davon überzeugt, dass seine deutschen Forscherkollegen sich für ihn einsetzen werden. Noch gibt es vielerorts die Hoffnung eines friedlichen Zusammenlebens mit den Besatzern, noch sind die Massendeportationen in die Konzentrationslager nicht angelaufen, noch die großen Razzien in Paris nicht erfolgt.

Gegen Ende des Vormittags schließlich empfängt sie ein Inspektor in seinem Büro. Sein Verhör gleicht eher einem höflichen Gespräch, lässt die beiden allerdings auch völlig im Unklaren, wie es mit ihnen weitergehen wird. Nach einer Stunde fällt den Polizisten auf, dass ihre Gefangenen nicht zu Mittag gegessen haben, und bieten ihnen an, auf Kosten der Inhaftierten Essen im benachbarten Restaurant zu besorgen. Doch zum Essen sollen sie nicht mehr kommen.

Plötzlich heißt es, dass sie das Gebäude verlassen müssten, zwei Inspekteure bitten sie, in ein Auto zu steigen. Offensichtlich haben die Polizisten neue Anweisungen erhalten.

Zur gleichen Zeit sitzt Gentner noch immer in seinem Hotel und wartet auf ein Zeichen zum Verbleib seines Kollegen. Er will sein Hotel nicht verlassen, für den Fall, dass sich seine Dienststelle beim Heereswaffenamt oder auch Irène Joliot-Curie bei ihm meldet. Gentner ist unruhig, ratlos, wütend.

Bald trennen sich die Wege der beiden Gefangenen. Der Sorbonne-Professor wird in die Festung von Romainville gebracht. Das Fort de Romainville dient im Zweiten Weltkrieg als Internierungslager und KZ-Durchgangslager. Danach gelangt der Kollege ins Camp de Royallieu in Compiègne, ein im Juni 1941 eröffnetes Konzentrationslager im Norden Frankreichs. Es wird bald zu einem der beiden größten KZs auf französischem Boden, vor allem für politische Gefangene. Ab März 1942 finden von hier aus die ersten Deportationen nach Auschwitz statt. Der Professor der Sorbonne wird jedoch im August 1941 aus Compiègne entlassen.

Joliot-Curie dagegen wird in kein Lager gebracht, er muss auf der Fahrt früher aussteigen, in der rue des Saussaies, dem früheren Innenministerium. Hier führt die Sicherheitspolizei, wie die Gestapo im besetzten Gebiet offiziell heißt, ihre Verhöre durch, in den Folterkammern des Gebäudes quälen sie manche Gefangene, um an gewünschte Informationen zu gelangen. In einer Folterkammer steht eine weiße Badewanne.

Zunächst kommt Joliot-Curie wieder in einen Warteraum, diesmal muss er allein ausharren, stundenlang. Bis ihn schließlich ein Obersturmbannführer der SS verhört. Über seine Beziehungen zu den links gerichteten Kreisen an der Universität fragt der SS-Mann ihn aus, möchte Namen von Kollegen hören, die ihre Studenten gegen die Besatzung aufwiegeln. Doch Joliot-Curie erklärt ihm, dass er mit einer Gruppe deutscher Wissenschaftler zusammenarbeite, vom Heereswaffenamt. Kurz darauf klingelt bei Gentner im Hotel das Telefon.

Der SS-Obersturmbannführer ist in der Leitung, möchte vom deutschen Physiker wissen, ob Joliot-Curie die Wahrheit sagt. Gentner reagiert kalt, zornig, bestätigt mit lauter Stimme, dass die Angaben seines Kollegen korrekt seien. Und erklärt sogleich, dass er bereits über die Verhaftung Joliot-Curies unterrichtet sei und auch schon mit seinem Chef im Heereswaffenamt telefoniert habe. Der wiederum habe seinen Vorgesetzten in Berlin informiert. Schließlich dürften Mitarbeiter des Collège de France nur mit Genehmigung des Oberkommandos des Heeres verhaftet werden, in diesem Fall des Heereswaffenamts.

Bei der Arbeit am Collège de France handle es sich um einen geheimen Kommandoauftrag, der als kriegsentscheidend eingestuft sei. »Ich konnte hören, wie er auf meinen sehr heftigen Ton hin deutlich kleinlauter wurde«, wird Gentner später berichten. Der SS-Mann behauptet nun, er habe Joliot-Curie gar nicht verhaftet, sondern nur ein Gespräch mit ihm geführt.

Am gleichen Abend kehrt Joliot-Curie zu seiner Familie zurück, der eingeschüchterte SS-Mann will ihn sogar mit einem Dienstwagen nach Hause chauffieren, doch das lehnt der Physiker dankend ab. Das würde ihm noch fehlen, in einem Auto der Besatzer gesehen zu werden. Seine Zusammenarbeit mit den Deutschen wirft bei manchen Kollegen Fragen auf, sie beschuldigen ihn der Kollaboration. Er nimmt lieber die Métro.

Gentner aber ergreift die Gelegenheit, um seiner Dienststelle beim Heereswaffenamt nochmals zu erklären, dass sie alle Verhaftungsstellen in Paris über seine Zusammenarbeit mit den französischen Forschern unterrichten solle. Damit derartige Zwischenfälle vermieden werden, die seine Arbeit »massiv behindern«.

Zudem weist er den Concièrge am Empfang des Collège de France an, ihn sofort zu informieren, wenn Deutsche dort Einlass verlangen, ganz gleich, ob sie in Zivil kommen oder in Uniform. Schon nach kurzer Zeit erscheint eine Gruppe von SS-Männern, die Joliot-Curie sprechen wollen. Gentner läuft zum Eingang und verlangt von ihnen eine schriftliche Genehmigung vom zuständigen General Erich Schumann in Berlin. Schließlich arbeite Joliot-Curie an geheimen Arbeiten im Auftrag des Heereswaffenamts. Auch diesmal tritt Gentner barsch auf, was seine Wirkung nicht verfehlt: Verunsichert treten die SS-Männer den Rückzug an.

Zu einem unklaren Zeitpunkt wird Joliot-Curie trotzdem

nochmals festgenommen, gerät erneut in die Hände der Sicherheitspolizei. So berichtet der Physiker später davon, dass er in einem Büro saß, an dem eine Karte der Ostfront an der Wand hing. Mitten im Verhör stürmt ein Deutscher plötzlich ins Büro und ruft triumphierend, dass Moskau gefallen sei.

Rasch stellt sich jedoch heraus, dass es sich um eine Falschmeldung handelt. Enttäuscht hören die Deutschen und Kollaborateure im Hauptquartier kurz darauf im Radio, dass die Truppen sich erst in der Nähe von Smolensk befinden, etwa 400 Kilometer westlich von Moskau. Joliot-Curie zeigt keinerlei Regung und beantwortet sehr gefasst die Fragen der Sicherheitspolizei.

Seine Ehefrau Irène zwingt sich ebenfalls, in diesen angespannten Zeiten die Ruhe zu bewahren. Sie hat am Tag der Verhaftung ihres Mannes einen Termin beim Sportmediziner vereinbart. Ihre Tochter Hélène, eine brillante Schülerin, dreht ihre Füße beim Laufen nach innen. Die Mutter beschließt, den Termin wahrzunehmen. Sie kann zu diesem Zeitpunkt doch nichts ausrichten. Nach ein paar Stunden kommt ihr Ehemann wieder frei.

Trotz aller Gefahren beschließt Frédéric Joliot-Curie im Sommer ein paar Tage freizunehmen. Er möchte zelten, mit Tochter Hélène und Sohn Pierre, die Kinder sind zu diesem Zeitpunkt fast 14 und neun Jahre alt. Sie fahren nach Soisy-sur-Seine, etwa 20 Kilometer südwestlich von ihrem Zuhause. Schon Marie Curie verbrachte gern ihre freien Tage an diesem beschaulichen Ort.

In Soisy-sur-Seine angeln Vater und Kinder zehn Pfund Fisch, sogar einen Hecht haben sie gefangen. »Das hat den Kindern sehr gutgetan. Pierre ist sehr glücklich, Hélène auch, aber wir wären alle froh, Dich bei uns zu haben«, schreibt der

Physiker seiner Frau Irène. Sie muss den August und September in den französischen Alpen verbringen, um sich zu erholen. Am Fuße des Mont Blanc möchte sie Kräfte sammeln, um im Herbst wieder in ihrem Labor forschen zu können. Ihre Tuberkulose-Erkrankung schwächt sie sehr und zwingt sie, den Großteil des Tages auf dem Sofa ihres Büros zu verbringen.

Der Fisch kommt der Familie sehr gelegen, sind doch die Essensrationen im besetzten Paris extrem karg geworden. Der Großteil der Bevölkerung muss mit 1300 Kalorien pro Tag auskommen, vor der Besatzung waren es 3000. Überall stehen die Menschen Schlange, in der Hoffnung auf Lebensmittel, es gibt zwar Essenscoupons, doch die Geschäfte sind meist leer. Im Februar 1941 notiert ein französischer Journalist, dass er eineinhalb Stunden in der Schlange stand, um ein einziges Ei zu ergattern. Selbst mancher Résistance-Kämpfer wird sich 50 Jahre später vor allem an den Hunger erinnern, den er ständig leiden musste. Die Ernte von Kartoffeln und Getreide bricht in Frankreich von 1939 bis 1944 um die Hälfte ein.

Auch Benzin wird immer teurer, doch ohnehin haben die Deutschen nur 7000 Privatautos zugelassen, daher sind die Straßen in der Hauptstadt fast gespenstisch leer. Statt der Autos eilen mancherorts Fahrrad-Rikschas durch die Straßen. Viele der Fahrräder allerdings werden von den Deutschen konfisziert. Zumal es der Mangel an Gummi schwermacht, kaputte Reifen zu ersetzen. Im Herbst 1941 etwa sind die Fahrradreifen von Joliot-Curie völlig zerschlissen. Und er erhält erst Ersatz, als der Sekretär des Collège de France offiziell bestätigt, dass der Physiker das Rad für seine täglichen Pflichten braucht.

Ein großer Schwarzmarkt mit schwindelerregend hohen Preisen entsteht. Für Fahrräder, für Lebensmittel. Ein Kilo Kartoffeln kostet oft das Zehnfache, ein Liter Milch das Sechsfache des offiziellen Preises. Für vieles müssen sich die Franzosen mit einem Ersatz begnügen: Für Schuhsohlen verwenden sie jetzt Holz statt Leder, statt Kaffeebohnen brühen sie gegrillte Eicheln auf, Getreide oder Weintraubenkerne. Auf ihren Balkonen, in den Kellern und Wohnräumen züchten sie Kaninchen oder Hühner, Tausende Familienväter fahren samstags oder sonntags mit ihren Fahrrädern Hunderte Kilometer ins Umland, um ein oder zwei Kilo Karotten oder Kartoffeln zu finden.

Doch nicht nur die Lebensumstände in Paris verschlechtern sich. Kollaboration, Terror und Repressionen nehmen zu. Für Joliot-Curie wird es zunehmend riskanter, am Collège de France zu arbeiten. Wie lange er noch unter dem Schutz des deutschen Militärs stehen wird, ist nur schwer abzuschätzen. In einer undatierten Liste der deutschen Besatzer werden er und seine Ehefrau als linksradikal bezeichnet und als gegen die Zusammenarbeit mit Deutschland eingestellt.

So bringt ihn der Sicherheitsdienst bald mit der Zeitung *L'université libre* in Verbindung. Im November 1940 hatte unter anderem der Physiker Jacques Solomon die erste Ausgabe des illegalen Blatts herausgebracht, jener Schwiegersohn von Paul Langevin, der später auf dem Mont Valérien erschossen wird. Die Zeitung hatte die Verhaftung Langevins kritisiert und auch über die Studentendemonstrationen am 11. November 1940 auf den Champs-Elysées berichtet, dem Gedenktag des Waffenstillstands von 1918. Die Untergrundzeitung will »neue Bande knüpfen, zwischen Studenten und Professoren, so dass die ganze Universität zu einem Block wird, an dem alle Anstrengungen der Feinde scheitern werden«, so heißt es in der ersten Ausgabe.

Im Frühjahr 1941 hat sich die Zeitung dem Front National angeschlossen, dessen Präsident Joliot-Curie ist. Das Blatt wird zum Sprachrohr des kommunistischen Widerstands. Über Verhaftungen, Verurteilungen und Hinrichtungen berichten die Redakteure, ebenso wie über Kollaborateure, die Widerstandskämpfer denunziert haben.

Daher möchte der Sicherheitsdienst dringend herausfinden, welche Köpfe hinter dem illegalen Blatt stehen. »Die gesinnungsmäßig aktiven Zentren dieser Organisation befinden sich im Collège de France, und zwar in den Laboratorien des früheren Professors Langevin und Professors Joliot-Curie«, fasst ein geheimer Bericht bald zusammen.

Zur gleichen Zeit richtet die SS ihre Aufmerksamkeit auf das traditionsreiche Institut de France, mit seinen fünf Akademien. Ein Memorandum der SS macht zwei Mitglieder der Akademie der Wissenschaften aus, die an der illegalen Zeitung mitarbeiten sollen. Und der Rat einer weiteren Akademie soll darüber abgestimmt haben, ob sie mit den Besatzern kollaborieren wollen. Ein Memorandum der SS an den Militärbefehlshaber berichtet, dass antideutsche Stimmen eine knappe Mehrheit errungen haben.

Vor allem die Kommunisten geraten zunehmend ins Visier der Besatzer. Nach einer Kundgebung der kommunistischen Jugend an der Porte Saint-Denis in Paris am 13. August 1941 verhaften Wehrmachtssoldaten zwei junge Demonstranten. Am 15. August 1941 stellt der Militärbefehlshaber jede kommunistische Betätigung unter Todesstrafe. Vier Tage später schon verkünden die Besatzer in schwarzer Schrift auf roten Plakaten, dass sie beide Häftlinge erschossen haben, bringen die Aushänge massenhaft in den Straßen und Bahnhöfen von Paris an, in den Métro-Stationen und an Häuserwänden. Darauf betonen die Besatzer, dass einer der Getöteten jüdischer Herkunft war, um den Eindruck zu erwecken, dass Juden hinter den kommunistischen und antideutschen Aktivitäten steckten.

Daher werten es manche als Racheaktion, als Mitglieder einer kommunistischen Widerstandsgruppe am 21. August einen deutschen Marinehilfsassistenten erschießen, der an einer Métro-Station beim Montmartre in die U-Bahn steigen will. Zur Vergeltung töten die Besatzer Anfang September mehr als zwanzig Franzosen. Hitler allerdings verlangt mehr. Er fordert, dass künftig für jeden toten Deutschen mindestens hundert Franzosen sterben müssen. Alle inhaftierten Franzosen gelten fortan als Geiseln, die jederzeit erschossen werden können. Für jeden einzelnen Gefangenen wird ab sofort ein Fragebogen ausgefüllt, mit Adresse und Beruf, Datum der Festnahme und politischer Betätigung. Auf einem gesonderten Blatt führen die Besatzer Gründe auf, warum sich ein Inhaftierter besonders gut für eine Exekution eignet.

Im Herbst gelingt es der Abwehr, dem Geheimdienst der Militärbefehlshaber, ein Netzwerk der französischen Résistance zu infiltrieren. Die Widerstandskämpfer, so finden sie heraus, sollen Informationen zu deutschen Militäreinrichtungen über die britische Botschaft in Lissabon nach London weiterleiten. Auf dem gleichen Weg sollen sie Instruktionen für Sabotageakte gegen die Besatzer erhalten. Doch gelingt es der Abwehr, den Informationsfluss zu beschränken, Sabotageakte zu verhindern, gleichzeitig aber vieles über die Mitglieder des Netzwerks und ihre Absichten zu erfahren. Am 9. Oktober beginnen die Deutschen eine Razzia ungeahnten Ausmaßes, an der alle Einheiten der Geheimen Feldpolizei in Frankreich und Belgien beteiligt sind. Innerhalb weniger Tage werden 962 Menschen verhaftet.

Inmitten dieser groß angelegten Aktion werden am 10. und 11. Oktober auch vier Mitglieder der Akademie der Wissenschaften inhaftiert. Ihre Labore und Häuser werden durchsucht. Zwei der Verhafteten sind enge Freunde der Familie Curie, Louis Lapicque und Émile Borel. Irène und Frédéric Joliot-Curie haben jahrelang mit beiden Familien im gleichen Gebäude gewohnt, in der Nähe des Friedhofs Montparnasse in Paris.

Lapicque und Borel gehören auch zu jenem Freundeskreis, der stets die Sommermonate in der Bretagne verbringt. Louis Lapicque hatte die Halbinsel in der Bretagne entdeckt und dort 1897 oder 1898 ein Stück Land gekauft. Nach und nach kauften dann andere Intellektuellen ihre Grundstücke, auch Marie Curie. Im Jahr 1911 hatten die Borels Marie Curie sogar kurzzeitig bei sich aufgenommen, als deren Affäre mit dem Physiker Paul Langevin Wellen schlug und eine fremdenfeindliche Meute ihr eigenes Haus belagerte.

Nun also sind die prominenten Wissenschaftler in Haft und die Nachricht davon verbreitet sich schnell. Ein französischer Pädagoge notiert am 12. Oktober in seinem Tagebuch, die Gestapo – gemeint ist die Sicherheitspolizei – habe die gesamte Universität unter Verdacht gestellt. Selbst Paul Langevin, der bereits seit Monaten unter Hausarrest steht, wird in Troyes erneut verhaftet und verhört, er befürchtet, dass die Besatzer ihn als prominente Geisel erschießen werden. Nach ein paar Tagen kommt er jedoch frei.

Borel und seine Kollegen aber bleiben in Haft. Die deutschen Besatzer hoffen, von ihren elitären Gefangenen mehr über die Haltung der Pariser Wissenschaftler gegenüber den Besatzern zu erfahren. Gleichzeitig wollen die Deutschen das universitäre Milieu einschüchtern, wollen um jeden Preis vermeiden, dass es an den Universitäten am 11. November erneut zu Unruhen kommt, dem Gedenktag des Waffenstillstands von 1918.

Sie werden aber nicht verhindern können, dass die Résistance zunehmend Anschläge in Paris verübt, im November und Dezember, auf die beliebte deutsche Buchhandlung Rive Gauche an der Place de la Sorbonne, auf ein Wehrmachtskasino, auf ein von Deutschen gern aufgesuchtes Stundenhotel.

Vor allem die Verhaftung des Mathematikers Émile Borel erregt viel Aufsehen. Der 70-Jährige ist für seine politischen und wissenschaftlichen Aktivitäten bekannt, war einst Bürgermeister seines Heimatorts Saint-Affrique im Süden Frankreichs, im Jahr 1925 stieg er sogar für ein paar Monate zum Marineminister auf. Und er hatte das Institut Henri Poincaré in Paris mitbegründet, ein Zentrum führender Mathematiker und Physiker der 1930er-Jahre, darunter auch deutsche Forscher, die vor dem NS-Regime geflohen waren.

Borel gilt als vornehmer, distanzierter Mensch, trägt einen eleganten Bart und spielt in seiner Freizeit leidenschaftlich gerne Schach. Seine Frau ist eine preisgekrönte Schriftstellerin, herzlich und einfühlsam, gemeinsam haben sie 1913 die *Revue du Mois* gegründet, die zehn Jahre lang eine der führenden allgemeinen intellektuellen Zeitschriften der gemäßigten französischen Linken war.

Am 10. Oktober 1941, gegen 14 Uhr, taucht plötzlich ein deutscher Offizier beim Ehepaar Borel auf, von vier Soldaten und einem Feldwebel begleitet, so wird Borels Ehefrau sich später erinnern. Sie durchsuchen zunächst die Wohnung und nehmen drei Stunden später den Mathematiker mit. Ohne weitere Erklärung. Borels Schwager findet schließlich heraus, dass sie den Wissenschaftler ins Gefängnis von Fresnes gebracht haben, südlich von Paris. Borel darf keinen Besuch empfangen, aber die Pakete seiner Ehefrau kommen gelegentlich bei ihm an.

Borels Ehefrau ist sehr beunruhigt, vor allem auch, weil die Besatzer erneut zu drastischen Maßnahmen greifen. Nachdem am 20. Oktober ein deutscher Offizier in Nantes ermordet wird, erschießen sie zwei Tage später 48 Gefangene, veröffentlichen am Folgetag die Namen der Opfer. Ein Attentat in Bordeaux vom 21. Oktober hat ähnliche Folgen. Viele der Getöteten stammen aus dem Gefängnis, in dem die Forscher festgehalten werden.

Die Schriftstellerin hofft, dass die Akademie der Wissenschaften eine Petition für die Freilassung ihrer Mitglieder schreiben wird. Doch die Direktoren der Akademie zögern, fürchten, dass ein solcher Brief die Schließung der Institution zur Folge haben könnte. Von ihnen kann Borel keine Unterstützung erwarten.

Stattdessen erhält sie zwei Wochen später Hilfe von ungewöhnlicher Seite: Das Büro des kommandierenden Admirals der deutschen Marine in Frankreich wendet sich in einem Brief an die Heeresleitung. Die Forschungsabteilung des Marinewaffenamts würde derzeit in Paris an wichtigen Problemen der Kernphysik forschen, gemeinsam mit dem Institut Curie.

Ob die »Verfehlung der verhafteten französischen Wissenschaftler« so schwerwiegend sei, dass diese Verhaftungen nicht aufgehoben werden können, fragen die Vertreter der Marine in ihrem Schreiben nach. Der Brief mutet merkwürdig an, findet die Kernforschung doch im Collège de France statt, nicht im Institut Curie. Auch haben die verhafteten Wissenschaftler noch nie in diesem Forschungsbereich gearbeitet, die Namen von Borel und Lapicque sind im Text sogar falsch geschrieben. Vor allem aber hat die deutsche Marine bisher keinerlei Kernforschung betrieben.

Daher ist zu vermuten, dass Gentner den Brief veranlasst hat, um den Kollegen seines Freundes Joliot-Curie zu helfen. Wahrscheinlich war die Marine die einzige Anlaufstelle, die Gentner auf Anhieb finden konnte. Enorm groß ist das Risiko für ihn, erscheint das plötzliche Interesse der Seeleute an der Kernphysik doch wenig glaubwürdig. Dennoch zeigt das Schreiben zunächst Wirkung: Die vier Gefangenen werden am 13. November freigelassen, einer von ihnen hat in der Haft sieben Kilogramm abgenommen, Borel erkrankt einen Tag nach seiner Entlassung an einer Lungenentzündung.

Gerade noch rechtzeitig kommen die Forscher frei. Wenige Wochen später ordnet Hitler den Nacht-und-Nebel-Erlass an. In den besetzten Ländern sollen Gegner der Nationalsozialisten ab sofort spurlos verschwinden, über ihr Schicksal darf keinerlei Auskunft gegeben werden, auch nicht an Angehörige. Hitler will damit vermeiden, mit offiziellen Hinrichtungen Märtyrer zu schaffen. Diejenigen, die seit den Massenverhaftungen im Oktober noch in den Gefängnissen sitzen, werden nach Deutschland deportiert. Wer nicht hingerichtet wird, kommt in ein geheimes Sonderlager. Insgesamt trifft es 7000 Menschen aus Frankreich, Norwegen und den Beneluxländern.

Auch wenn die vier Wissenschaftler wieder in Freiheit sind: Die Behörden sind offensichtlich hellhörig geworden. So wundert sich ein Vertreter des Heereswaffenamts Anfang Dezember in einem geheimen Schreiben, dass sich die Marine mit kernphysikalischen Problemen befasst, wo doch seine eigene Behörde mit dieser Forschung beauftragt sei. In jedem Fall, fordert er, müsse die Zahl der mit diesen Arbeiten befassten französischen Professoren möglichst klein gehalten werden. Vertreter der deutschen Botschaft und des Sicherheitsdiensts fordern daraufhin Ende Dezember, deren Anzahl drastisch zu reduzieren. Sämtliche Professoren, die im Schreiben der Marine erwähnt waren, hätten einen sehr schlechten politischen Ruf. Gemeint sind die vier vormals inhaftierten Forscher, wie etwa Borel.

Und auf einem geheimen Brief vom Januar 1942 findet sich eine handschriftliche Notiz, die noch deutlicher wird: Ein Kriegsverwaltungsrat des Heereswaffenamts habe mündlich mitgeteilt, dass die Waffenämter des Heeres und der Marine künftig zusammenarbeiten. Die Wissenschaftler jedoch, die im Brief des kommandierenden Admirals der Marine genannt wurden, sollen künftig keinen besonderen Schutz mehr genießen.

Auch Joliot-Curie darf sich nicht mehr in Sicherheit wiegen. Zumal eine weitere Veränderung eintritt, die seine Arbeit entscheidend beeinflussen wird: Das NS-Regime verliert sein Interesse am Zyklotron, zumindest was die Kernforschung für den Uranverein angeht. Das Uranprojekt kommt nicht recht voran, unter anderem, weil nicht genug schweres Wasser zur Verfügung steht, jene wichtige Zutat, die sie für ihre Experimente brauchen.

Längst wissen die Kernphysiker, dass bei der Kernspaltung des Urans nicht nur neue chemische Elemente entstehen. Auch neue Neutronen werden freigesetzt, die wiederum neue Atomkerne spalten können. Für eine solche Kettenreaktion müssen die Wissenschaftler die neu entstehenden Neutronen jedoch verlangsamen, ausbremsen. Und dafür eignet sich schweres Wasser besonders gut, so glauben die Mitglieder des Uranvereins, ebenso wie Frédéric Joliot-Curie und seine Kollegen, als sie sich im Jahr 1940 den Vorrat der kostbaren Flüssigkeit aus Norwegen sichern.

Das schwere Wasser sei besser als Graphit, eine Form von Kohlenstoff, den die Forscher des Uranvereins zunächst als mögliche Alternative sahen. Ausgerechnet Experimente von

Walther Bothe, Gentners Chef in Heidelberg, schienen das zu belegen. Der Heidelberger Physiker untersuchte gemeinsam mit einem Kollegen, ob sich Graphit als Bremssubstanz von Kettenreaktionen eignen könnte. Dafür musste der Graphit zwei Eigenschaften haben: die bei der Kernspaltung freigesetzten Neutronen verlangsamen, aber gleichzeitig nur wenige davon absorbieren.

Bothe aber hatte in äußerst komplizierten Versuchen beobachtet, dass Graphit recht viel Neutronen absorbiert. Das Problem dabei: Sein Material war verunreinigt, reiner Kohlenstoff war zu dieser Zeit nicht zu bekommen. Seine Ergebnisse seien womöglich ungenau, die Absorptionswerte vielleicht zu hoch gegriffen, schrieb Bothe dazu. Obwohl selbst mit diesen hohen Werten Graphit als Bremssubstanz in Frage gekommen wäre, entschieden sich die Leiter des Uranvereins für das schwere Wasser.

Ein folgenschwerer Beschluss, denn Graphit wäre leicht zu beschaffen, das schwere Wasser dagegen nicht. Norsk Hydro, jene Fabrik im Vestfjord-Tal in Norwegen, kommt mit der Produktion nicht hinterher. Auf einer wissenschaftlichen Tagung im Februar 1942 werden Vertreter des Uranvereins auch deshalb zu der Auffassung kommen, dass der Bau einer Atombombe zu langwierig sei, um im Krieg eine Rolle zu spielen. Damit schwindet auch ihr Interesse an Joliot-Curies Expertise. Sein Fachwissen über den Teilchenbeschleuniger hat ihn bislang vor der Verfolgung der Besatzer bewahrt. Nun aber wendet sich das NS-Regime anderen Themen zu, ohne zu ahnen, dass die Amerikaner bereits mit aller Kraft daran arbeiten, eine solche Kernwaffe zu entwickeln.

KAPITEL 7

Die Fäden gleiten aus der Hand

Auf keinen Fall sollte Wolfgang Gentner seinen Namen nennen. Hastig und unauffällig fand die Begegnung statt, irgendwo in den Niederlanden, vermutlich in der Nähe von Utrecht. Eine junge Frau steckte rasch die Geldscheine ein, die er bei sich trug, und ging sofort ihres Weges. »Von Jaspers für Mayer« oder Ähnliches hatte Gentner ihr bei dem flüchtigen Treffen noch zugeraunt. Und gehofft, dass sie nicht beobachtet würden.

Für seinen Freund, den Philosophen Karl Jaspers, hatte sich Wolfgang Gentner bereit erklärt, von Paris aus eine Reise auf sich zu nehmen, die ihn in größte Gefahr bringen konnte. Niemand hatte ihn dazu gezwungen, niemand hatte ihn unter Druck gesetzt, und doch hatte er sich dafür entschieden. Würden die Nationalsozialisten erfahren, was er getan hatte, würde er sicher verhaftet, in ein Lager deportiert oder erschossen. Das wusste Gentner. Juden zu helfen, die sich vor dem deutschen Terror versteckten, war hochriskant.

Und doch wird ein Freund und Kollege die Reise später in einer Hommage auf Gentner mit nur einem einzigen nüchternen Satz erwähnen: Zu Kriegszeiten habe Gentner Karl Jaspers in einer »wichtigen Angelegenheit« geholfen. Die Gefahr, die Angst, der Mut, zusammengepresst in kargen Worten, wie es so oft später, in den Nachkriegsjahren, üblich war.

Gentner und Jaspers waren Vertraute geworden, in den Jahren nach der Machtergreifung Hitlers, als NS-getreue Kollegen in Heidelberg die »deutsche Physik« propagierten und gegen Einsteins Relativitätstheorie hetzten. Der Philosoph und Psychiater wurde zum väterlichen Freund, bei dem Gentner in Heidelberg gern auf einen Sprung vorbeiging, um sich Rat zu holen, in jenen schönen Altbau in Rot und Weiß in der Plöck 66, einer schmalen Straße unweit der Peterskirche, mitten in der Innenstadt.

Jaspers war mit seinem Werk *Allgemeine Psychopathologie* im Jahr 1913 weltberühmt geworden, arbeitete als Professor für Philosophie an der Universität Heidelberg, bis ihn die Nationalsozialisten im Jahr 1937 zwangspensionierten, weil er mit einer jüdischen Frau verheiratet war.

Seinem Schwager, dem jüdischen Arzt Ernst Mayer, soll Gentner helfen. Mayer und Jaspers hatten beide in Heidelberg Medizin studiert und sich auf Anhieb geschätzt und vertraut. Die Freundschaft wird ihr gesamtes Leben überdauern, obwohl sie nie wieder am selben Ort wohnen werden. »Meinem Freunde, dem Arzte Ernst Mayer, danke ich seit unserer Studentenzeit eine Gemeinsamkeit des Philosophierens«, schreibt Jaspers im Vorwort seines dreibändigen Werks *Philosophie.* In seinem Buch *Schicksal und Wille* geht Jaspers so weit zu erklären, dass sein Hauptwerk ohne seinen Freund so nicht denkbar gewesen wäre.

Im Gegensatz zum groß gewachsenen Jaspers ist Mayer klein und schmächtig, trägt eine kreisrunde Brille und kämmt sein dunkles, glattes Haar streng nach hinten. Schon als Kind plagen ihn Selbstzweifel, er leidet darunter, dass er im Alter von 16 Jahren noch die Statur eines Zehnjährigen hat. Er hat nur wenige Freunde, seine nicht jüdischen Mitschüler hänseln ihn, er schneidet in der Klasse schlecht ab, liest jedoch zu Hause Schiller und Goethe, Shakespeare und auch philosophische Texte.

Früh spürt Mayer, dass ihnen dunkle Zeiten drohen. Im Sommer 1933 ahnt er schon, was viele sich noch nicht ausmalen können: »Man wird uns Juden eines Tages in Baracken bringen und die Baracken anzünden.« Nach der Machtübernahme gerät Jaspers unter Druck, sich von seiner jüdischen Frau scheiden zu lassen. Solche »Mischehen« sind nicht gern gesehen, ab 1935 ist die Heirat nicht jüdischer Menschen mit Juden sogar verboten. Der Philosoph aber weigert sich, sich von seiner Frau zu trennen, anders als viele andere Deutschen in jener Zeit. Das Ehepaar bleibt in Heidelberg, lebt jedoch in steter Angst, deportiert zu werden.

Ernst Mayer dagegen flieht mit seiner Familie in die Niederlande, kann seine Frau und seine Kinder jedoch bald nicht mehr ernähren. Die Mayers sind davon abhängig, dass ihnen Freunde aushelfen. Gentner soll ihm daher Geld bringen, Geld von Karl Jaspers.

Gentner muss allerdings zusehen, dass er die Reise für seinen Freund schnell hinter sich bringt. Seine Tage in Paris sind gezählt, das ahnt er bereits im Jahr 1941. Noch hält er viele Fäden in der Hand, noch kann er sich um Frédéric Joliot-Curie und Kollegen am Collège de France kümmern und sogar dafür sorgen, dass französische Physiker als Kriegsgefangene in einem Forschungslabor in Berlin unterkommen.

Doch werden ihm die Fäden allmählich entgleiten, nach einem Aufenthalt in Heidelberg heißt es zunächst, dass er seinen Pass nicht zurückbekommt und nicht nach Frankreich zurückkehren kann. Daraufhin begibt sich Gentner nach Berlin und trifft dort General Schumann, jenen Leiter der Forschungsabteilung des Heereswaffenamts, der so gern Militärmärsche komponiert.

In einer langen Diskussion über den Stand der Wissenschaft legt Gentner dar, dass ihm die Amerikaner in ihrer Forschung viel intelligenter und aktiver erscheinen als die Deutschen. Alarmiert erlaubt ihm Schumann, seine Arbeit am Zyklotron in Paris fortzusetzen. Nun kann er seinen Ausflug in die Niederlande planen, im Auftrag von Karl Jaspers. Sollte etwas schiefgehen, muss Gentner um seine Familie nicht fürchten, immerhin, seine Ehefrau und seine Kinder sind inzwischen bei Verwandten in der Schweiz untergekommen.

Gentner reist also von Frankreich aus in die Niederlande, um eine ihm unbekannte junge Frau für die heimliche Übergabe zu treffen. Aat Zeegerman heißt die Fremde, eine redselige, selbstbewusste, große Frau, die in einem Antiquariat in Den Haag arbeitet. Der Laden gehört einem Cousin von Ernst Mayer, der im Jahr 1933 von Berlin in die Niederlande umgezogen ist und dem es gelingt, einen Großteil seiner Bücher mitzunehmen und damit das Vermögen vieler seiner Bekannten zu retten, die in der Finanzkrise in die teuren Bände investiert haben.

Mayer hat nach seinem Medizinstudium eine Praxis in Berlin-Steglitz eröffnet, seine Frau hilft ihm bei der Arbeit. Doch der neue Propagandaminister Joseph Goebbels verkündet kurz nach der Machtergreifung Hitlers, dass er vor jeder jüdischen Arztpraxis einen SA-Mann postieren wird, um den Patienten den Zutritt zu verwehren. Die Familie Mayer verlässt heimlich ihre Wohnung, versteckt sich bei Bekannten und nimmt einen Nachtzug in die Niederlande. Das Ehepaar und der Sohn kommen bei Mayers Cousin unter, dem Buchhändler.

In den Niederlanden kann der Mediziner jedoch nicht arbeiten, sein Arztdiplom wird nicht anerkannt, und er fühlt sich mit seinen 50 Jahren zu alt, um alle Prüfungen erneut abzulegen. Daher kehrt er nach sieben Wochen allein nach Berlin zurück. Er hat aber nur wenig zu tun, seine früheren Patienten weichen auf andere, nicht jüdische Praxen aus, nur mit Hausbesuchen in einem Heim kann er noch Geld verdienen. Mayer spürt die wachsende Bedrohung, im Jahr 1935 verliert er seine deutsche Staatsbürgerschaft, er harrt aber noch aus, besorgt sich Gift, um seinem Leben im Notfall schnell ein Ende zu setzen.

Drei Jahre später wird jüdischen Ärzten verboten, ihren Beruf weiter auszuüben, ebenso wie auch Geschäftsleuten und Rechtsanwälten. Daher entschließt sich Mayer im Oktober 1938 dazu, nun endgültig seiner Familie in die Niederlande zu folgen.

Vor seiner Abreise schreibt er einen letzten Brief an Karl Jaspers, in einem Nachsatz erwähnt er, dass er sich um die »morgige Klassenarbeit« kümmern muss. Was er wohl meint, ist seine Flucht, geplant für den 26. Oktober 1938.

An einer Straßenecke in Köln ist er mit seinem Fluchthelfer verabredet. Er findet ihn jedoch nicht, wartet in einem Auto. Vergeblich. Er muss nach Berlin zurückkehren, ohne zu wissen, was schiefgelaufen ist. Er fürchtet zunächst, dass er denunziert wurde. Dunkle Tage erwarten ihn, er weiß vor Angst nicht ein oder aus. Doch zu seiner Verwunderung klopft niemand an seiner Wohnungstür, niemand verhört ihn, niemand nimmt ihn in Haft.

Was aber, wenn sich keine neue Möglichkeit bietet, aus Deutschland zu fliehen? Jüdische Mitbürger werden hier längst auf offener Straße beschimpft, werden grundlos misshandelt, verhaftet, deportiert. Von den Nationalsozialisten angefacht, entlädt sich die in allen Ecken schwelende Gewalt in der Nacht vom 9. auf den 10. November, in der vermutlich nur wenige Menschen in Berlin ruhig schlafen können. Männer der SS und der SA ziehen durch die Straßen der Hauptstadt. Sie stecken Synagogen in Brand oder verwüsten sie, brechen jüdische Wohnungen auf, zerschlitzen dort Sessel, Betten, Sofas, verbrennen Bücher. Sie plündern jüdische Geschäfte, beschmieren die Hausfassaden, schlagen die Schaufenster ein, werfen Tische, Stühle und Kommoden auf die Straße. In ganz Deutschland werden rund 100 Juden in dieser Nacht ermordet, zahllose andere gequält und vergewaltigt, etwa 30 000 Juden verhaftet und in Konzentrationslager verschleppt. Ernst Mayer sitzt mitten in Berlin und sieht zunächst keine Möglichkeit zu entkommen.

Einen Monat nach seinem ersten Fluchtversuch findet er sich wieder in Köln ein. Es stellt sich heraus, dass sein Helfer beim ersten Mal an einer anderen Straßenecke gewartet hat und sie sich deswegen verpasst haben. Nun aber gelingt die Flucht, am 30. November kommt er in den Niederlanden an, er ist das letzte Stück zu Fuß über die grüne Grenze gelaufen.

Er kommt erneut bei seinem Cousin unter, dem Inhaber des Antiquariats. Dort sieht er seine Ehefrau und seinen Sohn wieder, sie wohnen in einem geräumigen Haus in Wassenaar, einem Vorort von Den Haag. Villen und Landhäuser säumen den Ortsrand, Menschen aus den Großstädten verbringen hier ihre Wochenenden oder den Sommer, um sich zu erholen. Im

Schloss Oud-Wassenaar, einem prächtigen Gebäude mit Stufengiebeln und verspielten, spitz zulaufenden Türmen, werden später prominente Gäste der deutschen Besatzer logieren.

Nur kurz können die Mayers die gemeinsame Zeit genießen; Ernst Mayer wird wegen seiner illegalen Einreise in die Niederlande nicht einmal einen Monat später verhaftet und in ein ehemaliges Kloster südlich von Utrecht gebracht. Alle Flüchtlinge aus Deutschland und Österreich müssen ihren Alltag in solchen Auffanglagern fristen, später kommen sie alle gemeinsam auf dem neuen Gelände in Westerbork unter, südlich der Stadt Groningen. Von hier aus werden die Inhaftierten nach der Invasion der Deutschen in Vernichtungslager abtransportiert.

Doch Mayer hat Glück. Die Bibliothekarin Aat Zeegerman, der Gentner später bei der Geldübergabe begegnen wird, bittet ihren Onkel um Hilfe. Der ist ein berühmter Schriftsteller und Abgeordneter der sozialdemokratischen Partei im niederländischen Parlament. Der Onkel setzt sich beim Justizminister dafür ein, dass Mayer freigelassen wird. Mit Erfolg: Anfang 1939 darf der Berliner Arzt nach Wassenaar zurückkehren.

Die Mayers hatten gehofft, niemals mehr Hakenkreuzfahnen zu sehen, niemals mehr die verhassten Uniformen der SA und SS zu erblicken. Doch müssen sie bald miterleben, wie die Wehrmacht ab dem 10. Mai 1940 die Niederlande überfällt. Nach wenigen Tagen schon kapituliert die Regierung. Und den Mayers geht allmählich das Geld aus, ausgerechnet zu einer Zeit, als es für sie als Juden gefährlich wird.

Im Februar 1941 werden einige Hundert Juden aus Amsterdam verschleppt, ab dem Sommer wollen die neuen Besatzer die gesamte jüdische Bevölkerung der Niederlande in Vernichtungslager bringen. Die Mayers brauchen also dringend ein Versteck. Aber wohin sollen sie gehen? Sie kommen schließlich bei einer etwa 45-jährigen Frau in Utrecht unter, einer humorvollen, klugen Person, die in einem zweistöckigen Backstein-Reihenhaus wohnt, hinter Fenstern mit Tüllgardinen.

Im Falle einer Razzia würden sich Ernst Mayer und seine Frau im hinteren Teil eines Wandschranks verstecken, ihr Sohn in einen Kellerraum kriechen, so haben sie es besprochen. Von August 1942 an verbringen sie ihr Leben in diesem Haus, bis zu ihrer Befreiung im Mai 1945. Und Aat Zeegerman bringt ihnen in all den Jahren Lebensmittel – und Geld von Freunden, die aushelfen, ähnlich wie zuvor Karl Jaspers über den Mittelsmann Wolfgang Gentner.

Dass sich die Situation auch für Juden in Deutschland zuspitzt, erfährt der Physiker bei seinen Besuchen in Heidelberg. Jaspers weigert sich weiterhin, sich von seiner jüdischen Ehefrau zu trennen. Er möchte seine Heimat verlassen, hat jedoch das Angebot eines französischen Kollegen aus Paris im Jahr 1939 abgelehnt, auch weil er kein Französisch spricht. Zürich und Istanbul, Oxford und Princeton sind im Gespräch. Im Jahr 1941 schließlich erreicht ihn ein Angebot aus Basel, das er annehmen will.

Das Reichserziehungsministerium bewilligt jedoch nur seinen eigenen Reiseantrag in die Schweiz, eine Ausreise seiner jüdischen Frau sei »nach Lage der Dinge undurchführbar«. Ohne sie will Jaspers aber nicht gehen. Daher harren beide weiter in Heidelberg aus, wie in einer Falle, die jederzeit zuschnappen kann. Das Ehepaar beschließt, sich das Leben zu nehmen, falls es verhaftet wird, ein befreundeter Arzt hat ihnen Zyankali verschafft. Im März 1945 wird Jaspers erfahren, dass beide am 14. April deportiert werden sollen. Zwei Wochen vor dem Termin wird die US-Armee Heidelberg vom NS-Terror befreien.

Die Ängste seines väterlichen Freundes wird Gentner miterleben, ihn verschlägt es von Paris aus immer wieder nach Deutschland. Er erfährt auch, wie schwierig die Arbeitsbedingungen seines Chefs sind, Walther Bothe arbeitet unter den Augen NS-getreuer Forscher der nah gelegenen Universität. Gentner besucht Bothe regelmäßig, um ihm über die Fortschritte am Zyklotron zu berichten, jenem Teilchenbeschleuniger, der für die Kernforschung so bedeutsam ist.

Manchmal reist er zudem nach Berlin, um das Heereswaffenamt über seine Zusammenarbeit mit Frédéric Joliot-Curie zu unterrichten. Oder er spricht beim Springer-Verlag vor, um geplante Publikationen zu besprechen. Im November 1941 zum Beispiel möchte er mit dem zuständigen Wissenschaftsberater über einen Atlas sprechen, den er mit zwei Kollegen veröffentlicht hat, ein Fachbuch mit Nebelkammerbildern. In einer Nebelkammer lassen sich Spuren radioaktiven Materials sichtbar machen, jene Teilchen, die beim Zerfall radioaktiver Atomkerne frei werden. Nun will er den Kollegen beim Springer-Verlag davon überzeugen, den Atlas in Frankreich zu veröffentlichen.

Er weiß auch bereits, wer die Übersetzung vornehmen kann. Zwei französische Physiker, die in deutsche Kriegsgefangenschaft geraten sind, sollen die Aufgabe übernehmen. Henri Piatier und Charles Peyrou waren in Paris im Labor eines Kernphysikers tätig, bevor sie in den Krieg ziehen mussten. Ihr Chef ist ein langjähriger Freund der Joliot-Curies. Gemeinsam mit den Kollegen hofft Gentner, die jungen Kriegsgefangenen für die geplante Übersetzung nach Paris holen zu können.

Für Henri Piatier und Charles Peyrou steht die Zeit still, seit die Wehrmacht sie im Juni 1940 gefangen genommen hat. Piatier war Lieutenant der Kavallerie, als Frankreich Hitler den

Krieg erklärt hatte, im Herbst 1939. Der komische Sitzkrieg begann, die *drôle de guerre,* beide Seiten harrten monatelang aus, ohne dass größere Feindseligkeiten aufkamen. Mit seiner braven Stute Mareudeuse war Piatier mit den anderen Soldaten nach Pont-à-Mousson gezogen, ein kleiner Ort zwischen Metz und Nancy, im Osten Frankreichs, nahe der deutschen Grenze. Die französischen Soldaten schossen gelegentlich auf die Gegenseite, manchmal kam eine Antwort von den Deutschen, ohne dass wirklich die Gefahr bestand, dass irgendjemand verletzt würde.

Das ändert sich schlagartig, als die Invasion der Deutschen am 10. Mai 1940 beginnt. Die französischen Truppen müssen sich rasch Richtung Paris zurückziehen. Ihnen geht das Essen aus, sie erlegen Tauben, um etwas im Magen zu haben. Bald darauf wird Piatiers Stute bei einem Angriff von Sturmkampfflugzeugen verletzt, er muss ihr den Gnadenschuss geben. Piatier schiebt einen verletzten Offizier in einer Schubkarre auf einen Bauernhof, an dem sie vorbeikommen. Zunächst wollen die Bewohner den verwundeten Mann nicht versorgen, sie fürchten, die Deutschen würden sie umbringen, wenn sie ihn hier finden, wehren sie ab. Doch Piatier erwidert nur trocken, dass er die Bauern auf der Stelle erschießen wird, wenn sie sich weigern, den Offizier aufzunehmen.

Die Soldaten lassen ihre Munition, ihre Kanone zurück, marschieren mehrere Nächte lang, immer weiter auf der Flucht vor den Deutschen, Richtung Paris. Sie machen gerade Rast in einer Schule, als Piatier die Motorengeräusche deutscher Militärfahrzeuge hört. Er will noch schießen, sich verteidigen, doch es ist zwecklos, die Deutschen sind in der Übermacht.

Am 16. Juni 1940 nimmt ihn die Truppe des Generals Heinz Guderian fest, in Chaource, südlich der Kleinstadt Troyes, in der Paul Langevin später unter Hausarrest leben wird. Guderian war gelungen, was andere nicht für möglich gehalten hatten: Gemeinsam mit anderen Divisionen hatte er mit seinen Panzern die dicht bewaldeten Ardennen überwunden und die französische Armee mit seinem Vorstoß völlig überrumpelt. Was Frédéric Joliot-Curie und seinen Laborleiter Henri Moureu dazu veranlasste, ihren Vorrat an schwerem Wasser und Uran schleunigst in Sicherheit zu bringen.

Guderian ist ein fanatischer Anhänger Hitlers. »Es gibt keine Zukunft des Reiches ohne den Nationalsozialismus. Deshalb stelle Dich bedingungslos vor das nationalsozialistische Reich«, wird er im August 1944 in einem Befehl an alle Generalstabsoffiziere schreiben, obwohl der Krieg für die Deutschen längst verloren ist. Piatier fällt bei seiner Gefangennahme auf, wie sauber und frisch rasiert die deutschen Soldaten daherkommen, seine Kameraden dagegen sind nach den langen Nachtmärschen völlig verdreckt.

Zunächst will sich Piatier nicht mit seiner Gefangennahme abfinden. Er flieht, versucht, sich zu verstecken, doch niemand in der Umgebung ist bereit, ihn aufzunehmen. Er wird gleich wieder geschnappt und, in einen Viehwaggon eingepfercht, in das Offizierslager XIII-A in Nürnberg gebracht. Dass es fünf Jahre dauern wird, bis er seine Freiheit wiedererlangt, kann er nicht ahnen.

Als er das Offizierslager erkundet, entdeckt er im Nachbarblock Charles Peyrou, einen Kameraden von der École polytechnique in Paris. Peyrou ist ein begnadeter Physiker, der sicher einen Nobelpreis gewonnen hätte, wäre er nur etwas fleißiger und fokussierter gewesen, davon zumindest wird Piatier lebenslang überzeugt sein. Peyrou ist ein Jahr jünger als er, ihm aber im Studium um ein Jahr voraus.

Piatier klettert über den Zaun zum Nachbarblock, die beiden Forscher tauschen sich aus, beschließen, ihrem Professor an der École polytechnique zu schreiben. Der rät ihnen, mit der Übersetzung des Fachbuchs von Wolfgang Gentner und Kollegen über die Nebelkammerbilder zu beginnen. Sie besorgen sich die deutsche Ausgabe, Peyrou versteht mehr von Physik, Piatier kann besser Deutsch, gemeinsam kommen sie mit ihrer Arbeit gut voran.

Im Frühjahr 1941 allerdings wird das Offizierslager in Nürnberg geräumt, jugoslawische Kriegsgefangene sollen dort unterkommen. Peyrou wird nach Österreich gebracht, und Piatier gerät in das Lager VI-A in Soest, Westfalen. Piatier beendet die Übersetzung allein und schickt sie an seinen Chef in Paris, in der Hoffnung, für die Fertigstellung des Buchs nach Paris zurückkehren zu dürfen. Dafür aber muss Wolfgang Gentner den Springer-Verlag in Berlin davon überzeugen, eine französische Ausgabe seines Buchs auf den Markt zu bringen.

So lange muss Piatier im neuen Lager abwarten. Laut der Genfer Konvention über die Behandlung von Kriegsgefangenen dürfen die Deutschen die inhaftierten Offiziere nicht zur Arbeit zwingen. Allerdings dürfen die Soldaten ihr Lager nicht verlassen, etwa, um einer Tätigkeit nachzugehen. Piatiers Leben findet ab sofort tagein, tagaus in einem merkwürdigen Mikrokosmos statt. Umgeben von Stacheldrahtzäunen und Wachtürmen läuft er die immer gleichen Wege entlang, sieht stets dieselben Gesichter, tritt mehrmals am Tag zu sinnlosen Appellen an. Er schläft auf einem Strohsack in einer zugigen Kaserne, sammelt oft Kartoffelschalen vom Boden und frittiert sie in Paraffinöl, um etwas im Magen zu haben.

Kulturelle Aktivitäten sollen den Kriegsgefangenen Abwechslung bringen, haben allerdings auch das Ziel, die Franzosen für die Vision eines von den Nationalsozialisten geführten Europa zu gewinnen. In den Veranstaltungen der Cercles Pétain wird der französische Maréchal verehrt, dort diskutieren die Inhaftierten zum Beispiel Aufsätze, die das Vichyregime hat drucken lassen, jene französische Regierung, die sich seit dem Waffenstillstand den deutschen Besatzern andient.

Im Offizierslager in Soest stehen viele der Offiziere im Bann des Schriftstellers und Journalisten Robert Brasillach. Vor seiner Gefangennahme war er Chefredakteur der antisemitischen Wochenzeitung *Je suis partout* in Paris, er kollaboriert willig mit den Nationalsozialisten. Der Journalist ist ein begnadeter Redner. »Er verzauberte buchstäblich seine Zuhörerschaft durch die Qualität seines Geistes und die Reinheit seiner Sprache«, wird sich ein Mitgefangener später an ihn erinnern.

Brasillach bildet den Kopf einer antisemitischen Gruppe im Lager, die den Juden die Schuld für die französische Niederlage gibt und jüdische Soldaten von den übrigen trennen will. Zu den Zimmern seiner Anhänger haben Juden keinen Zutritt. Der Kavallerie-Lieutenant Alain de Rothschild, Spross einer jüdischen Bankiersfamilie, wird sogar gedrängt, einen französischen Oberst im Lager zu fragen, ob er seine Offiziersuniform überhaupt noch tragen darf.

Im Frühjahr 1941 kommt Brasillach frei, er kann nun seine Hetze in der französischen Hauptstadt fortsetzen. In *Je suis partout* denunziert der Journalist mit seinen Kollegen sogar jüdische Einwohner, druckt deren Namen und Adressen. Die Wochenzeitung wird zum wichtigsten Blatt der NS-Kollaborateure. Später, als General Charles de Gaulle im Sommer 1944 in das befreite Paris einmarschiert, lässt er Brasillach gleich verhaften. Ein paar Monate später wird Brasillach zum Tode verurteilt, ein Gnadengesuch lehnt de Gaulle ab. Am 6. Februar 1945 wird Brasillach im Fort von Montrouge bei Paris erschossen, ihn treffen zwölf Gewehrkugeln des Hinrichtungspelotons.

Vier Jahre zuvor wird der Physiker Henri Piatier von Brasillachs Kameraden als »dreckiger kleiner Mistkerl« beschimpft, weil er sich weigert, einen Brief an Maréchal Pétain zu unterschreiben. Noch immer muss er aushalten, sich gedulden, abwarten, ob er irgendwann Antwort aus Paris erhält. Die Übersetzung des Buchs mit den Nebelkammerbildern hat er längst an seinen Professor geschickt. Es geht nichts voran, Wolfgang Gentner hat auf seiner Reise nach Berlin erfahren, dass der Springer-Verlag eine französische Ausgabe ablehnt. Schon der deutsche Atlas hat sich nicht gut verkauft.

Doch Paul Rosbaud, der wissenschaftliche Berater des Verlags, ist ein Freund Gentners – und auch er möchte den beiden jungen Forschern helfen. Im Sommer 1942, endlich, findet er einen Ausweg: Er bringt Piatier und seinen Kameraden Charles Peyrou in einem Forschungslabor in Berlin unter, bei der Firma Osram, die vor Kriegsbeginn vor allem für ihre Glühbirnen bekannt war. Die jungen Franzosen arbeiten von nun an unter der Leitung eines Physikers, der ihnen sofort anvertraut, wie sehr er die Nationalsozialisten verabscheut. In Berlin-Friedrichshain nehmen Piatier und Peyrou ihre Forschung auf, ein deutscher Soldat wird sie dorthin begleiten.

Peyrou und Piatier kommen in einem großen Haus am Spreeufer unter, sie vermuten, dass es vorher einer jüdischen Familie gehörte, die Deutschland verlassen hat oder den Nationalsozialisten in die Hände gefallen ist. Die beiden Physiker verstehen sich gut, Charles Peyrou plaudert gern, ist gesellig und heiter, wird in Berlin seine künftige Frau kennenlernen. Piatier weiß seine Mitmenschen zu umgarnen, ist ein groß gewachsener Charmeur mit schönen blauen Augen, hellbraunem Haar und einer prominenten Nase.

Sie teilen ihre neue Unterkunft mit Ingenieuren, Bibliothekaren und auch einem Experten für griechische und etruskische Vasen, der vor Kriegsbeginn im Louvre-Museum in Paris tätig war. Er soll sich darum kümmern, wie die Schätze der Berliner Museen im Krieg sicher verwahrt werden können. Allerdings wird er nicht lange bei ihnen wohnen. In seinem Büro hat er ein Porträt Hitlers so umgedreht, dass der Führer mit dem Gesicht zur Wand blicken muss. Daraufhin schicken die Deutschen ihn zurück in sein Kriegsgefangenenlager.

Gentner sieht nach Piatier und Peyrou, wenn er von Paris aus nach Berlin reist. Längst haben sie sich angefreundet. Auch mit dem Kollegen vom Springer-Verlag trifft er sich dann, Paul Rosbaud zählt den Physiker zu seinen wichtigsten Verbündeten in jener schwierigen Zeit. Rosbaud nämlich ist Gegner des NS-Regimes, mit einer Jüdin verheiratet, die er im Jahr 1938 nach London gebracht hat, gemeinsam mit ihrer Tochter. »Er war der lebende Beweis dafür, dass es möglich war zu überleben, ohne den Nazis auch nur das geringste Zugeständnis zu machen«, wird ein niederländischer Physiker nach dem Krieg über Rosbaud berichten. Nie habe er den Hitlergruß gezeigt oder eine Nazifahne ausgerollt.

Rosbaud hat mit dem Laborleiter der Firma Osram vereinbart, dass Peyrou und Piatier zur Lumineszenz verschiedener Substanzen forschen sollen, zur Emission von Licht also, zum Beispiel als Ergebnis einer chemischen Reaktion. Endlich können sie wieder arbeiten, fassen schnell Vertrauen zu ihrem neuen Chef und seinen Mitarbeitern.

Piatier und Peyrou gelangen zu einer Zeit nach Berlin, als der Glaube an den Triumph der Deutschen kräftig zu bröckeln beginnt. Die Schlacht der 6. Armee der Wehrmacht um die sowjetische Stadt Stalingrad hat ihren Anfang genommen. Nachdem die deutschen Soldaten zunächst 90 Prozent der Metropole erobern, finden sie sich plötzlich eingekesselt wieder, monatelang. Zehntausende von ihnen sterben. Die überlebenden, halb verhungerten Militärs ergeben sich am 2. Februar 1943, 91 000 von ihnen geraten in sowjetische Gefangenschaft.

Hitlers Entourage jedoch versucht, die Niederlage als Heldenepos zu verkaufen, wenige Tage später verkündet Propagandaminister Goebbels im Berliner Sportpalast den »totalen Krieg«. Er erinnert daran, dass Hitler für den »Endsieg« nun an allen Fronten des Deutschen Reichs Nachschub braucht, die gesamte Bevölkerung soll für den Krieg mobilisiert werden. Daher stehen keine Soldaten mehr bereit, um die beiden Kriegsgefangenen in Berlin zu bewachen. Piatier und Peyrou werden Mitte März 1943 für drei Wochen auf Heimaturlaub nach Frankreich geschickt.

Endlich, nach fast drei Jahren, dürfen Piatier und Peyrou ihre Familien wiedersehen. Was, wenn sie einfach in der Heimat bleiben, nicht mehr nach Berlin zurückkehren? Die Versuchung ist groß, Peyrou kommt aus einem Ort nahe der spanischen Grenze und überlegt, über die Pyrenäen zu fliehen. Piatier trifft seinen Bruder, der in Frankreich in der Résistance aktiv ist und ihn zu überreden versucht, seiner Widerstandsgruppe beizutreten.

Piatier verlängert seinen Urlaub, heiratet seine Freundin, meldet sich krank. Doch schließlich muss er sich eingestehen, dass die beiden Physiker nicht nur ihre Familien in Gefahr bringen, wenn sie ihre Rückreise nicht antreten. Auch würden sie dem Laborleiter bei Osram, dem Springer-Mitarbeiter Rosbaud und Gentner große Probleme bereiten.

Piatier und Peyrou nehmen also den Zug zurück nach Berlin, treffen wieder auf Paul Rosbaud, den Berater des Springer-Verlags, mit dem sie an den Wochenenden gemeinsam in den Wäldern rund um Berlin spazieren oder in den Seen baden gehen. Bald lernen sie auch seine Freundin kennen, Rosbauds Ehefrau lebt weiterhin in London. Im Jahr 1927 war seine Freundin deutsche Meisterin im Kugelstoßen geworden und hatte gleich mehrere Weltrekorde aufgestellt.

Seit der Machtübernahme Hitlers allerdings weigert sich die Sportlerin, irgendwelchen NS-Organisationen beizutreten. »Sie hat mich stets ermutigt und mir geholfen«, wird Paul Rosbaud nach dem Krieg über seine Freundin berichten. Sie sorgt zum Beispiel für halb verhungerte Kriegsgefangene und Zwangsarbeiter, beschafft ihnen Essen, Zigaretten, Medikamente. Und sie bringt Soldaten bei, ihre Stümpfe zu gebrauchen, wenn sie Arme oder Beine verloren haben.

Rosbauds Freundin kümmert sich auch um ihre eigene Schwester, Hilde Benjamin. Deren Ehemann gilt als einer der führenden Köpfe des Widerstands in Berlin. Er wird mehrfach festgenommen, verbringt ab dem Jahr 1936 sechs Jahre im Gefängnis, gerät danach in das Arbeitserziehungslager Wuhlheide in Berlin. Dort müssen Häftlinge unter Prügelstrafe schwerste Zwangsarbeit verrichten.

Rosbaud und seine Freundin verkleiden sich als Arbeiter, bringen dem inhaftierten Ehemann heimlich Lebensmittel und bestechen die Wachen, damit er im Lager mehr zu essen bekommt. Viele der Arbeiter leiden an Hungerödemen, auch der Ehegatte muss dringend zu Kräften kommen. Ein paar Wochen später bringen ihn die Deutschen allerdings in das Konzentrationslager Mauthausen. Dort stirbt er, womöglich wurde er erschlagen.

Seine Ehefrau Hilde, eine überzeugte Kommunistin, wird nach Ende des Zweiten Weltkriegs ihren Beruf als Juristin wieder aufnehmen und zur Vizepräsidentin des Obersten Gerichts der DDR aufsteigen. Wegen ihrer Schauprozesse und Todesurteile wird sie weltweit als »rote Hilde« bekannt.

Ab dem Sommer 1943 gehen Spreng- und Brandbomben der Alliierten auf die deutsche Hauptstadt nieder, auch der Springer-Verlag in der Linkstraße wird getroffen. Was Rosbaud ausnutzt, um französischen Deportierten zu helfen. Er fordert einen Trupp Gefangener aus dem Konzentrationslager Oranienburg an, um den Schutt zu beseitigen. Den KZ-Insassen stecken Rosbaud und Piatier dann heimlich Lebensmittel zu. Piatier und Peyrou erhalten regelmäßig Pakete von ihren Eltern, mit Butter und Zucker, Schokolade und Kuchen, Sardinen und Pasteten.

Mit einer seltsamen Mischung aus Angst und Freude erlebt Piatier die Luftangriffe, die sein Leben und das seines französischen Kollegen mächtig durcheinanderbringen. Der Laborleiter der Firma Osram beschließt nämlich, seine Arbeit in die Gegend von Heidelberg zu verlegen. Dorthin aber dürfen Piatier und Peyrou ihm nicht folgen. Auch ihr Vermieter verlässt Berlin, sein Nachfolger, ein fanatischer Anhänger Hitlers, will sie nicht in der Wohnung haben. Mit einem Schlag haben sie ihre Arbeit und ihren Unterschlupf verloren.

Mithilfe Rosbauds können die beiden Physiker schließlich im Labor eines russischen Genetikers arbeiten, in Berlin-Buch. Peyrou kommt direkt am Forschungsinstitut unter, Piatier dagegen wohnt bei Paul Rosbaud in Teltow, etwa 15 Kilometer südwestlich von Berlin. Er muss nun jeden Tag eine Stunde lang zur Arbeit fahren, mit der S-Bahn quer durch Berlin.

Es dauert nicht lange, bis Piatier gemeinsam mit Rosbaud erste Sabotage-Aktionen plant. So übergibt er französischen

Kriegsgefangenen aus einem Lager in der Nähe von Teltow ein Fläschchen mit heller Flüssigkeit. Ein chloriertes Lösungsmittel. Das sollen sie heimlich in die Tanks jener Lastwagen kippen, die sie für die Wehrmacht warten. Fahren die Transporter erst einmal los, wird der Motor komplett zerstört.

Noch größer ist der Schaden, den ein Techniker der Telefunken-Fabrik in Berlin zufügt. Der Franzose ist über den *service du travail obligatoire,* den Pflichtarbeitsdienst, in die Hauptstadt gekommen. Per Gesetz hatte die Vichyregierung ab 1943 junge Männer der Geburtenjahrgänge 1920 bis 1922 gezwungen, für zwei Jahre in Deutschland zu arbeiten. Piatier und Rosbaud überreden den Techniker, nach Dienstschluss heimlich im Telefunken-Werk eine Leitung für Druckluft mit einer anderen für Gas zu verbinden. Als die Fabrik in der Folgenacht von englischen Bomben getroffen wird, fliegt das ganze Werk in die Luft.

Mitten in Berlin, umringt von NS-treuen Forschern, kommt ihnen niemand auf die Schliche. Was vermutlich daran liegt, dass der Mitarbeiter des Springer-Verlags sich mit der Aura eines sehr freundlichen, aber ineffizienten und etwas verwirrten Österreichers umgibt. Oft lachen Piatier und Rosbaud über ihre geheimen Aktivitäten. »Ich bin dankbar, in Piatier einen so tapferen Verbündeten gefunden zu haben«, wird Rosbaud später über den französischen Physiker schreiben. Und dass die Freundschaft mit diesem »Ritter ohne Furcht und Tadel« das Einzige gewesen sei, das er Hitler zu verdanken habe.

Für Piatier sind die Jahre in Berlin wie ein großes Abenteuer, zum Beispiel, als er einen ganzen Schinken ergattert, den ein Freund aus einem Schlachthof gestohlen hat. Mit dem kostbaren Stück unter seiner Jacke fährt er in der S-Bahn quer durch Berlin. Ihm droht die Todesstrafe, falls er entdeckt wird. Doch niemand hält ihn auf, sodass Rosbaud ein Viertel des Schinkens zu einem hohen Preis an einen der Direktoren des Springer-Verlags verkaufen kann. Von dem Erlös können sich die Freunde wochenlang Nahrungsmittel kaufen.

Der junge Kriegsgefangene empfindet keine Angst, womöglich will er nicht wahrhaben, wie gefährlich seine Aktionen sind. Henri Piatier, der in späteren Jahren auch depressive Phasen durchleben wird, wird stets mit leuchtenden Augen von seiner Zeit in Berlin erzählen. Erst nach seiner Rückkehr nach Frankreich im Juni 1945 wird er erfahren, dass er in einem Netzwerk der Résistance als Mitglied geführt wurde, wegen seiner Aktivitäten in Deutschland.

Im August 1943 zum Beispiel lädt Rosbaud den Physiker und Mathematiker Pascual Jordan zum Essen ein. In den 1920er-Jahren hat Jordan zu den Wunderkindern der Physik gehört, gemeinsam mit Werner Heisenberg, der zu Kriegszeiten zu einem der führenden Köpfe des Uranvereins heranwächst, zum Bau einer deutschen Atombombe. Jordan hat dazu beigetragen, die Grundgesetze der Quantenmechanik erstmals mathematisch konsistent zu formulieren, auch gilt er als Pionier der Quantenfeldtheorie, in der die spezielle Relativitätstheorie mit der Quantenphysik vereint wurde.

Ein brillanter Kopf also, der allerdings unter Pseudonym rechtsnationale Schriften veröffentlicht hat, bereits drei Jahre vor der Machtergreifung Hitlers. In seinen Artikeln wird deutlich, wie sehr er der Weimarer Republik und der Demokratie an sich misstraut. Auch bedauert er darin, dass Deutschland nach dem Ersten Weltkrieg seine politische und militärische Macht eingebüßt hat. Eine Haltung, die damals viele Anhänger des konservativen Bildungsbürgertums teilen.

Im Mai 1933 tritt er der NSDAP bei, schließt sich sogar der Sturmabteilung SA an und zieht mit seiner Mannschaft durch

Rostock. Er gilt als diensteifrig und kameradschaftlich, ist beliebt unter den SA-Männern. Kurz darauf beginnt er unter seinem echten Namen eine Serie von Artikeln zu schreiben, die ebenfalls von der NS-Ideologie durchtränkt sind. Er möchte führende Parteigrößen davon überzeugen, dass die moderne Physik der Schlüssel dafür ist, künftige Kriege zu gewinnen.

Rosbaud beschreibt ihn später als fanatischen Nationalsozialisten, andere Physiker dagegen werden sich nach dem Krieg für ihn einsetzen, argumentieren, dass er nur Mitglied der Partei wurde, um die theoretische Physik innerhalb des Systems zu verteidigen. Auch Wolfgang Gentner wird sich später für ihn aussprechen, ihn sogar nach dem Krieg an sein Institut nach Freiburg holen. Vielleicht, weil sie sich schon lange persönlich kannten, vielleicht, weil es nach dem Sieg der Alliierten in der Physik an herausragenden Köpfen mangelte.

Als Rosbaud den umstrittenen Physiker zum Abendessen empfing, war der gerade an der Heeresversuchsanstalt Peenemünde an der Ostsee tätig. Ingenieure entwickelten dort eine Fernrakete, die später als Vergeltungswaffe 2 bekannt werden sollte, kurz V2. Im Hause des Springer-Beraters setzte Jordan sogleich an, mit der angeblich überlegenen deutschen Wissenschaft und Technik zu prahlen. Doch stotterte der Forscher im Alltag so sehr, dass er kaum zu verstehen war. Wie sie ihn zum Reden kriegen würden, wusste der Springer-Mitarbeiter aber genau: Nach einigen Drinks umschmeichelte ihn die Freundin Rosbauds so ausgiebig, dass er ihnen alles über die geheimen Entwicklungen in Peenemünde erzählte. Und Piatier machte sich fleißig Notizen.

Zwei Tage später konnte er die Informationen weitergeben, als ihn ein Mitglied des Netzwerks seines Bruders besuchte. Über Rosbaud gelangten die geheimen Angaben auch zu den

Briten. Am 17. August 1943 warfen mehr als 500 Flugzeuge der Royal Air Force mehr als 1500 Tonnen Sprengstoff und rund 260 Tonnen Brandbomben über Peenemünde ab. Ob die Informationen von Rosbaud und Piatier dabei eine Rolle spielten, konnte nie geklärt werden. In jedem Fall ist die »Operation Hydra« kein großer Erfolg, die Entwicklung der V2-Rakete ist zum Zeitpunkt des Angriffs bereits abgeschlossen, die Produktion wird anschließend in unterirdische Werke ausgelagert, in denen Zwangsarbeiter unter katastrophalen Bedingungen schuften müssen.

Wusste Gentner von Rosbauds Aktivitäten? Ahnte er, dass Piatier ihm dabei half? In jedem Fall wusste er, dass beide seine Abneigung gegen das NS-Regime teilten. Darauf gründete auch ihre Freundschaft, die noch Jahrzehnte überdauern sollte. In Berlin bildeten sie alle Teil eines Forscherkreises, der nicht zögerte, sich für bedrohte Kollegen einzusetzen. Für den Physiker Fritz Houtermans zum Beispiel, der im Jahr 1940 aus der Sowjetunion nach Deutschland zurückkehrte und sogleich von der Gestapo verhaftet wurde.

Houtermans war ein Intellektueller mit Wiener Charme, der viermal heiraten wird, zweimal die gleiche Frau. Seine dritte Gattin Charlotte hatte er beim Physikstudium in Göttingen kennengelernt, auch sein Kommilitone Robert Oppenheimer soll sie umworben haben, der spätere Vater des amerikanischen Atombombenprojekts.

Im Jahr 1935 war Houtermans nach Charkow in die Ukraine ausgewandert, vom Kommunismus überzeugt. Dort allerdings verhaftete ihn der sowjetische Geheimdienst zwei Jahre später, im Rahmen der großen stalinistischen Säuberung. Einmal musste er ein Dauerverhör von elf Tagen ertragen, nahm 18 Kilogramm an Gewicht ab. International bekannte

Physiker sprachen sich für ihn aus, auch Frédéric und Irène Joliot-Curie schrieben an den Generalstaatsanwalt in Moskau, wandten sich sogar direkt an den Diktator Josef Stalin. Doch vergeblich.

Erst nach Abschluss des Hitler-Stalin-Pakts wies die Sowjetunion Houtermans nach Deutschland aus, im Jahr 1940. Dort allerdings empfing ihn die Gestapo, schließlich war er Kommunist und hatte einen jüdischen Großvater. Über einen Mitinsassen in seiner Berliner Gefängniszelle, der vor seiner Entlassung stand, ließ er einem Bekannten nur einen Satz ausrichten: »Fissel ist in Berlin!« So lautete Houtermans Spitzname.

Der Physiker und Nobelpreisträger Max von Laue hörte sogleich von Houtermans Verhaftung, konnte bewirken, dass er bald entlassen wurde. Im Juni konnte Paul Rosbaud seinen alten Freund bereits in der Haft besuchen, im Juli kam er aus dem Gefängnis frei. Er begann im Privatlabor eines Wissenschaftlers und Barons zu arbeiten. Dass Houtermans bei ihm im Labor forschte, wird der Adelige Jahre später zu den wichtigsten Ereignissen seines Lebens zählen. Zu jener Zeit arbeitete der Baron in seinem Privatlabor am Bau eines Teilchenbeschleunigers – eines Zyklotrons. Auch widmete er sich der Kernphysik und ihren Anwendungen, hoffte, sich dem deutschen Uranprojekt anschließen zu können.

Nicht lange nach seiner Ankunft in Berlin verfasste Houtermans einen Geheimbericht über die Auslösung von Kettenreaktionen, den ausgewählte deutsche Kernphysiker erhielten, jedoch kaum beachteten. Houtermans beschrieb darin, dass sich aus natürlichem Uran womöglich ein weiteres Isotop für die Kernspaltung gewinnen lässt. Uran kommt normalerweise in Form der Isotope 238 und 235 vor. Das Problem dabei: Die

235er-Variante macht nur 0,7 Prozent des natürlichen Urans aus. Aber nur sie ist mithilfe von Neutronen spaltbar und damit für die Ziele der Kernphysiker zu gebrauchen.

Nun aber beschreibt Houtermans die Möglichkeit, ein Element mit der Massenzahl 239 zu gewinnen, das ebenso wie Uran 235 eine Kettenreaktion auslösen kann. Später werden andere Physiker dieses Element Plutonium nennen. Die Amerikaner erkennen im gleichen Jahr das Potenzial des Plutoniums und entwickeln ein Verfahren, um es in größeren Mengen zu gewinnen. Houtermans findet mit seinem Geheimbericht dagegen in Deutschland kaum Gehör.

Stattdessen schicken ihn die deutschen Behörden in die Sowjetunion zurück. Direkt nach dem deutschen Überfall soll er an den Forschungsinstituten in Kiew prüfen, ob die Geräte und die Expertise vor Ort für die deutsche Kernforschung nützlich sind. Ähnlich wie Gentner in Paris stellt auch Houtermans sicher, dass die technischen Geräte vor Ort bleiben, zudem versorgt er den Direktor der Universität in Kiew und seine Familie mit Lebensmitteln.

Nach ein paar Tagen darf er die Ukraine wieder verlassen, kann seinen schwierigen Auftrag für die deutschen Besatzer abschließen, ein Einsatz zwischen zwei Fronten, für den ihn viele Kollegen später kritisieren werden.

Gentner dagegen lebt schon seit mehr als einem Jahr in seiner schwierigen Rolle, muss tagein, tagaus abwägen, welche Risiken er für sich und seine französischen Kollegen eingehen kann. Den Kriegsgefangenen in Berlin kann er helfen, kann für seinen Freund Jaspers aus Heidelberg in den Niederlanden Geld überbringen. Doch in Paris muss er machtlos miterleben, wie ein alter Freund der Joliot-Curies verhaftet wird.

Den Physiker Fernand Holweck haben die deutschen Besatzer festgenommen, er ist seit 1938 als Direktor am Nationalen Zentrum für wissenschaftliche Forschung tätig, früher war er Marie Curies persönlicher Assistent. Holweck, ein gedrungener, kleiner Mann mit Halbglatze, vollen Wangen und dezentem Schnurrbart, hat zuletzt auch für den Berufspiloten Antoine de Saint-Éxupery gearbeitet. Der hat sich mit seinem ersten Roman *Vol de nuit* bereits einen Namen gemacht, sein bekanntestes Buch *Le petit prince* wird allerdings erst 1944 erscheinen. Der Schriftsteller wird zum Patenonkel von Holwecks Tochter, die später ebenfalls Bücher schreiben wird.

Bis zum Überfall der Wehrmacht in Frankreich hatte sich Holweck kaum für Politik interessiert. Doch entwickelte er sich schnell zu einem Verehrer Charles de Gaulles, der zunächst als Colonel, dann als Brigadegeneral gegen die einfallenden Deutschen in den Krieg gezogen war. Nach dem Waffenstillstand im Sommer 1940 verließ de Gaulle Frankreich, um in England die *Forces françaises libres* zu gründen, die Streitkräfte für ein freies Frankreich.

In einer Ansprache über den Rundfunksender BBC ermahnte de Gaulle die Franzosen, die Flamme des Widerstands nie erlöschen zu lassen. Holweck folgte seinem Aufruf, schloss sich der Résistance an, half unter anderem britischen Piloten, die ins besetzte Gebiet geraten waren. Ein Angebot des Biochemikers Louis Rapkine, mit Unterstützung seines Hilfskomitees in die USA auszureisen, hatte er abgelehnt.

Nun aber muss Holweck erfahren, dass ein Mitstreiter ihn verraten hat. Jener Paul, dem er vertraute, den er glaubte zu kennen, auch wenn er nicht einmal seinen Nachnamen wusste. Das war nicht ungewöhnlich zu jener Zeit, in der Résistance sollten die Kämpfer nicht zu viel voneinander wissen, um sich im Falle einer Verhaftung nicht zu verraten. Wenig ist heute über jenen Paul bekannt, nur, dass er den Physiker Holweck dazu brachte, Stempel herzustellen, mit denen er Unterlagen fälschen konnte.

Paul nimmt noch an einer Geburtstagsfeier teil, zu Hause bei den Holwecks, am 11. Dezember 1941, einem Donnerstag. Er trinkt sogar Champagner mit seinem Gastgeber, kurz bevor Agenten der Geheimen Feldpolizei in der rue Adolphe Focillon eintreffen, einer schmalen Seitenstraße im 14. Arrondissement von Paris. Sie durchsuchen die Wohnung von Fernand Holweck, als der protestiert, überwältigen sie ihn und führen ihn vor seinen Gästen in Handschellen ab. Dass es Paul war, der ihm eine Falle gestellt hat, kann er zunächst nicht glauben.

Dabei fährt der Spitzel nach der Verhaftung Holwecks selbst zum Radium-Institut, um zwei weitere Mitarbeiter in Haft zu nehmen, einen Mechaniker und einen Chemiker. 70 Widerstandskämpfer geraten an jenem Tag in die Hände der Besatzer.

Die Geheime Feldpolizei bringt Holweck und seine beiden Kollegen in das Gefängnis La Santé, in dem auch der Physiker Paul Langevin schon in einer Einzelzelle saß, bevor er in der Kleinstadt Troyes unter Hausarrest gestellt wurde. Im Ersten Weltkrieg hat Holweck mit Langevin an der Sonartechnologie geforscht, um feindliche U-Boote zu entdecken. Nun ist Holweck dem Feind ausgeliefert.

Gleich nach der Ankunft wird Holweck von den anderen getrennt, es ist das letzte Mal, dass seine Kollegen ihn lebend sehen. Der Physiker stirbt wenige Tage nach seiner Verhaftung im Hôpital de la Pitié, einem von den Deutschen besetzten Krankenhaus in Paris. Die Untergrundzeitung *L'université libre* berichtet über seinen Tod, schreibt, dass Holweck bei seinen Verhören gefoltert worden sei.

Die deutsche Abwehrleitstelle im *Hôtel Lutetia* dagegen behauptet in einem Brief an den Rektor der Sorbonne-Universität, dass Holweck mehrfach versucht habe, sich im Gefängnis das Leben zu nehmen. Einen Hirnschaden habe er dabei erlitten und sei schließlich an Erschöpfung und einer Lungenentzündung gestorben.

Als zwei Mediziner seinen Leichnam bei der französischen Polizei untersuchen, finden sie an jedem Unterarm einen langen Hautschnitt, der mit rosa Faden genäht wurde. Am Bauch, an der Brust, den Ellenbogen finden sich grüne bis braune Verfärbungen. Die Haut der Hände ist aufgequollen, teilweise haben sich Blasen gebildet, große Hautfetzen hängen herunter. Einer der Mediziner, der mit Holweck befreundet war, notiert, dass die Hände so aussehen, als habe man sie in kochendes Wasser getaucht.

Zu Holwecks Beerdigung kommen fast 500 Menschen, der Direktor des Radium-Instituts wird in seiner Grabesrede über Holwecks »plötzliches und brutales Ableben« klagen. Irène Joliot-Curie trägt einen Blumenstrauß in den französischen Nationalfarben zum Grab, als Zeichen des Protests. Es ist der erste Wissenschaftler aus dem Freundeskreis der Joliot-Curies, der in den Händen der deutschen Besatzer stirbt.

Und das ausgerechnet zu einer Zeit, als sich Gentners Zeit in Paris dem Ende zuneigt. Die deutschen Besatzer glauben inzwischen nicht mehr an das Geheimprojekt des Uranvereins, vertrauen nicht mehr darauf, einen neuen Sprengstoff so schnell entwickeln zu können, dass er den Krieg entscheiden kann. Zumal sich ein deutscher Gastwissenschaftler nach einem Besuch am Collège de France über Gentner beschweren wird. Sein Umgang mit den Franzosen sei zu freundschaftlich.

Für Joliot-Curie ändert sich damit alles: Seine Expertise in der Kernphysik spielt für die deutsche Kriegsforschung keine bedeutende Rolle mehr. Er verliert damit seinen Sonderstatus, der ihn bislang vor Repressalien der deutschen Besatzer schützte. Und er verliert einen Freund: Im Frühjahr 1942 muss Gentner seinen Aufenthalt in Frankreich abbrechen, die Zuständigen des Heereswaffenamts in Berlin bitten ihn zum Verhör.

KAPITEL 8

Terror und Flucht

Kurz bevor im Sommer 1942 die große Razzia in Paris beginnt, nimmt Irène Joliot-Curie ihre Tochter Hélène zur Seite. Eine fremde Frau werde für ein paar Tage bei ihnen wohnen, Madame Grinberg, eine Jüdin und Mutter eines polnischen Mitarbeiters am Collège de France. Auf keinen Fall dürfe sie verraten, dass die Frau bei ihnen untergekommen sei, schärft sie der Fünfzehnjährigen ein, unter keinen Umständen dürfe sie darüber sprechen, selbst wenn sie jemand danach frage. Hélène ist ein ernstes, kluges Mädchen, sie spürt die Sorge, die Gefahr.

Als es am nächsten Tag an der Haustür klingelt, zögert sie zunächst. Sie öffnet und findet eine junge Frau vor, die verlangt, Madame Grinberg zu sehen. Hélène, furchtbar erschrocken, versucht die Besucherin abzuwimmeln, nein, hier gibt es keine Madame Grinberg, ganz sicher nicht, das müsse ein Irrtum sein.

Bevor Hélène sie aufhalten kann, stößt die Unbekannte die Haustür auf, drängt sich an dem Mädchen vorbei und läuft ins Haus, geradewegs durch den Eingangsflur Richtung Küche, in der sich die Gesuchte verbirgt. Hélène sieht hilflos zu, weiß nicht, was sie tun soll, wie erstarrt muss sie zusehen, wie die aufdringliche Besucherin die Küchentür öffnet. Die Unbekannte hat Madame Grinberg gefunden.

Doch stellt sich heraus, dass die energische Frau die Tochter von Madame Grinberg ist. Sie will nur nach ihrer Mutter sehen. Ihr Bruder, der Physiker Boris Grinberg, hatte sie über das Versteck informiert. Er hat im Dezember 1941 seine Anstellung bei Frédéric Joliot-Curie verloren, ein neues Gesetz hat Juden kurz zuvor die Tätigkeit in vielen Berufen untersagt. Grinberg ist inzwischen untergetaucht, hat aber vorher noch seine Mutter zur Familie Joliot-Curie bringen können, in ihr schönes Haus mit Garten in einem Vorort von Paris. Von dort soll sie in die freie, unbesetzte Zone Frankreichs gelangen.

Die Tochter bringt allerdings eine traurige Nachricht mit. Monsieur Grinberg, der Vater, wurde festgenommen und in die Pariser Winter-Radsporthalle gebracht, das *Vélodrôme d'hiver*. Er hatte sich trotz aller Warnungen geweigert, seine Pariser Wohnung zu verlassen.

Insgesamt 12 884 Juden verlieren am 16. und 17. Juli 1942 in Paris ihre Freiheit, darunter 4051 Kinder. Sie alle werden in die Pariser Radsporthalle gebracht und müssen in dem hoffnungslos überfüllten Gebäude ausharren. Es gibt kaum zu essen, kaum zu trinken, eines der wenigen überlebenden Kinder erinnert sich noch Jahrzehnte später, wie ihm die Zunge am Gaumen klebte, ihm schwindelig war vor Durst in der aufgestauten Hitze. Es ist laut, es stinkt, die Gefangenen müssen sich zwischen den Zuschauerreihen erleichtern, der Boden ist von

Urin und Kot getränkt. Dass ihr Leid erst seinen Anfang nimmt, dürften die wenigsten geahnt haben.

Als die jüdischen Menschen aus ihren Wohnungen getrieben werden, ist Wolfgang Gentner nicht mehr vor Ort. Er durfte nach einem Aufenthalt in Deutschland im Frühjahr 1942 nicht mehr nach Paris zurückkehren. Ein deutscher Gastwissenschaftler hatte sich darüber beschwert, dass er zu freundschaftlich mit den französischen Kollegen umgehe. Daher muss Gentner nun nach Berlin fahren, zum Verhör. Sein riskantes Spiel, so scheint es, ist aufgeflogen.

Doch ihm geschieht: nichts. Er darf zurückkehren nach Heidelberg, zu seiner Familie, zu seiner Arbeit am Kaiser-Wilhelm-Institut für medizinische Forschung. Er darf sich auch weiter der Kernforschung widmen, mit seinem Chef Walther Bothe. Warum sein Einsatz für die Franzosen ohne Folgen für ihn bleibt? Viele seiner Kollegen erklären, dass er in Diskussionen gut überzeugen konnte, vielleicht redete er sich im Verhör geschickt heraus. Andere vermuten, dass jemand in Berlin seine schützende Hand über ihn hielt. »Sie konnten mir nichts nachweisen«, wird Gentner selbst später erklären.

Vielleicht half auch, dass er in Paris keine Details über die Aktivitäten des Widerstands im Labor Joliot-Curies wissen wollte, dass er stets wegsah, wenn sich Türen am Collège de France verschlossen. So konnte er keine Informationen preisgeben, sich selbst und die Kollegen schützen, zu einer Zeit, in der die Gewalt der Besatzer den Alltag der Pariser durchzog wie ein fauliger Gestank.

Rechts gesinnte französische Gruppen hatten im Oktober 1941 sechs der sieben Synagogen in Paris in die Luft gesprengt, das hatte Gentner noch miterlebt. Den Sprengstoff hatten die Attentäter von der SS erhalten, als Teil eines Machtspiels. SS und das Oberkommando des Heeres rangen darum, wer künftig in Frankreich das letzte Wort haben sollte.

Ein Machtspiel, das die Besatzer jedoch nicht daran hindert, gemeinsam die Ausgrenzung jüdischer Menschen aus der Gesellschaft zu planen, Schritt für Schritt. Längst müssen jüdische Inhaber in Paris ihre Geschäfte mit Schildern kennzeichnen, Juden dürfen in der Kulturmetropole keine Theater, Kinos, Konzerte mehr besuchen, müssen in getrennten Waggons der Métro Platz nehmen.

Von September 1941 bis Januar 1942 werden sich 200 000 Menschen im Palais Berlitz die antisemitische Ausstellung »Der Jude und Frankreich« ansehen. Plakate mit grässlich deformierten Gesichtern und knochigen Händen werben dafür. Das Generalkommissariat für Judenfragen des Vichyregimes wird im Frühjahr 1941 geschaffen, im Herbst entsteht dann eine Zwangsvereinigung, in der alle Juden Mitglieder werden müssen. Mit dem Ziel, alle jüdischen Menschen genau zu erfassen. Die Schlinge zieht sich also stetig enger, bald gibt es für die Verfolgten kein Entkommen mehr. Kurz vor Gentners Abreise wird in einem geheimen Schreiben für das Polizeihaftlager in Compiègne ein räumlich getrenntes Judenlager angekündigt, nördlich von Paris.

Vor allem ein Mann treibt die Judenverfolgung in Frankreich voran: Theodor Dannecker. Als fanatischen Judenhasser wird ihn der französische Rechtsanwalt Serge Klarsfeld nach dem Krieg beschreiben, als einen Menschen, der sich an den körperlichen und seelischen Qualen seiner Opfer weidet. Der SS-Hauptsturmführer ist als Judenreferent nach Frankreich gekommen. Er ist ein Vertrauter Adolf Eichmanns, des Leiters des Referats 4 für Juden- und Räumungsangelegenheiten im Reichssicherheitshauptamt in Berlin. Vor Jahren waren die beiden als gleich gestellte Kollegen in Berlin tätig, nun eifert Dannecker dem Aufstieg Eichmanns nach. Der nämlich organisiert und koordiniert inzwischen die Deportation von Juden aus Deutschland und den besetzten europäischen Ländern.

Dannecker wird den ersten Zug aus Frankreich in das Konzentrationslager Auschwitz persönlich begleiten. In geheimen Dokumenten der Besatzer ist der Fahrplan für den 27. März 1942 im Detail aufgeführt: Ab zwölf Uhr soll der erste Sonderzug in Le Bourget bereitstehen, um 17 Uhr losfahren, mit jüdischen Gefangenen aus dem Konzentrationslager Drancy, im Nordosten von Paris. Ankunft in Compiègne um 18:40 Uhr für die Gefangenen des Lagers Royallieu, Abfahrt um 19:40 Uhr. Richtung Auschwitz.

Zunächst aber gibt es Probleme, da den Besatzern keine Güterwaggons zur Verfügung stehen, in die sie ihre 1100 Gefangenen hineinpferchen können. Stattdessen bekommen sie vor allem Personenwagen zweiter und dritter Klasse. Es fehlt ihnen jedoch an Wachpersonal, um einen solchen Zug bis nach Polen zu begleiten. Sie einigen sich schließlich darauf, dass französische Gendarmen auf dem besetzten französischen Gebiet die Arbeit übernehmen werden, unter der Aufsicht deutscher Offiziere. An der deutschen Grenze übergeben sie den Zug dann an die deutsche Ordnungspolizei.

In Auschwitz kann Dannecker mit eigenen Augen beobachten, was mit der »Endlösung« der Juden gemeint ist. Zwar sind die Gaskammern noch nicht in Betrieb, sie werden erst ab Juli 1942 zur Ermordung der Juden aus Frankreich eingesetzt. Doch sterben die meisten Deportierten nach kurzer Zeit unter den unmenschlichen Bedingungen der Lager. 80 Prozent der Deportierten des zweiten Transports sind nach zehn Wochen nicht mehr am Leben, ebenso viele Menschen des dritten

Transports kommen innerhalb von sieben Wochen um. Für den ersten Transport dürften die Todesraten ähnlich gewesen sein.

In der Zwischenzeit haben die deutschen Besatzer in Paris ihren Machtkampf beendet. Der höhere SS- und Polizeiführer Karl Oberg hat ab Juni 1942 das Sagen, 23 Gruppen à hundert Mann der Geheimen Feldpolizei gehören ab sofort zur Sicherheitspolizei samt Sicherheitsdienst, die Anzahl der SS-Männer steigt von wenigen Hundert auf mehr als zweitausend.

Ab sofort müssen Juden in der besetzten Zone den Judenstern tragen, das NS-Regime legt fest, dass in den kommenden acht Monaten 100 000 Juden aus Frankreich verhaftet und deportiert werden sollen. Und noch etwas ändert sich: Haben die Besatzer mithilfe des Vichyregimes bislang vor allem ausländische Juden gefangen genommen, wollen die Deutschen von nun an auch französische Juden verschleppen.

Die Deutschen haben jedoch selbst nicht genug Leute, um so viele Menschen festzunehmen, müssen daher auf die französische Polizei zurückgreifen. Doch die Großrazzia in Paris im Juli zum Beispiel hat dem Ansehen der Vichyregierung enorm geschadet, französische Bischöfe haben öffentlich dagegen protestiert. Daraufhin weigert sich das Regime, den Besatzern bei der Festnahme französischer Juden zu helfen. Es ist kein Mitleid, das die Vichykollaborateure der Deutschen antreibt, es ist vielmehr die Sorge, den Rückhalt in der Bevölkerung zu verlieren.

Daher beschränken sich die Verhaftungen zunächst auf ausländische Juden, wie etwa den polnischen Mitarbeiter im Labor Joliot-Curie. Madame Grinberg verlässt nach ein oder zwei Tagen ihr Versteck bei den Joliot-Curies und entkommt vermutlich unerkannt in die unbesetzte Zone. Sie hat Glück, denn der Terror in Paris wird von nun an stetig zunehmen. Nicht nur gegen Juden, auch gegen die Mitglieder der Résistance gehen die Besatzer härter vor.

Als politische Gefangene ist zum Beispiel die Ehefrau von Jacques Solomon weiterhin in Haft, jenes Physikers, der im Mai 1942 erschossen wurde. Er hatte die Untergrundzeitung *L'université libre* mitherausgegeben. Die Ehefrau sitzt seither im Lager von Romainville ein, einer Festung aus grauem Stein, die einst als Teil eines Befestigungsrings dem Schutz von Paris diente, in Form eines riesigen Sterns mit einem Innenhof in der Mitte. Die Gefangene ist die Tochter Paul Langevins, jenes alten Freundes der Joliot-Curies, der in der Kleinstadt Troyes unter Hausarrest festsitzt. Auch sie heißt Hélène, ebenso wie die Tochter von Frédéric Joliot-Curie.

Langevin macht sich Sorgen, wartet auf den nächsten Brief von ihr, als ihn an seinem Geburtstag, im Januar 1943, endlich eine Nachricht erreicht. Seine Freunde in Troyes haben in einer Schule eine kleine Feier für Langevin ausgerichtet. Als er sich von seinen Gästen verabschiedet und nach Hause läuft, hält plötzlich ein Bahnangestellter auf einem Fahrrad direkt vor ihm. Der Mann drückt ihm hastig ein Stück Papier in die Hand, eilt davon und ruft noch: »Sagen Sie nicht, dass Sie mich gesehen haben.« Auf dem Zettel steht eine Botschaft seiner inhaftierten Tochter. Sie hat den Papierfetzen aus einem Zugwaggon auf die Bahngleise fallen lassen, kurz bevor sie den Bahnhof von Troyes erreicht hat. Zusammen mit 230 anderen Widerstandskämpferinnen bringen die deutschen Besatzer Hélène ins Vernichtungslager Auschwitz-Birkenau.

Bald nach ihrer Ankunft in Polen müssen die Frauen auf einer Wiese vor dem Lager eine ganze Nacht im Stehen verbringen. Sie sind viel zu dünn angezogen, nichts schützt sie vor der eisigen Kälte des polnischen Winters. Sie haben Hunger, haben

Durst, doch sie müssen ausharren, wenn sie überleben wollen. Erst am nächsten Morgen dürfen jene Häftlinge, die noch auf den Beinen sind, zurück ins Gelände marschieren, ihre Glieder sind taub vor Kälte, doch werden sie mit Stöcken von den Aufseherinnen angetrieben. Diejenigen, die nicht mehr laufen können oder stürzen, bezahlen das mit ihrem Leben.

Eine ehemalige Sängerin der Opéra von Paris zum Beispiel hat ein Holzbein, kann nach dem langen Stehen nicht mehr weiterlaufen. Hélène Langevin ermahnt sie, sich an ihrem Pullover festzuhalten, so schnell wie möglich setzen sie gemeinsam einen Fuß vor den anderen. Doch die Musikerin kann ihre betäubten Glieder nicht mehr koordinieren, stolpert und fällt. Sofort ziehen die Aufseherinnen sie aus der Reihe. Die Sängerin wird in den Block 25 gebracht, den Todesblock. Hier sind die Häftlinge untergebracht, die nicht mehr arbeitsfähig sind. Hier warten die Frauen nur noch darauf, vergast zu werden. Etwa zwei Wochen später ist die Opernsängerin tot.

Die Tochter Langevins hat Glück; ein paar Monate später, im Sommer 1943, kommt sie in ein anderes Lager von Auschwitz, auf eine Pflanzenzuchtstation. Hier in Rajsko sollen die Inhaftierten eine Art Löwenzahn erforschen und heranzüchten. Dessen kautschukhaltiger Saft soll der Herstellung von Gummi, etwa für Autoreifen, dienen. Die Arbeit daran gilt als kriegswichtig, der Reichsführer der SS Heinrich Himmler wurde im Juli 1943 zum Sonderbeauftragten für Pflanzenkautschuk ernannt.

Eigentlich dürfte Hélène Langevin gar nicht in Rajsko arbeiten, sie erholt sich gerade von einer Typhus-Erkrankung. Der Leiter der Pflanzenzuchtstation hat große Angst davor, sich mit dem Erreger anzustecken. Doch ein Häftlingsarzt schwört, dass Hélène nur an einer Grippe erkrankt sei, daher kann sie sich der

Gruppe anschließen. Drei Kilometer entfernt von Auschwitz wohnen die Frauen nun in einem alten Schulhaus, umgeben von Feldern und Treibhäusern. Endlich können sie sich wieder waschen, sie erhalten neue Blusen und Lederschuhe. Selbst die Suppe, die sie täglich zu essen bekommen, ist etwas angedickt. Jede Gefangene bekommt ihr eigenes Bett mit Strohmatratze, sie müssen nur morgens und abends für ein paar Minuten zum Appell. Von hier aus können die Frauen auch an ihre Familien schreiben. Im Herbst 1943 erhalten Paul Langevin und seine Frau endlich einen Brief der Tochter.

Bald überzeugt eine französische Chemikerin in Rajsko den SS-Leiter des Forschungslabors, dass sie Mikroskope brauchen, mehr Laborgeräte und mehr Personal, um den Löwenzahn zu erforschen. So gelingt es ihr, mehr und mehr französische Häftlinge aus Auschwitz zur Pflanzenstation zu bringen. Ebenso wie Hélène Langevin gehört die Wissenschaftlerin zu jenen 230 Anhängerinnen der Résistance, die aus Paris deportiert worden sind.

Im August 1944 jedoch geht die Zeit in Rajsko für viele der Widerstandskämpferinnen zu Ende, sie sollen ins KZ Ravensbrück abtransportiert werden. Ihr Zugwaggon ist so überfüllt, dass sie die Fahrt eigentlich nicht überleben können. Doch sie teilen sich auf, fünf Frauen liegen eine Stunde lang am Ende des Waggons, zwanzig sitzen eine Stunde lang ineinander verschachtelt, die anderen stehen dicht gedrängt. Dann wechseln sie die Plätze. So kommen sie alle lebend in Ravensbrück an.

Einen Monat später wird Langevins Tochter weiter nach Berlin geschickt, um in einer Fabrik zu arbeiten, zum ersten Mal wird sie von ihren französischen Mithäftlingen getrennt. Als die Fabrik von Flugzeugen der alliierten Streitkräfte bombardiert wird, muss sie mit den anderen Häftlingen zwölf Tage und Nächte lang marschieren, fast ohne Pause. Wer keine Kraft mehr hat, wird erschossen. Als die deutschen Bewacher endlich die Flucht ergreifen, wiegt Hélène Langevin nur noch 35 Kilogramm.

Aber sie hat überlebt, ebenso wie 48 andere der insgesamt 230 Widerstandskämpferinnen. Ihr Zusammenhalt hat ermöglicht, dass ungleich mehr Frauen überlebt haben als bei anderen Deportationen. Ihre Freundschaft hat sie gerettet, unerhört und unerwünscht unter den Augen der Aufpasser des NS-Regimes. Zielte der NS-Terror doch darauf ab, seine Gegner und die von ihm Verfolgten zu isolieren, einzeln verzweifelt ums Überleben kämpfen zu lassen.

Bald kehrt Hélène Langevin in ihre Heimat zurück. Die Tochter von Irène und Frédéric Joliot-Curie erinnert sich bis heute an jenen besonderen Moment, als die Deportierte erstmals wieder zu ihnen nach Hause kommt, irgendwann im Jahr 1945. Alle wissen, dass sie im Konzentrationslager gewesen ist, als sie durch die Tür ins Wohnzimmer tritt, sie ist zum Sonntagscafé der Joliot-Curies eingeladen. Noch wissen die anderen aber nicht genau, was Hélène Langevin widerfahren ist, Freunde und Familie müssen sich erst wieder finden.

In den Kriegsjahren waren auch die Joliot-Curies immer wieder voneinander getrennt. Irène Joliot-Curies Tuberkulose-Erkrankung hat sich verschlechtert, sie verbringt einen Großteil des Tages auf einem Sofa, zu Hause, in ihrem Arbeitszimmer. Um wieder zu Kräften zu kommen, begibt sie sich im November 1942 für mehrere Monate in ein Schweizer Sanatorium in Leysin.

Wieder ist es Gentner, der sie von Heidelberg aus dabei unterstützt, eine Erlaubnis für die Ausreise in die Schweiz zu bekommen, so erinnert sich Tochter Hélène. Schließlich ist Gentners

Ehefrau Schweizerin, sein Schwiegervater ein angesehener Chirurg in Solothurn.

Als Irène Joliot-Curie sich in ihrem Schweizer Sanatorium erholt, sorgt Gentner dafür, dass ihre Briefe den Ehemann in Paris erreichen. Zwischen dem besetzten Frankreich und der Schweiz gibt es zu dieser Zeit keinen direkten Briefverkehr. Irène schreibt über die blühenden Orchideen im Garten und dass sie gutes Essen bekommt, Forelle zum Beispiel oder Schnecken: »Ich habe etwas zugenommen, ich werde langsam zu einem kleinen Elefanten.« Nicht mehr lange dauert es, bis sie ihre Briefe mit dem Namen Gabrielle unterschreibt. Frédéric wird sich Jean-Pierre nennen, sich mit falschen Papieren als Elektroingenieur aus Lyon ausgeben.

In Paris nehmen ab 1943 die Bombenangriffe zu, mal sind es die Amerikaner, mal die Briten, die ihre Sprengsätze im Umkreis von Paris abwerfen. Oft sind große Fabriken das Ziel, einmal trifft es den Autohersteller Renault in Boulogne-Billancourt, vor den Toren der Hauptstadt. Die Alliierten greifen an einem Sonntag an, um die Fabrikarbeiter zu verschonen. Und doch kommen Zivilisten ums Leben, die dort am Ufer der Seine spazieren gehen.

Die Tochter eines Kollegen von der Akademie der Wissenschaften wird getroffen und stirbt. Das Vichyregime will die Situation für seine Zwecke ausnutzen, um gemeinsam mit den Besatzern die Brutalität der alliierten Streitkräfte bei öffentlichen Begräbnissen der Toten zu beklagen. Die Eltern des toten Mädchens sind entsetzt, der Vater berichtet Joliot-Curie verzweifelt, dass er der Beerdigung fernbleiben wird, dass er sich lieber nicht von seinem Kind verabschiedet, als Teil der Propaganda der Kollaborateure zu werden.

Joliot-Curie schweigt zunächst, doch gelingt es ihm in der folgenden Nacht, gemeinsam mit Freunden die Leiche des

Mädchens zu bergen. Er legt sie in einen Sarg und bringt sie in eine Kapelle im 16. Arrondissement. Dort können die Eltern von ihrem Kind Abschied nehmen, so berichtet es der Vater Jahrzehnte später in einem Dankesbrief an Joliot-Curie.

Immer häufiger heulen die Sirenen, auch Joliot-Curies Tochter Hélène erinnert sich an das Alarmzeichen, sich in einem Schutzkeller in Sicherheit zu bringen.

Statt den Sirenen zu folgen, laufen die Joliot-Curies allerdings auf ihre Terrasse, um die Flugzeuge am Himmel zu beobachten, die Einschläge der Bomben zu verfolgen. Hélènes Bruder Pierre schnappt sich einmal direkt nach einem Fliegerangriff sein Fahrrad, um in einen nah gelegenen Ort zu fahren, auf den Bomben herabgefallen sind. Niemand hält den Elfjährigen auf. »Meine Eltern sind oft enorme Risiken eingegangen«, erinnert sich Pierre heute.

Die Kinder wissen auch viel mehr, als sie wissen sollten. Sie wissen, dass ihr Vater gegen die Besatzung agiert, wissen, dass ein deutscher Kollege, Wolfgang Gentner, ihm wichtige Dienste geleistet hat. Bei den Mahlzeiten diskutieren sie offen über Politik, einmal kommt sogar der bekannte Résistance-Kämpfer Pierre Villon zum Abendessen vorbei. Er gibt die Untergrundzeitung *L'humanité* heraus und überzeugt Frédéric Joliot-Curie, sich der Front National anzuschließen, der kommunistischen Volksfront gegen Hitler. Bald wird der Physiker sie als Präsident anführen.

Unter der Woche trifft sich Joliot-Curie mit seinem Kollegen Henri Moureu vom Labor der Polizeipräfektur, an der Gare de Lyon oder am Théâtre de l'Odéon, jenem Mann, dessen Aufgabe bei der Polizei eigentlich ist, Sprengsätze und Waffen des Widerstands in seinem Labor zu entschärfen und zu untersuchen. Der aber stattdessen das beschlagnahmte Material Joliot-Curie mitgibt, für die Kämpfer der Résistance.

Einmal versuchen Widerständler eine Fabrik in einem Pariser Vorort in die Luft zu jagen. Die Saboteure legen die Sprengladungen, zünden sie und entkommen unbemerkt. Doch die Anlage bleibt unversehrt. Moureu wird mit einer offiziellen Untersuchung beauftragt und stellt fest, dass die Kontakte zwischen den Zündern nicht angeschlossen waren. Er informiert Joliot-Curie darüber. Sieben Tage später fliegt die Fabrik in die Luft.

Der Widerstand gegen die Besatzer nimmt zu, Ende 1943 wird die Untergrundzeitung *L'université libre* eine Auflage von 10 000 Stück pro Ausgabe erreichen, einige Dutzend Mitglieder der Résistance helfen mit. Doch sie müssen vorsichtig sein. Joliot-Curies Arbeit in der Résistance ist bald so bekannt, dass ihn manchmal Unbekannte in seinem Büro am Collège de France aufsuchen. Der Physiker fürchtet, seine Aktivitäten könnten seine Familie in Gefahr bringen, die Besatzer könnten seine Ehefrau oder die Kinder als Druckmittel verwenden, um Informationen von ihm zu erpressen.

Längst kann Wolfgang Gentner sie nicht mehr schützen, seit er im Frühjahr 1942 nicht mehr nach Paris zurückkehren durfte. Und weil das Uranprojekt von den Nationalsozialisten nicht mehr als kriegswichtig eingestuft wird, sinkt das Interesse an Joliot-Curies Expertise über das Zyklotron. Zu lange würde es dauern, eine Uranmaschine zur Energiegewinnung oder gar eine Atombombe zu bauen, schätzen Anhänger des NS-Regimes. Zumal die Alliierten sehr darauf bedacht sind, den Nationalsozialisten jeglichen Zugriff auf schweres Wasser in Norwegen zu nehmen: Nur wenige Monate später jagt eine geheimen Mission den neuen Vorrat der kostbaren Flüssigkeit in der besetzten Fabrik in die Luft, Ende 1943 bombardieren die Alliierten das Gelände. Und Anfang 1944 sprengen norwegische Widerstandskämpfer die letzten Vorräte, die auf einer Fähre geladen sind. Sosehr sich das NS-Regime um das schwere Wasser aus Norwegen bemüht hat, es soll keine Lieferungen mehr erhalten.

Immerhin aber kann Gentner erreichen, dass ein befreundeter Kollege seine Nachfolge antritt, am Collège de France. Wolfgang Riezler wird Joliot-Curie und seine Techniker nun überwachen, ein stämmiger Mann mit kräftigem Kiefer und dichtem dunklen Haar. Der Physiker hat als junger Wissenschaftler im Labor des Nobelpreisträgers Ernest Rutherford gearbeitet – jenes Forschers, der unter anderem die Protonen entdeckt hatte, jene positive Teilchen also, die sich im Atomkern finden. In Paris will Riezler mit seinen deutschen Kollegen unter anderem untersuchen, wie sich radioaktive Strahlen auf den Organismus auswirken.

Die Versuche am Zyklotron laufen dabei stets ähnlich ab: Eine Flüssigkeit wird im Teilchenbeschleuniger radioaktiv gemacht und kommt danach auf schnellstem Weg ins Labor des nah gelegenen Ortslazaretts. Dort muss die Assistentin Helga Treuherz den Versuchstieren die radioaktive Lösung spritzen. Am gleichen Abend seziert sie die Tiere, trägt Gewebeproben der Organe auf feine Plättchen auf, um am frühen Morgen deren Radioaktivität zu messen.

Dafür muss Treuherz ausgerechnet mit dem deutschen Physiker Werner Maurer zusammenarbeiten, den sie für einen fanatischen Nationalsozialisten hält. Mit einem Geigerzähler misst der Forscher die Radioaktivität der Gewebeproben am Collège de France. Maurer holt die Plättchen selbst ab, besteht darauf, dass Treuherz ihn bei seinen Messungen begleitet. Er hat ein Auge auf sie geworfen. Und ahnt nicht, dass sie Jüdin ist.

Maurer ist bereits 1929 in die NSDAP eingetreten, tatsächlich soll Gentner auch Joliot-Curie davor gewarnt haben, Maurer zu vertrauen. Allerdings hat Treuherz nicht oft mit Maurer zu tun, ihre Experimente kommen nur selten zustande, weil das Zyklotron kaum funktioniert. Treuherz glaubt, dass französische Techniker den Teilchenbeschleuniger sabotieren, die Deutschen es ihnen aber nicht nachweisen können, weil sie wenig davon verstehen.

Einmal begrüßt Frédéric Joliot-Curie Treuherz. »Er gab auch mir die Hand, was mich sehr beeindruckte, aber auch sehr peinlich berührte, er konnte ja nicht ahnen, dass ich auf seiner Seite stand«, erinnert sie sich später.

Die junge Frau mit dem ovalen Gesicht und gewelltem, halblangem Haar ist die Tochter eines jüdischen Kaufmanns aus Berlin. Im Jahr 1936 hat sie die Schule abgebrochen, weil die Mitschüler so gegen sie hetzten. Daher kann sie ihren Traum, Medizin zu studieren, nicht verwirklichen. Im Jahr 1938 zieht sie mit ihrer Mutter nach Paris um, macht zunächst Geschäfte mit deutschen Soldaten, entzieht sich geschickt den Judendeportationen. Ein paar Ärzte schützen sie, nehmen sie als Patientin im Krankenhaus auf und operieren sie genau an dem Tag, an dem sie mitgenommen werden soll. Ein deutscher Stabsarzt stellt sie schließlich als Laborantin ein, wohl wissend, dass sie Jüdin ist. Für die geheime Forschung am Collège de France.

Gelegentlich sieht auch Riezler, Gentners Nachfolger, bei ihnen im Labor vorbei. Auch er setzt sich für die französischen Kollegen ein, das zumindest wird er nach dem Krieg in einem Brief an Gentner erwähnen. Es sei ihm gelungen, eine »drohende Suchaktion« bei Frédéric Joliot-Curie zu verhindern. Auch in seiner Entnazifizierungsakte wird es später heißen, dass er den Franzosen in Paris beigestanden hat.

Dem Kernphysiker Louis Cartan zum Beispiel hat Riezler versucht zu helfen, der teils in Poitiers, teils in Paris tätig war. Der französische Kollege ist für seine herausragenden Vorträge bekannt und tauscht sich gern mit Frédéric Joliot-Curie über die neuen Entwicklungen in ihrem Forschungsbereich aus. Nach dem deutschen Überfall im Juni 1940 hat Cartan kurz überlegt, von England aus mit den Anhängern von Charles de Gaulle gegen die Besatzer zu kämpfen. Er bleibt jedoch in Frankreich und schließt sich im Jahr 1941 einer Widerstandsgruppe in Poitiers an. Dafür sammelt er Informationen über die Besatzer, schleust Menschen illegal in die unbesetzte Zone. Eine Liste mit Namen der Widerstandskämpfer hat Cartan mithilfe chemischer Formeln verschlüsselt und in der Bibliothek seines Instituts versteckt.

Kurz nach der großen Judenrazzia in Paris im Juli 1942 jedoch wird das Netzwerk in Poitiers ausgehoben. Insgesamt 74 Widerstandskämpfer geraten in Gefangenschaft, in einer gemeinsamen Aktion des Generalsekretärs der Polizei des Vichyregimes und des neuen Pariser Machthabers Karl Oberg. Cartan wird mitten im Familienurlaub verhaftet, in einem Ferienort unweit von Nantes. Der deutsche Sicherheitsdienst übernimmt den Fall und lässt den Physiker aus Frankreich verschwinden, ohne dass seine Angehörigen erfahren, was mit ihm geschehen ist. Ganz so, wie es Hitler mit seinem Nacht-und-Nebel-Erlass vorgesehen hat.

Ein deutscher Mathematiker versucht, der Familie Cartan zu helfen. Heinrich Behnke von der Universität Münster bittet Wolfgang Gentner mehrfach um Rat, wo und wie er mehr über den Verbleib Cartans erfahren könnte. Behnke arbeitet mit

Cartan und seinem Bruder zusammen, der Vater Elie Cartan ist zu jener Zeit Frankreichs berühmtester Mathematiker. Im März 1943 schreibt Behnke an Gentner, dass Cartan vermutlich nach Deutschland abtransportiert worden sei, seit fast einem Monat wisse seine Familie nichts mehr über seinen Verbleib. Gentners Nachfolger Riezler in Paris versucht einzugreifen, nach dem Krieg wird er seine Bemühungen in einem Brief erwähnen.

Doch befindet sich Cartan längst in den Händen der SS. Er muss in einem Sonderlager bei Trier zunächst den ganzen Tag lang schwer beladene Karren ziehen, was der herzkranke Physiker kaum leisten kann. Er gelangt aber bald in ein Gefängnis in Wolfenbüttel, kommt in einer Zelle mit elf anderen Gefangenen unter, fünf von ihnen kommen ebenfalls aus Poitiers.

Hier wird das Volksgericht Cartan und seine Mitstreiter als »erklärte Feinde des deutschen Volkes« bezeichnen. Sie seien bereit gewesen, ihr Leben aufs Spiel zu setzen, um den Zusammenbruch Deutschlands herbeizuführen. »Der Versuch, die deutsche Besatzung Frankreichs gewaltsam aus dem Land zu treiben, und so die Vernichtung unseres Volkes herbeizuführen, muss mit der vollen Schärfe des Gesetzes unterbunden werden«, heißt es in den Unterlagen. Cartan wird zum Tode verurteilt und in eine Einzelzelle verlegt.

Am frühen Abend des 3. Dezember 1943 wird er aus seiner Zelle in einen fast leeren Raum geführt, nur ein weißes Waschbecken und nackte Heizungsrohre prangen an der Wand. Hier steht die Guillotine für seine Hinrichtung bereit. »Denke nicht an das, was hätte sein können. Ich habe gesehen, dass es auch im größten Elend noch ein kleines bisschen Glück gibt«, schreibt er seiner Frau in seinem Abschiedsbrief, wenige Stunden vor seiner Exekution. »Wenn ich geschickter gewesen wäre, hätte ich das vermeiden können, was mir jetzt passiert, und ich allein bin verantwortlich für den Kummer, den Du jetzt haben wirst. Ich konnte jedoch nicht untätig bleiben, ohne mich vor mir selbst zu schämen, vor Dir und später vor den Kindern.« Erst im Mai 1945 werden seine Ehefrau und seine Kinder erfahren, was mit ihm geschehen ist. Keiner der deutschen Wissenschaftler hat etwas für ihn tun können.

Derweil macht sich Frédéric Joliot-Curie in Paris Sorgen, dass die deutschen Besatzer seinen Mentor Paul Langevin erneut verhaften könnten. Die Lage in der Hauptstadt wird immer bedrohlicher, vor allem, seit die Soldaten der Wehrmacht im Februar 1943 in Stalingrad kapitulieren mussten. Was, wenn die Nationalsozialisten Langevin als Geisel nehmen und an ihm ein Exempel statuieren, um den wachsenden Widerstand unter Pariser Wissenschaftlern zu unterdrücken?

Joliot-Curie und andere Freunde reden auf Langevin ein, doch der 72-Jährige möchte die Stadt Troyes nicht verlassen. Seiner Ehefrau gelingt es schließlich, ihn zur Flucht zu überreden: »Es ist wichtig, dass Du gehst. Du bist mehr wert als wir alle zusammen«, erklärt sie ihm. Frédéric Joliot-Curie bringt ihm gefälschte Ausweispapiere. Er wird unter dem Namen Léon Pinel reisen, dem Namen seines Großvaters mütterlicherseits.

Am 2. Mai 1944 macht sich der Physiker auf den Weg. Zunächst meldet er sich auf der Präfektur in Troyes, wie es ihm die Besatzer vorgeschrieben haben. Dann aber beginnt seine Reise, zunächst zu Fuß in den Nachbarort, von dort aus bringt ihn ein alter Freund der Joliot-Curies in einem Peugeot 202 zum Bahnhof in Romilly-sur-Seine. Das alte Gefährt schleicht über die Landstraße, die 39 Kilometer ziehen sich endlos hin.

Langevin fährt schließlich mit dem Zug nach Paris, doch hält die Bahn nicht wie geplant an der Gare de l'Est. Der Bahnhof ist bombardiert worden. Langevin muss die ganze Nacht im Wartesaal der Gare de la Bastille verbringen. Erst am nächsten Morgen trifft ein Dozent für Elektrochemie ein und überreicht ihm den Schlüssel für ein kleines Appartement in der Gegend von Montparnasse. Dort soll er sich zunächst verstecken.

Aus Angst vor der Sicherheitspolizei erfährt seine Familie nichts über seinen Aufenthalt in Paris. Nur wenige Freunde sind eingeweiht. Am Morgen des 4. Mai ertönt das vereinbarte Klingelzeichen an der Tür. Ab sofort begibt sich Langevin in die Hände zweier Männer, die ihn so schnell wie möglich über die Schweizer Grenze bringen sollen, ebenfalls zwei Chemiker. Einer der beiden hat Joliot-Curie im Juni 1940 nach der Invasion der Deutschen dabei geholfen, das schwere Wasser nach Bordeaux und damit nach England zu bringen. Der andere arbeitet in der Polizeipräfektur von Paris, unter Henri Moureu, jenem Freund Joliot-Curies, der ihm beschlagnahmte Waffen und Sprengsätze für die Résistance übergibt.

Langevin und seine Begleiter treffen eine Stunde vor Abfahrt am Gare de l'Est ein, der Bahnhof ist trotz des Bombenangriffs schon wieder in Betrieb. Ein Mitarbeiter der französischen Bahn holt sie ab, sie besteigen den Zug, stellen aber erschrocken fest, dass ihre Plätze im Zugabteil bereits besetzt sind.

Die anderen Reisenden wollen sich zunächst nicht vertreiben lassen, schlagen vor, die Angelegenheit vom Bahnhofsvorsteher klären zu lassen. Langevins Begleiter befürchten, der bekannte Physiker könnte auffliegen. Daher behaupten sie, unter Aufsicht der deutschen Besatzer zu reisen, und bieten an, einen deutschen Offizier zu suchen, um die Angelegenheit zu klären. Eingeschüchtert ziehen sich die anderen Reisenden zurück.

Als Langevin und seine Begleiter in der Nähe der Schweizer Grenze ankommen, können sie jedoch nicht einfach aus dem

Zug aussteigen. Sie müssen die Ausweiskontrollen der Deutschen umgehen. Ein Bahnhofsvorsteher, der in die Fluchtpläne eingeweiht ist, sperrt sie daher über Nacht in einen Schlafwagen auf einem Abstellgleis ein. Einen vermeintlich leeren Zug würden die Besatzer nicht kontrollieren.

Erst am nächsten Morgen, nach Ende der Ausgangssperre, treten sie ins Freie und fahren in die Stadt Montbéliard. Alles ist vor Ort für Langevin organisiert, der Anführer der lokalen Widerstandsgruppe bringt sie sogleich ins Schloss der Stadt. Dort kann sich der Physiker kurz ausruhen und etwas essen. Es ist acht Uhr morgens, ihn trennen nur noch 40 Kilometer vom Grenzübergang.

Ihr Wagen gehört offiziell dem Wasserstraßenamt, daher haben sie die Erlaubnis, bis zur Grenze zu fahren. Sollten sie kontrolliert werden, sind sie unterwegs, um die Wasserläufe des Doubs zu kontrollieren, jenes Flusses, der im Juragebirge entspringt. Eigentlich war vereinbart, dass sich Langevin im Kofferraum versteckt. Doch er weigert sich, hat Sorge, dort keine Luft zu bekommen. Er besteht darauf, auf dem Beifahrersitz zu bleiben.

Zu seinen Füßen ruhen dicke Aktenordner, bei einer Kontrolle wird er sich als Ingenieur des Straßenbauamts vorstellen, in den Unterlagen geht es um den Bau eines Staudamms in der Region. Es ist zehn Uhr, als der Peugeot schließlich anhält. Die letzten zehn Kilometer wird Langevin zu Fuß zurücklegen müssen.

Der Physiker macht sich auf den Weg, mit einem Schleuser aus der Gegend und einem Chemiker aus Paris. Einer der Männer trägt ein einfaches T-Shirt, unter dem sich die Muskeln abzeichnen, der andere trägt wallendes Haar, einen dunklen Mantel, darunter Hemd und Krawatte.

Zu Beginn kommen sie gut voran, doch wird der Pfad zunehmend schmaler, windet sich durch steiles, schwer zu überwindendes Gelände. Sie laufen am Hang, unten in der Schlucht drehen oft deutsche Patrouillen mit ihren Wachhunden ihre Runden. Langevin fällt zurück, er muss stets mehr Pausen einlegen, zu Atem kommen, seine Medikamente nehmen.

Ein anderer Schleuser ist vorausgelaufen, um die Gegend auszukundschaften. Er macht viel Lärm, gibt sogar Schüsse ab, um die Aufmerksamkeit von Langevin weg auf sich zu lenken, falls eine deutsche Patrouille kommt. Doch es bleibt alles ruhig, sie legen auf diese Weise fünf, sechs Kilometer zurück. Sie tragen dabei einen Stoffsack voller Unterlagen für eine Bildungsreform, die Paul Langevin nach Ende der deutschen Besatzung anstrebt. Diese Papiere würden sie bei einer Kontrolle sofort verraten.

Auf der ganzen Strecke sind Widerstandskämpfer verteilt, sie geben sich als Holzfäller aus oder als Viehhirten. Manche von ihnen arbeiten als Schmuggler, haben kleine Werkzeuge für Uhrmacher in der Schweiz bei sich. Sollten plötzlich deutsche Patrouillen auftauchen, würden sie sich mitnehmen lassen, um von Langevin abzulenken. Ihnen drohen bei der Inhaftierung Schläge und ein Monat Gefängnis.

Doch allmählich geht dem 72-Jährigen die Kraft aus, die letzten 300 Meter muss einer der beiden Schleuser ihn auf dem Rücken tragen. Endlich erreichen sie den Grenzstein zur Schweiz. Langevin bricht in Tränen aus.

Kurze Zeit später wird der Physiker sich in das Gästebuch eines der feinsten Restaurants in Genf einschreiben, am Quai de la Poste. Nach dem Krieg wird ein Kellner Gentner diesen Eintrag zeigen, als er dort zufällig mit französischen Kollegen speist. Langevin drückt darin seine Hoffnung aus, bald wieder auf die andere Seite der Grenze zurückzukehren, um mit dem Wiederaufbau Frankreichs zu beginnen, auf den Trümmern des Vichyregimes. Wie so viele ahnt er damals, dass sich die Zeit der deutschen Besatzer zu Ende neigt.

KAPITEL 9

Die Befreiung

Wenn nur die Abiturprüfungen nicht wären. Irène Joliot-Curie spürt, dass die deutschen Besatzer im Jahr 1944 jede Form des Widerstands umso brutaler verfolgen, da sie nun merken, dass das Ende der NS-Diktatur droht. Die Physikerin und ihre Kinder sind in Gefahr, sie müssen rasch fort, könnten sie doch als Druckmittel dienen, wenn ihr Ehemann verhaftet wird. Aber zunächst soll ihre Tochter Hélène ihren Schulabschluss machen, darauf beharrt die Mutter, erst dann will sie versuchen, mit den Kindern in die Schweiz zu fliehen, ähnlich wie Paul Langevin.

Immerhin aber stimmt Irène Joliot-Curie zu, die französische Hauptstadt schnell zu verlassen. Ein befreundeter Chemiker hat dafür gesorgt, dass Hélène ihre Prüfungen nahe der Schweizer Grenze ablegen darf. In der Grenzregion gibt es viele Familien mit dem Namen Joliot, darum hoffen sie, dort nicht aufzufallen.

Sie kommen in der Nähe der Stadt Montbéliard unter, in dessen Schloss sich Langevin auf seiner Flucht ausgeruht hat. Sie beziehen ein Zimmer im *Hôtel du Commerce,* die Physikerin hat Papier für ihre Notizen und Berechnungen mitgenommen. Allerdings prangt darauf der Briefkopf des Radium-Instituts. Es dauert nicht lange, bis sich herumspricht, dass die Nobelpreisträgerin und ihre Kinder in der Unterkunft logieren. Sie sollten den Ort schleunigst verlassen.

Doch sie bleiben drei lange Wochen. Bis Hélène endlich ihr Abitur ablegen kann. Als der Prüfungstag gekommen ist, stellt sich allerdings heraus, dass die Tochter in einen anderen Ort reisen muss, weil die Stadt bombardiert wird. Hélène hat bis heute nicht vergessen, wie sie im Bus kräftig durchgeschüttelt wurde, weil die Straßen voller Schlaglöcher waren. Unterwegs, bei einem Zwischenhalt, gab die Frau eines Résistance-Kämpfers ihr noch etwas zu essen mit.

Hélène verrät kein Wort über ihre Herkunft, und dennoch fällt sie dem Dekan einer naturwissenschaftlichen Fakultät auf, der bei der Prüfung anwesend ist. Ihre Abiturleistungen sind so herausragend, dass er misstrauisch wird. Er habe keinen Zweifel daran, dass sie eine kleine Joliot-Curie sei, schreibt der Dekan an jenen Chemiker in Paris, der die Verlegung der Abiturprüfung beantragt hatte.

Der erkennt, dass es keinen Sinn hat, die Herkunft des Mädchens zu leugnen. Er bestätigt dem Dekan also seinen Verdacht, wartet. Wird er sie bei den Behörden melden? Wird er die Flucht der Familie vereiteln? Das Schicksal der Joliot-Curies liegt jetzt in seiner Hand. Der Dekan zögert nicht, sofort einzugreifen, allerdings im Sinne der Familie: Er zieht die mündliche Prüfung des Mädchens vor, damit die Familie die Region so schnell wie möglich verlassen kann.

Am Abend des 5. Juni 1944 kehrt Hélène zu ihrer Mutter und ihrem Bruder zurück, nicht ahnend, dass in jener Nacht die alliierten Streitkräfte in der Normandie einfallen werden. Zunächst springen rund 13 500 Fallschirmjäger kurz nach Mitternacht über der Region ab, um den Angriff im Hinterland vorzubereiten. Von 1200 Kriegsschiffen und 7500 Flugzeugen geschützt, landen früh am Morgen etwa 150 000 Amerikaner und Briten, Franzosen, Polen und Kanadier an fünf verschiedenen Stränden der nordfranzösischen Küste.

Am nächsten Morgen überqueren Irène Joliot-Curie und die beiden Kinder die Schweizer Grenze. Gerade noch rechtzeitig. »Das hätte für uns schlecht ausgehen können«, erläutert Hélènes Bruder Pierre. Nur einen Tag später wäre ihre Flucht ungleich schwieriger gewesen, die Kontrollen an den Grenzen werden nach der Invasion verstärkt.

Seit seine Familie Paris verlassen hat, ist Frédéric nur selten ans Collège de France zurückgekehrt. Über eine Gruppe von Fluchthelfern erreichen ihn Briefe von Irène, am 30. Mai 1944 schreibt sie: »Du fehlst mir schrecklich, mein großer Liebling. Ich mag es nicht, von Dir getrennt zu sein, vor allem unter diesen Umständen, Mein Herz ist schwer, wenn ich an Dich denke.«

Ihr Mann dagegen beschreibt ihr in seiner Post, wie er sich auf dem Land erholt. Er versteckt sich manchmal in der Gemeinde Soisy-sur-Seine, südlich von Paris, übernachtet auf einem Bauernhof, geht dort angeln, der frische Fisch ist eine willkommene Abwechslung auf dem kargen Speiseplan. Zumal es außerhalb der Stadt für Widerstandskämpfer sicherer ist, auch andere Mitglieder der Résistance ziehen sich in die Umgebung der Metropole zurück.

Ein weiterer Brief wird Irène nur wenige Tage später erreichen. Er müsse frische Luft schnappen, schreibt ihr Ehemann.

Das ist das vereinbarte Zeichen dafür, dass er das Land mit dem Flugzeug verlassen will. Mit gefälschten Papieren hat sich Frédéric auf den Weg nach Lyon gemacht. Doch sein Abflug verzögert sich, Querelen innerhalb des Front National spielen wohl eine Rolle. Er verbringt ein paar Tage bei seiner Cousine, einer Bäckerin, dort übernachtet auch ein Résistance-Kämpfer, der im Jahr 1942 aus deutscher Kriegsgefangenschaft geflohen ist. Die beiden freunden sich an, spazieren an der Rhône, reden über Angeltechniken ebenso wie über die Gefahr einer Atombombe. Frédéric Joliot-Curie kehrt schließlich nach Paris zurück.

Immerhin haben seine Ehefrau und seine Kinder die Schweiz erreicht, auch wenn sie sich dort unter Quarantäne stellen müssen, wie alle illegalen Einwanderer zu jener Zeit. Sie kommen in einem Schloss unter, werden dort in einen großen Raum mit dicken Steinwänden und Schießscharten eingesperrt, müssen auf Stroh schlafen.

Das stört Irène wenig, kurz nach ihrer Ankunft holt sie ihre Physikbücher aus ihrem Sack, setzt sich im Schneidersitz auf das Stroh und beginnt zu arbeiten. Hélène dagegen ist schlecht gelaunt, Pierre einfach unausstehlich, der Zwölfjährige weiß nichts mit sich anzufangen. Daher überredet Irène jene Soldaten, die das Schloss bewachen, einen Ausflug mit dem Jungen zu machen.

In Uniform, mit Helm und Gewehr holen zwei der Wachposten Pierre ab und laufen mit ihm durch den kleinen Ort, einer links, einer rechts, der Junge in der Mitte. Pierre erinnert sich noch heute an die erschrockenen Gesichter der Stadtbewohner, die sich wohl fragten, was er Schlimmes ausgefressen haben mochte, da er so streng bewacht durch den Ort lief. Kurz darauf allerdings sitzt Pierre auf den Schultern eines der beiden Begleiter und hilft ihnen, Kirschen zu stehlen.

Es bleibt dem Präfekten der Grenzstadt nicht lange verborgen, dass eine Nobelpreisträgerin im Schloss auf Strohballen hausen muss. Der aufbrausende Mann schert sich nicht um die Regeln und bringt sie kurzerhand bei sich zu Hause unter. Als sie endlich aus der Quarantäne entlassen werden, treffen sie sich mit Paul Langevin. Ein Foto zeigt Irène und Hélène in Sommerkleidern, Langevin in Anzug und Krawatte. Sie alle lächeln in die Kamera, wirken gelöst, zumindest für einen Moment. Sie wissen natürlich, in welcher Gefahr ihre zurückgebliebenen Freunde und Verwandte schweben. »Ich mag den Kampf, aber ich bin vorsichtig, brav, vielleicht zu brav, schließlich möchte ich das Ende dieses Abenteuers erleben«, schreibt Joliot-Curie an seine Frau.

Der Physiker beginnt, in Paris ein Tagebuch zu führen. Es sei alles ruhig, so notiert er, schrecklich ruhig. Er ist in einem Zimmer in Belleville untergekommen, einem Arbeiterviertel, in dem viele Einwanderer leben. Vor der Besetzung Frankreichs hatten sich hier viele Juden angesiedelt, die vor den Nationalsozialisten geflohen waren. Längst haben die Deutschen sie jedoch gemeinsam mit dem Vichyregime vertrieben oder deportiert. Der Physiker ist auf sich allein gestellt, abgeschnitten von seiner Familie, in einem Viertel, das er nicht kennt.

Nur einmal taucht er kurz an der Akademie der Wissenschaften auf, als über einen neuen Kandidaten abgestimmt werden soll. Er hat sich für den Besuch einen falschen Bart angeklebt. Ab und zu sieht er bei Freunden vorbei oder auch bei einem Kollegen, der ihn im Labor vertritt und über seine Aktivitäten in der Résistance weiß. Von ihm erfährt er von dem Gerücht, dass er ebenfalls in die Schweiz geflohen sei.

Doch Joliot-Curie bleibt mitten in Paris, bis zum Ende. Der Physiker macht sich zunehmend Sorgen um das Zyklotron. Er hat Angst davor, was die Deutschen damit anrichten werden, wenn sie sich eingestehen, dass der Krieg für sie verloren ist.

In einem Aufruf der Résistance an die Studenten der Hauptstadt gemahnt er an die vielen Verhaftungen unter Wissenschaftlern. Gleichzeitig schreibt er, dass sie sich davon nicht abschrecken lassen sollen, im Gegenteil: Nicht länger hinnehmen sollen sie, dass Studenten aus Frankreich als Arbeitskräfte in Deutschland verschlissen werden, nicht länger akzeptieren, dass ihre Labore leer stehen, die Geräte fehlen. Sie sollen sich endlich wehren, protestieren.

Im Labor am Collège de France verstärken die Mitarbeiter Joliot-Curies nun ihren Widerstand gegen die Besatzer. Lange nach dem Krieg werden sich noch Spuren davon finden. Als das Labor im Jahr 1957 nach Orsay umziehen soll, finden Bauarbeiter in den Wänden ein Maschinengewehr und Flugblätter der Résistance. »Mein Vater engagierte sich direkt in der Résistance. Er war innerhalb seines eigenen Labors aktiv«, erklärt auch sein Sohn Pierre viele Jahre später.

So erfährt ein Hilfsmechaniker im Labor Joliot-Curies im Jahr 1943, dass sich in der obersten Etage des Collège de France englische Piloten verstecken. Am anderen Ende des Gebäudes liegt jenes Labor für Kernforschung mit dem Zyklotron, das die Deutschen besetzt haben. Vor allem ein Invalide aus dem Ersten Weltkrieg hilft den Piloten; ihr Essen erhalten sie aus der Küche des benachbarten Gymnasiums Louis le Grand, durch einen Dienstboteneingang.

Seit der Besetzung des Labors im Collège de France haben sich Grüppchen aus Kollegen gebildet, die sich nur untereinander vertrauen. Ein ehemaliger Funker der Handelsmarine zum

Beispiel, reserviert und wortkarg, ein junger Maschinenbauingenieur und Georges Ligonnière, Techniker am Zyklotron.

Die drei Kollegen stellen im Labor Tinte her, die sie einer Widerstandsgruppe in Le Mans bringen, damit deren Untergrundzeitung erscheinen kann. In Weinflaschen erreicht das kostbare Gut sein Ziel. Auch einen Telegrafensender zur Übertragung von Morsezeichen sollen Ligonnière und seine beiden Kollegen für die Widerständler bauen. Das allerdings ist gar nicht einfach, der Bau solcher Geräte ist streng untersagt, der Kauf der Bauteile ebenfalls verboten. Doch in einem Geschäft auf dem Boulevard Saint-Germain, das die Forschenden im Collège de France normalerweise mit Material fürs Labor versorgt, haben sie Erfolg.

Joliot-Curie weiß von den Aktivitäten der Kollegen, mahnt sie, vorsichtig zu sein. Einmal, als Ligonnière gerade an einem anderen Institut tätig ist, ruft ihn Joliot-Curie an, redet aber nur merkwürdig unverständlich in die Leitung. Als der Techniker am Collège de France eintrifft, läuft Joliot-Curie mit ihm sogleich in den Innenhof, teilt ihm mit, dass er verhaftet werden soll. Am Telefon wollte er darüber nicht sprechen. Doch entpuppt sich das Ganze nur als Gerücht, niemand kommt, um Ligonnière zu inhaftieren.

Da die Résistance in Paris zunehmend aktiver wird, fürchten die deutschen Besatzer, dass Widerstandskämpfer das Zyklotron beschädigen könnten. Sie wollen Soldaten zur Nachtwache einteilen, doch Joliot-Curie kann sie überreden, Mitarbeiter des Labors abwechselnd für die Nachtschichten einzusetzen. So können die Widerstandskämpfer die Nächte im Labor verbringen, ohne dass es irgendjemandem verdächtig erscheint.

In dieser Phase der Besatzung wird es für die Résistance enorm wichtig, kodierte Nachrichten aus London zu empfangen. Daher wird im Labor von Joliot-Curie ein Empfänger in einem Lüftungskasten im Erdgeschoss versteckt. Die Antennen sind im Geländer zur Terrasse verborgen. Ein enormes Risiko für die Labormitarbeiter, falls das Gerät entdeckt werden sollte.

Zunehmend denken die Mitarbeiter über die Landung der Alliierten in Frankreich nach. Sie wissen, wie wichtig es sein wird, einen direkten Draht zu den Briten herzustellen. Daher werden im Nationalen Konservatorium für Kunst und Gewerbe, auf der anderen Seite der Seine, gleich zehn Empfänger gebaut.

Dann aber, plötzlich, müssen sie alles abbrechen. Ein wichtiges Mitglied der Widerstandsgruppe wird verhaftet. Wird er alle verraten, werden sie alle deportiert oder gleich erschossen? Nun zahlt sich aus, dass die einzelnen Résistance-Kämpfer kaum etwas voneinander und ihren Aufgaben wissen, so können sie selbst unter Folter nichts verraten. Es bleibt bei der einen Verhaftung, der Résistance-Kämpfer wird in ein Konzentrationslager deportiert, wird aber den Krieg überleben.

Dennoch können die zehn Empfänger nicht mehr am Konservatorium bleiben, sie werden allesamt ins Labor am Collège de France gebracht. Ligonnière und seine beiden Mitstreiter sollen sich darum kümmern. Die Deutschen lassen sich nach der Landung der Alliierten in der Normandie im Juni 1944 nur noch selten im Labor blicken, nach und nach weihen die drei Mitarbeiter daher weitere Kollegen in ihre Aktivitäten ein. Fast alle helfen nun mit, sodass die Empfänger bald auf Fahrrädern an ihre Bestimmungsorte gelangen.

Einer der Kuriere ist ein Physiker, der im Labor von Joliot-Curie unter falschem Namen forscht. Seine Familie ist bereits Jahre zuvor in die USA ausgewandert, doch er hat keine Ausreisegenehmigung erhalten, weil er im wehrpflichtigen Alter ist. Er hat sich zunächst in Lyon der Résistance angeschlossen, Flugblätter verteilt, französischen Studenten zu gefälschten Ausweisen verholfen, damit sie nicht zum Arbeitsdienst nach Deutschland verschickt werden. Als Studenten dafür herhalten sollen, die Befestigungsanlagen des Atlantikwalls als Schutz vor den Alliierten zu bauen, besorgt sich der Forscher selbst gefälschte Papiere, behauptet, krank aus deutscher Kriegsgefangenschaft zurückgekommen zu sein. Schließlich stellt Joliot-Curie ihn unter seinem falschen Namen ein, weiß aber von seiner Vorgeschichte.

Doch alles verändert sich in der Hauptstadt, seit die alliierten Truppen im Juni 1944 in der Normandie gelandet sind. Am 14. Juli kommt es zu großen Demonstrationen, einen Monat später streiken zunächst die Bahnarbeiter, dann die Polizisten. Es ist heiß in Paris, in der schwülen Sommerluft ist die nervöse Anspannung in den Straßen der Hauptstadt zu spüren. Zunächst zieht es die Pariser noch zum Sonnenbaden an die Seine, doch müssen sie sich immer öfter vor Schüssen in Sicherheit bringen. Die Deutschen wissen, dass ihre Zeit in Frankreich zu Ende geht. Sie begießen ihre letzten Tage mit Champagner und verbrennen in ihren Büros geheime Dokumente.

Joliot-Curie ist aufgewühlt, als er mal wieder am Collège de France erscheint. Er redet über die Alliierten und die Zeit nach dem Krieg, über seine Sorgen um sein Labor und seine Mitarbeiter, spricht bald davon, dass sie Sprengstoffe herstellen müssen, für einen Aufstand der Résistance in Paris.

Die Widerstandsgruppen des Generals Charles de Gaulle wie auch der Kommunisten schließen sich unter dem Banner der *Forces Françaises de l'Interieur* zum bewaffneten Aufstand der Hauptstadt zusammen, der französischen Streitkräfte im

Inneren. Auch Joliot-Curie trägt eine Armbinde der FFI, einen Stofffetzen in den französischen Nationalfarben, hastig auf weißen Stoff gepinnt.

Die Widerstandsgruppen besetzen am 19. August die Polizeipräfektur. Auch dort, im Labor von Joliot-Curies Freund Henri Moureu, entstehen Sprengstoffe. Dafür leeren sie die Champagnerflaschen im Keller des Gebäudes, befüllen sie mit Explosiva und eilen nach oben, um das heftig umkämpfte Polizeigebäude zu verteidigen. Doch den Widerstandskämpfern bleibt kaum noch Munition, sie werden die Präfektur nicht mehr lange halten können.

Der deutsche Stadtkommandant General Dietrich von Choltitz beschließt, das Polizeigebäude von der Luftwaffe bombardieren zu lassen und dann seine noch verbleibenden Panzer einzusetzen. Von der Präfektur, dem Herzen des Aufstands, soll nichts übrig bleiben. Dass die nur 400 Meter entfernte Kathedrale Notre-Dame zerstört werden könnte und die ehemalige Palastkirche Saintc-Chapelle, kümmert ihn nicht.

Erst im letzten Moment kann ihn der schwedische Konsul der Stadt davon überzeugen, eine Waffenruhe zu verkünden. Der deutsche General geht darauf ein, damit sich seine Truppen neu ordnen und organisieren können. Vor allem profitieren aber die Widerständler davon, denen die Munition auszugehen drohte. Sie können nun für Nachschub sorgen.

Bald wird die Waffenruhe von den Résistance-Kämpfern gebrochen, Joliot-Curie und Kollegen stellen Minen, Granaten, Brandflaschen gegen die deutschen Panzer her, die am Jardin du Luxembourg vorbei über den Boulevard Saint-Michel dröhnen. Am Institut für Chemie produzieren Mitarbeiter zunächst 400 bis 500 Flaschen pro Tag. In der Nacht vom 24. zum 25. August stellen 35 Helfer insgesamt 800 Stück her.

Die Widerstandskämpfer verteidigen ihre Stadt, ohne zu ahnen, dass Hitler deren völlige Vernichtung geplant hat. Auf Anweisung ihres »Führers« haben deutsche Militärs überall in Paris Sprengstoff platziert, unter dem Eiffelturm und der Kathedrale Notre-Dame und dem Louvre. Und vor allem auch unter der Opéra Garnier. Es ist der Lieblingsort Hitlers in der Hauptstadt und soll den Abzug der deutschen Truppen nicht überstehen.

Hitler hat jenem Stadtkommandanten von Choltitz befohlen, Paris dem Erdboden gleichzumachen. Ähnlich wie die deutschen Truppen die Stadt Warschau vor ihrem Abzug verwüstet hatten, 200 000 Menschen kamen dabei ums Leben. »Paris darf nicht oder nur als Trümmerfeld in die Hand des Feindes fallen«, lautet die Anweisung.

Doch Paris überlebt. Denn der Stadtkommandant beginnt zu zögern, abzuwägen, behauptet, er sei zu sehr mit den Widerstandskämpfern auf den Straßen beschäftigt, um den Befehl auszuführen. Der General, der dafür bekannt ist, niemals einen Befehl zu hinterfragen, beschließt, sich Hitlers Wunsch zu widersetzen. Vielleicht geht es ihm um das kulturelle Erbe von Paris, vielleicht fürchtet er, nach der deutschen Niederlage als Kriegsverbrecher verhaftet zu werden.

Von Choltitz beginnt, über den schwedischen Konsul heimlich mit Vertrauensleuten der Résistance zu verhandeln. Er kapituliert am 25. August, als die französische Panzerdivision von General Philippe Leclerc von drei Seiten in die Hauptstadt vorrückt und übergibt Paris an die Anführer der *Forces Françaises de l'Interieur.*

Noch am gleichen Tag wird sich Joliot-Curies Freund Henri Moureu mit seinen Kollegen von der Polizeipräfektur auf den Weg machen, die 300 Tonnen Sprengstoff zu entschärfen, die unter der Hauptstadt liegen.

General Charles de Gaulle hat darauf bestanden, dass französische Divisionen Paris befreien. Er möchte sich in der Metropole die Macht sichern. Erst ein paar Tage nach den Panzern Leclercs rücken die Truppen der Amerikaner in die Hauptstadt ein.

Kurz bevor die US-Soldaten Paris erreichen, fährt bereits ein amerikanischer Jeep am Collège de France vor, so wird es Frédéric Joliot-Curies Sohn Pierre später berichten. Der amerikanische Oberst Boris Pash und der Physiker Samuel Goudsmit suchen nach dem französischen Nobelpreisträger. Sie erhoffen sich von ihm Informationen über den Stand der Forschung deutscher Kernphysiker im Uranverein. Pash und Goudsmit leiten gemeinsam die Alsos-Mission, die herausfinden soll, wie weit die Entwicklungen einer deutschen Atombombe gediehen sind. Doch weiß Joliot-Curie ihnen darüber nichts zu berichten. Immerhin, sie trinken zusammen Champagner aus Laborgefäßen, um die Befreiung zu feiern. Zwei Wochen später werden sie Joliot-Curie nach London ausfliegen, dort werden ihn britische Forscher befragen.

Die deutschen Kernphysiker dagegen haben das Collège de France kurz vor Eintreffen der alliierten Truppen verlassen. So gelingt es zum Beispiel Werner Maurer, in einem Wagen der SS zu entkommen.

Die jüdische Laborassistentin Helga Treuherz dagegen bleibt in Paris. Der deutsche Stabsarzt, der sie eingestellt und beschützt hat, zahlt ihr sogar noch drei Monatsgehälter aus. Um sie mache er sich keine Sorgen, sagt der Mediziner ihr aufmunternd zum Abschied, sie werde es schon schaffen. Zunächst aber wird sich Treuherz gegen den Vorwurf der Franzosen wehren müssen, mit den Besatzern kollaboriert zu haben.

Im September 1944 kehrt auch Irène Joliot-Curie nach Hause

zurück. Die Kinder Pierre und Hélène hat sie in der Schweiz zurückgelassen, sie möchte sich erst vergewissern, dass ihnen in der Metropole keine Gefahr mehr droht. Umso verblüffter ist sie, als Sohn und Tochter nur wenige Tage später vor ihrer Haustür stehen. Ein befreundeter Chemiker hat sie mitgenommen, zusammen mit einem Deutschen, der angeblich als Spion gearbeitet hat. Hélène wird schnell klar, dass sie mit ihrem Bruder als Tarnung dient, um den Mann unauffällig in die Hauptstadt zu bringen.

In einem klapprigen, alten Wagen fahren sie direkt an der Kriegsfront entlang Richtung Paris, sie können die Kanonen hören, die Explosionen sehen. Sie brauchen zwei lange Tage, um ihr Zuhause zu erreichen. Kaum in der Metropole angekommen, wird der angebliche Spion verhaftet, kann aber auf mysteriöse Weise am nächsten Tag aus dem Gefängnis entkommen. Was mit ihm geschehen ist, werden sie nie erfahren. Doch die Familie Joliot-Curie ist wieder beisammen, der Krieg ist für sie vorbei, die Gefahren ausgestanden.

Für Joliot-Curies deutschen Kollegen dagegen ist noch kein Ende in Sicht. Gentner muss weiter unter dem Regime der Nationalsozialisten ausharren, sich sogar gegenüber seinen Schweizer Verwandten für seine Forschung in Frankreich verteidigen. Die Familie seiner Frau wirft ihm vor, mit Hitlers Regime zu kollaborieren, weil er in Paris am Collège de France gearbeitet hat. Immerhin erhalten die Gentners regelmäßig Pakete aus der Schweiz, unter anderem mit echtem Kaffee. Manchmal muss sein Sohn Ralph aber mit seiner Mutter auf den Feldern rund um Heidelberg Ähren auflesen, die bei der Ernte übrig geblieben sind. Nur selten macht sich der Sohn etwas, was sie damals ein Genussbrot nennen: eine Scheibe Brot mit echter Butter.

Ralph ist ein herausragender Schüler, daher hat ihm das NS-Regime angeboten, auf eine Napola zu gehen, ein Elite-Internat der Nationalsozialisten für besonders begabte Schüler. Dort sollen sie zu NS-treuen Führungskräften heranwachsen, tragen Arbeitsuniform und erleben militärischen Drill.

Wie wenig seine Eltern davon hielten, daran kann sich der Sohn noch Jahrzehnte später erinnern. Wenn er dort hinginge, würde sie ihm keine Entschuldigungsbriefe mehr unterschreiben, warnt ihn die Mutter. Die Gentners machen zu Hause wenig Hehl daraus, wie sehr sie Hitler und sein Regime ablehnen. Wie könnte Gentner zum Beispiel die Hetze gegen seinen Doktorvater Friedrich Dessauer vergessen, den Tod des französischen Physikers Fernand Holweck.

An den Bäumen der Heidelberger Innenstadt baumeln manchmal Leichen, so entsinnt sich Ralph. Nationalsozialisten haben die Menschen öffentlich gehängt. Seine Mutter drängt ihn dann schnell zur Seite, er soll nicht so genau hinsehen. Zu Hause versteckt sich dic Familie oft unter mehreren Decken und hört leise im Radio den britischen Sender BBC, was natürlich streng verboten ist. Daher wissen sie, dass im Herbst 1944 die Rote Armee kurz vor Ostpreußen steht, die Briten und Amerikaner fast ganz Frankreich und Belgien befreit haben.

Doch Hitler fordert den »Endsieg«, befiehlt, einen Volkssturm zu bilden, aus alten Menschen, Kranken, aus Jugendlichen. Jedes Dorf und jeder Hof, jeder Busch und jeder Häuserblock soll verteidigt werden, bis aufs Blut, verkünden die Nationalsozialisten. Gentners Sohn Ralph ist fast 13 Jahre alt, der Vater fürchtet, dass sein Junge in den Wahnsinn hineingezogen wird. Daher stellt er den Sohn kurzerhand an seinem Institut als Arbeitskraft ein. Seine Tätigkeit in der Glasbläserei sei kriegswichtig, so behauptet der Vater.

Nach seiner unfreiwilligen Rückkehr aus Frankreich kann Gentner seine Erfahrungen mit dem Pariser Zyklotron anwenden, gemeinsam mit seinem Chef Walther Bothe. Sie nehmen sich vor, ebenfalls ein Zyklotron zu bauen. Nach jahrelangen Diskussionen darüber, wie sie das teure Gerät finanzieren, kommt im März 1943 ein 80 Tonnen schwerer Magnet für den Teilchenbeschleuniger an. Schon neun Monate später können sie die ersten Teilchen im Zyklotron beschleunigen.

Am 2. Juni 1944, als Irène Joliot-Curie und ihre Kinder sich noch mitten auf der Flucht in die Schweiz befinden, feiern die Kernphysiker in Heidelberg die Einweihung ihres Geräts, finanziert vom Heereswaffenamt. Gentner und Bothe haben sogar Entwürfe für ein eigenes Institut für Kernforschung skizziert, können jedoch mitten in der finalen Phase des Kriegs keine Unterstützung dafür finden.

Ende März 1945 erreichen die ersten US-Soldaten Heidelberg. Eine Delegation unter dem Oberbürgermeister der Stadt trifft sich mit den Amerikanern, die eine friedliche Übernahme der Stadt verhandeln wollen. Doch schafft es die Gruppe nur mit Mühe am frühen Morgen nach Heidelberg zurück, weil die Wehrmacht einen Teil der Alten Brücke über den Neckar in die Luft gesprengt hat. Auch wenn der Krieg für die Deutschen längst verloren ist, folgen manche Soldaten noch Hitlers Befehl, jegliche Infrastruktur vor ihrem Abzug zu zerstören.

Dennoch können die US-Truppen friedlich in die Stadt einmarschieren. Die Gentners eilen zur Straße herunter, winken den Soldaten zu, freuen sich. Bis sie jemand warnt, dass die Militärs sehr nervös seien, noch befürchten sie die Gegenwehr verbliebener deutscher Truppen. Am Institut lässt sich Gentner an jenem Tag nicht blicken und widersetzt sich damit der Weisung Bothes, bei Ankunft der Alliierten vor Ort zu sein. Bothe, der sich dem deutschen Regime noch verpflichtet fühlt, zerstört vor dem Eintreffen alle Forschungsunterlagen zum Uranverein und weigert sich, darüber Auskunft zu geben.

Selbst die hohen NS-Funktionäre in Berlin haben inzwischen begriffen, dass der Krieg für sie verloren ist. General Erich Schumann zum Beispiel, der Joliot-Curie einst am Collège de France verhörte, flieht zwei Wochen vor dem Fall Berlins vor den sowjetischen Truppen. Gemeinsam mit dem Präsidenten des Reichsforschungsrats verlässt Schumann die Hauptstadt.

Sein ehemaliger Doktorand dagegen, der Physiker Wernher von Braun, stellt sich den Amerikanern, die ihn dann im Rahmen einer geheimen Mission in die USA ausfliegen, gemeinsam mit anderen Wissenschaftlern und Technikern. Dort wird Wernher von Braun als Raketenpionier schließlich das Apollo-Programm koordinieren, bringt mit seiner Technik den ersten Menschen 1969 auf den Mond. Und General Schumann wird später eigens für von Braun einen Marsch komponieren.

Am Collège de France dagegen hat Joliot-Curie längst damit begonnen, die Zukunft seines Landes mitzugestalten. Er wird zum Forschungsdirektor des Centre National de la Recherche Scientifique ernannt, dem nationalen Zentrum für wissenschaftliche Forschung. Und er ist an der Gründung des Kommissariats für Atomenergie beteiligt, zu dessen Hochkommissar ihn der neue Staatspräsident General de Gaulle beruft. So wird unter der Aufsicht Joliot-Curies der erste französische Atomreaktor entstehen. Der Nobelpreisträger leitet nun die Geschicke der Forschung in der besetzten französischen Zone. Er kann unterstützen, bestimmen und einen Neubeginn gestalten in einem Europa, das erst zu sich kommen muss.

Bald wird Gentner unter dem Schutz Joliot-Curies stehen, er sagt eine Berufung nach Hamburg ab, um an die Universität Freiburg in der französischen Zone zu ziehen. In Freiburg ist das physikalische Institut völlig zerstört, der Physiker muss seine Vorlesungen zunächst im Pharmazie-Gebäude abhalten. Gentner rät auch seinen deutschen Kollegen, dem Nobelpreisträger in Paris zu vertrauen. So leitet er zum Beispiel Briefe von Richard Gans nach Paris weiter, einem jüdischen Physiker in Berlin, der mit einem Forschungsprojekt in einem privaten Labor seiner Deportation entgangen war.

Gans sorgt sich um seine beiden Söhne. Da sie beide in Argentinien geboren und damit Ausländer sind, haben die sowjetischen Truppen sie mitgenommen und zunächst in ein Lager in der Nähe von Moskau gebracht. Über Odessa und Wien gelangen die Söhne in ein Lager in Paris, dort kümmert sich Joliot-Curie um die beiden. Ihm gelingt es schließlich, den jungen Männern die Rückkehr nach Deutschland zu ermöglichen: »Gestern sind meine Söhne hier angekommen«, schreibt Richard Gans im März 1946 dem französischen Kollegen. »Sie haben uns einen sehr großen Dienst erwiesen.« Nie würden seine Söhne ihm das vergessen. Das Blatt hat sich gewendet, der französische Physiker reicht nun den deutschen Kollegen die Hand.

So ist sogleich nach Kriegsende in Deutschland ein französischer Militär bei Wolfgang Gentner vorgefahren und hat ihm ausrichten lassen, dass Frédéric Joliot-Curie ihn in Paris zu sehen wünscht. Noch wohnt der deutsche Physiker in Heidelberg, in der amerikanischen Zone. Doch Joliot-Curie lässt ihm einen gefälschten Ausweis zukommen, als französischer Ingenieur aus Straßburg reist er mit dem Zug in die französische Hauptstadt.

Am nächsten Morgen im Hotel verlangt ein Fremder plötzlich, Gentner zu sehen. Er wisse, dass der deutsche Physiker mit falschen Papieren unterwegs sei, erklärt ihm der Unbekannte sofort. Bevor sich Gentner Sorgen machen muss, übergibt der

Franzose ihm eine Visitenkarte. Sie ist vom Deuxième Bureau, dem französischen Geheimdienst. Falls andere Polizisten ihm Scherereien machen, solle er die Visitenkarte vorzeigen. Gentner kann also frei und unbesorgt sein Hotel verlassen und nach all den Jahren der Geheimnistuerei seinen Freund Joliot-Curie am Collège de France aufsuchen.

In seinem Labor zeigt ihm der Nobelpreisträger einen Uranwürfel. Gentner ist verblüfft, weiß er doch, dass solches Material in Haigerloch zum Einsatz kam, einem schwäbischen Städtchen südwestlich von Tübingen. Dorthin hatten sich Kernphysiker um Werner Heisenberg wenige Monate vor Kriegsende zurückgezogen, um den Bombardierungen in Berlin zu entgehen.

In Haigerloch hatte der letzte Akt des deutschen Atomprogramms stattgefunden, das Labor war in einem Felsen untergebracht. Hier hatten Heisenberg und Kollegen bis zuletzt gehofft, eine Kettenreaktion im Uran auszulösen. Und hier geht für die Deutschen zu Ende, was mit der Entdeckung der Kernspaltung im Jahr 1938 in Berlin seinen Anfang nahm. Mit 680 jener Würfel aus Uran, in schweres Wasser getaucht, beginnen sie in Haigerloch ihre letzten Experimente. Doch vergeblich, eine Kettenreaktion will ihnen nicht gelingen.

Einen solchen Uranwürfel hält Joliot-Curie in der Hand, als Gentner ihn besucht, ein französischer Arbeiter hatte ihm das denkwürdige Souvenir aus Deutschland mitgebracht. Beide Physiker betrachten also gemeinsam, was vom deutschen Uranprojekt übrig geblieben ist. Endlich müssen sie keine deutsche Atomwaffe mehr fürchten. Endlich müssen sie ihre Freundschaft nicht mehr verbergen. Rasch legen sie den Uranwürfel zur Seite. Es gibt viel zu besprechen, Etliches zu planen. Für die beiden Freunde gilt es nun, auf den Trümmern des Krieges eine neue Forschung aufzubauen, im Dienst der Gesellschaft.

Epilog

Wenig wird **Wolfgang Gentner** zeitlebens über seine Erfahrungen in Paris und Heidelberg erzählen, erst kurz vor seinem Tod entschließt er sich, einen Bericht über seine Zeit in Frankreich zu diktieren. Dabei ist es seine Hilfe am Collège de France, die ihn nach dem Zweiten Weltkrieg zur Vertrauensperson macht, nicht nur für die Alliierten. Vor allem auch für israelische Wissenschaftler, die sich zunächst scheuen, Kontakte mit deutschen Kollegen zu knüpfen.

Gentner ist es, der im Jahr 1956 den Vorsitzenden der israelischen Atomenergiekommission nach Deutschland einlädt. Drei Jahre später fährt der Physiker als Teil einer deutschen Delegation nach Israel, unter anderem mit Otto Hahn, dem damaligen Präsidenten der Max-Planck-Gesellschaft. Der Besuch legt nicht nur den Grundstein für die wissenschaftliche Zusammenarbeit beider Länder. Er stellt auch einen Beginn der deutsch-israelischen Beziehungen dar.

Gentner leitet inzwischen das neu gegründete Max-Planck-Institut für Kernphysik in Heidelberg. Auch wird er zu einem der führenden Wissenschaftler, die am Aufbau des CERN beteiligt sind, dem Europäischen Zentrum für Kernforschung. In Erinnerung an seinen Einsatz für seine französischen Kollegen am Collège de France im Zweiten Weltkrieg wird er im Jahr 1965 vom französischen Präsidenten zum Offizier der Ehrenlegion ernannt. Er stirbt im September 1980 in Heidelberg.

Frédéric Joliot-Curie gilt nach der Befreiung im August 1944 als Held. Eine Umfrage des Institut français vom 13. August 1945 ergibt, dass er unter der Rangliste der meistbewunderten Frauen und Männer in Frankreich auf Platz 3 steht, gleich hinter General de Gaulle und Stalin. Für einen Wissenschaftler ist er unerhört beliebt.

Gleich nach dem Atombombenabwurf über Hiroshima am 6. August 1945 strömen Journalisten nach L'Arcouest in der Bretagne, um die Joliot-Curies dazu zu befragen. Das Forscherehepaar verbringt dort den Sommer, gemeinsam mit ihren intellektuellen Freunden aus Paris. Die Verwendung der Atomenergie und der Atombombe basierten auf den Entdeckungen und Arbeiten, die am Collège de France gemacht worden seien, von seinen Kollegen Hans von Halban, Lew Kowarski und ihm selbst, in den Jahren 1939 und 1940, erklärt der Physiker den Reportern selbstbewusst.

Gleich nach Ende des Zweiten Weltkriegs ist Joliot-Curie an der Gründung des Commissariat à l'énergie atomique (CEA) beteiligt, zu dessen Hochkommissar er von General de Gaulle ernannt wird. Innerhalb von nur drei Jahren gelingt es ihm, den ersten französischen Atomreaktor zu bauen. Zoé geht im Jahr 1948 im Pariser Vorort Fontenay-aux-Roses in Betrieb.

Joliot-Curie gerät jedoch zunehmend in die Wirren des Kalten Kriegs, im Jahr 1950 wird er von seinem Posten als Hochkommissar der CEA abberufen. Seine Mitgliedschaft in der kommunistischen Partei macht ihn verdächtig, zudem hat er den »Stockholmer Appell« unterzeichnet, einen Aufruf, der sich gegen die Entwicklung und den Einsatz von Atomwaffen ausspricht. Er stirbt im August 1958, vermutlich an den Folgen der Strahlenbelastung seiner Arbeit an einer Lebererkrankung, nur zwei Jahre nach seiner Frau Irène.

Nach dem Zweiten Weltkrieg wird **Irène Joliot-Curie** die Leitung des Pavillon Curie am Radium-Institut übernehmen, auch wird sie Professorin für allgemeine Physik und Radioaktivität an der wissenschaftlichen Fakultät. Viermal bewirbt sie sich um die Aufnahme in die Akademie der Wissenschaften, wird jedoch jedes Mal abgelehnt, trotz ihres Nobelpreises und ihrer anderen wissenschaftlichen Errungenschaften. Als ihr Ehemann als Hochkommissar der CEA entlassen wird, kehrt sie der Kommission ebenfalls den Rücken. Im Jahr 1955 wird sie ein neues Labor in Orsay eröffnen, dort wird ein noch modernerer Teilchenbeschleuniger entstehen, ein Synchro-Zyklotron. Doch ihre Gesundheit wird sie zunehmend in ihrer Arbeit einschränken, sie stirbt im Jahr 1956 an Blutkrebs, als Folge ihrer Strahlenbelastung im Labor.

Literatur

Unterlagen (Auswahl)

Gentner, Wolfgang: *Gespräche mit Frédéric Joliot-Curie im besetzten Paris 1940–42*
Jacquot, Yves: Mai 1944: *Paul Langevin au pays de Montbéliard*
Jacquot, Yves: *Entre science et histoire régionale. Un entretien avec Hélène Langevin-Joliot et Pierre Joliot*
Ligonnière, Georges: *Souvenirs du temps de guerre avec Monsieur Joliot*
Maier-Leibnitz, Heinz: *Wolfgang Gentner, 23.7.1906–4.9.1980*
Moureu, Henri: *Connaissance de la matière. Frédéric Joliot et l'eau lourde*
Piatier, Henri: *Souvenirs de résistance en Allemagne*

Bücher

Alary, E.: *Nouvelle histoire de l'occupation,* Éditions Perrin, Paris, 2019
Badia, G.: *Les bannis de Hitler,* Atelier, Paris, 1990
Balibar, S.: *Savant cherche refuge,* Éditions Odile Jacob, Paris, 2019
Bascomb, N.: *The winter fortress,* Head of Zeus, London, 2016
Bendjebbar, A.: *Histoire secrète de la bombe atomique française,* le cherche midi, Paris, 2022
Bensaude-Vincent, B.: *Langevin – Science et Vigilance,* Berlin, Paris, 1987
Berest, A.: *Die Postkarte,* Berlin Verlag, Berlin, 2023
Bethge, K. und Freudenberger, C.: *100 Jahre Physik an der Goethe-Universität in Frankfurt am Main, 1914–2014,* Frankfurt Academic Press, Frankfurt, 2014
Beyerchen, A.: *Wissenschaftler unter Hitler – Physiker im Dritten Reich,* Kiepenheuer & Witsch, Berlin, 1980
Biquard, P.: *Paul Langevin – scientifique, éducateur, citoyen,* Éditions Seghers, Paris, 1969
Biquard, P.: *Frédéric Joliot-Curie et l'énergie atomique,* L'Harmattan, Paris, 2003
Bordry, M. und Radvanyi, P.: *Oeuvre et engagement de Frédéric Joliot-Curie,* EDP Sciences, Les Ulis, 2001

Bormuth, M. und Engelhardt, v. D. (Hrsg.): *Karl Jaspers – Korrespondenzen,* Wallstein, Göttingen, 2016

Braccini, S.; Ereditato, A.; Scampoli, P.: *The adventurous life of Friedrich Georg Houtermans, Physicist (1903–1966),* Springer-Verlag, Heidelberg, 2013

Brand, M.: *Weggesperrt. Kriegsgefangenschaft im Oflag VI A in Soest,* Klartext-Verlag, Essen, 2014

Buckard, C.: *Moshé Feldenkrais – der Mensch hinter der Methode,* Piper Verlag, München, 2017

Burrin, P.: *La France à l'heure allemande,* Éditions du Seuil, Paris, 1995

Cazas, H.: *Auf Wiedersehen in Paris,* Fischer Verlag, Frankfurt am Main, 2005

Close, F.: *Half Life. The divided life of Bruno Pontecorvo, Physicist or Spy,* Oneworld Publications, London, 2015

Collins, L. and Lapierre, C.: *Is Paris burning?* Warner Books, New York, 1965

De Baar, P-P.: *Theo Thijssen, (1879–1943): schrijver, schoolmeester, socialist,* Uitgeverij Van Oorschot, Amsterdam, 2023

De Dijn, R.: *Albert Einstein & Elisabeth von Belgien,* Verlag Friedrich Pustet, Regensburg, 2016

DeKieviet, M.; Heintze, J.; Hüfner, J.: *Geschichte der Physik an der Universität Heidelberg,* Heidelberg University Publishing, 2019

De Padova, T.: *Allein gegen die Schwerkraft. Einstein 1914–1918,* Hanser Verlag, München, 2017

Dréville, J.: *La bataille de l'eau lourde (DVD),* Éditons Montparnasse, Paris, 1947

Eckart, WU.; Sellin, V.; Wolgast, E.: *Die Universität Heidelberg im Nationalsozialismus,* Springer Medizin Verlag, Heidelberg, 2006

Fourcade, MM.: *L'arche de Noé, réseau »Alliance«, 1940–1945,* Plon, Paris 1998

Frain, I.: *Marie Curie prend un amant,* Éditions du Seuil, Paris, 2015

Guéhenno, J.: *Journal des années noires 1940–1944,* Editions Gallimard, 1947

Goldschmidt, B.: *Pionniers de l'atome,* Éditions Stock, Paris, 1987

Goldsmith, M.: *Frédéric Joliot-Curie, Lawrence and Wishart,* London, 1976

Goudsmit, S.: *Alsos,* American Institute of Physics, Woodbury, 1947

Groves, L.: *Now it can be told,* Da Capo Press, New York, 1962

Gundermann, R.: *Marie Curie. Pionierin, Nobelpreisträgerin, Entdeckerin der Radioaktivität,* Verlag Langen-Müller, Stuttgart, 2021

Hardy, A.: *Friedrich Dessauer – Röntgenpionier, Biophysiker und Demokrat,* Societätsverlag, Frankfurt am Main, 2013

Hein, B.: *Die SS – Geschichte und Verbrechen,* C. H. Beck, München, 2015

Hemmungs Wirtén, E.: *Making Marie Curie: Intellectual Property and Celebrity Culture in an Age of Information,* University of Chicago Press, Chicago, 2015

Hirschfeld, G. und Marsh, P.: *Kollaboration in Frankreich,* S. Fischer Verlag, Frankfurt am Main, 2001

Hoffmann, D. und Schmidt-Rohr, U.: *Wolfgang Gentner – Festschrift zum 100. Geburtstag,* Springer, Heidelberg, 2006

Hoffmann, D.: *Einsteins Berlin,* Verlag für Berlin-Brandenburg, Berlin, 2018

Hoffmann, D. (Hrsgb): *Operation Epsilon,* GNT-Verlag, Diepholz, 2023

Jackson, J.: *France – the dark years. 1940–1944,* OUP, Oxford, 2001

Jacquemond, LP.: *Irène Joliot-Curie – Biographie,* Éditions Odile Jacob, Paris, 2014

Jurgensen, C. und Mongin, D.: *France and Nuclear Deterrence. A Spirit of Resistance,* Recherches & Documents, Paris, 2020

Klarsfeld, S.: *Vichy-Auschwitz,* Greno Verlag, Nördlingen, 1989

Klee, E.: *Das Personenlexikon zum Dritten Reich,* Nikol Verlag, Hamburg, 2016

Kramish, A.: *Le Griffon,* Sylvie Messinger, Paris, 1987

Langevin, A.: *Paul Langevin, my father,* EDP sciences, Les Ulis, 2022

Launet, E.: *Sorbonne Plage,* Editions Stock, Paris, 2016

Loriot, N.: *Irène Joliot-Curie,* Presses de la Renaissance, Paris, 1991

Marbo, C.: *À travers deux siècles: souvenirs et rencontres, 1883–1967,* Éditions Grasset, Paris, 1967

Nachmansohn, D. und Schmid, R.: *Die große Ära der Wissenschaft in Deutschland 1900 bis 1933. Jüdische und nichtjüdische Pioniere in der Atomphysik, Chemie und Biochemie,* Wissenschaftliche Verlagsgesellschaft, Stuttgart, 1988

Nelson, C.: *The age of radiance,* Scribner, New York, 2014

Materna, H.: *Die Geschichte der Henschel Flugzeug-Werke in Schönefeld bei Berlin, 1933–1945,* Verlag Rockstuhl, Bad Langensalza, 2011

Monteil, C.: *Marie Curie et ses filles,* Éditions Calmann-Lévy, 2021

Moorehead, C.: *A train in winter,* HarperCollins, New York, 2011

Meyer, A.: *Die deutsche Besatzung in Frankreich 1940–1944,* Wissenschaftliche Buchgesellschaft, Darmstadt, 2000

Muller, A.: *La petite fille du Vel d'Hiv,* Hachette Livre, Paris, 2012

Pflaum, R.: *Grand obsession – Marie Curie and her world,* Doubleday, New York, 1989

Pinault, M.: *Frédéric Joliot-Curie,* Éditions Odile Jacob, Paris, 2000

Ray, R.: *Annäherung an Frankreich im Dienste Hitlers? Otto Abetz und die deutsche Frankreichpolitik 1930–1942,* De Gruyter Oldenbourg Wissenschaftsverlag, München, 2000

Shifman, M. (Hg.): *Standing together in troubled times,* World Scientific Publishing, Singapur, 2017

Raaflaub, W.: *Ernst Mayer, 1883–1952,* Verlag Hans Huber, Bern, 1984

Rauschenberger, J.: *Die NSDAP in Heidelberg: Organisation und Personal im »Dritten Reich«,* Mattes Verlag, Heidelberg, 2021

Reese, M.: *Moshé Feldenkrais – A Life in Movement,* ReeseKress Somatic Press, San Rafael, Kalifornien, 2015

Riezler, W.: *Einführung in die Kernphysik,* Bibliographisches Institut Leipzig, Leipzig, 1944

Ross, S.: *Where did they put the Gestapo headquarters?* Yoopa Publications, Punta Gorda, Florida, 2021

Rousso, H.: *Vichy. Frankreich unter deutscher Besatzung, 1940–1944,* C.H. Beck-Verlag, München, 2009

Rouzé, M.: *Frédéric Joliot-Curie,* Les éditeurs français réunis, Paris, 1950

Schmitt, M. (Hg.): *Otto Meyerhof – Ein Forscherleben zwischen Ruhm und Vertreibung,* Hentrich & Hentrich, Leipzig, 2022

Schreiber, M.: *Walther Wüst. Dekan und Rektor der Universität München, 1935–1945,* Utz Verlag, München, 2007

Seghers, P.: *La resistance et ses poètes,* France 1940/1945, Éditions Seghers, Paris, 1974

Shifman, M. (Hg.): *Standing together in troubled times,* World Scientific Publishing, Singapur, 2017

Smolen, K.: *Hefte von Auschwitz 4 und 9,* Państwowe Muzeum w Oświęcimiu, Auschwitz, 1966

Vezina, B.: *»Die Gleichschaltung« der Universität Heidelberg im Zuge der nationalsozialistischen Machtergreifung,* Carl Winter Universitätsverlag, Heidelberg, 1982

Walker, M.: *Die Uranmaschine. Mythos und Wirklichkeit der deutschen Atombombe,* Siedler Verlag, Berlin, 1990

Weart, S.: *Scientists in power,* Harvard University Press, Harvard, 1979

Wegner, B.: *Das deutsche Paris. Der Blick der Besatzer 1940–1944,* Brill Schöningh, Paderborn, 2019

Bildquellenverzeichnis

Der Abdruck der Bilder erfolgt mit freundlicher Genehmigung der aufgeführten Institutionen:

Seite 1 Archives ESPCI-CRH | Seite 2 Musée Curie | Seite 3 Musée Curie (Collection AFJC) | Seite 4 Mauritius images/dpa | Seite 5 alamy | Seite 6 Bildarchiv des Max-Planck-Instituts für Kernphysik in Heidelberg | Seite 7 Archives ESPCI-CRH | Seite 8 Bildarchiv des Max-Planck-Instituts für Kernphysik in Heidelberg

Register

Abetz, Otto 140 f., 233
Allier, Jacques 7, 11–17, 23, 27, 75
Aubert, Axel 7–9, 12, 14 f.

Bagge, Erich 95
Behnke, Heinrich 202 f.
Bichelonne, Jean 28 f.
Borel, Émile 48, 107, 117, 152–156
Bothe, Walther 57–59, 60–62, 67 f., 79, 97, 137, 157, 167, 189, 223
Becquerel, Henri 43, 114
Berlioz, Hector 40
Benjamin, Hilde 175
Biquard, Pierre 38, 231
Blum, Léon 82, 84, 99

Cartan, Elie 203
Cartan, Louis 202 f.
Chadwick, James 19, 38
Curie, Marie 10–12, 40– 43, 52 f., 110, 114–117, 147, 152, 232 f.
Curie, Pierre 17, 41–44, 114

Daladier, Edouard 12
Dannecker, Theodor 190 f.
Dautry, Raoul 10, 11, 12, 13, 17, 18, 23, 24
Dessauer, Friedrich 34 f., 41, 51–53, 62, 222, 232
Diebner, Kurt 71
Dreyfus, Alfred 122

Eichmann, Adolf 190 f.
Einstein, Albert 56 f., 62, 100, 106, 111 f., 116, 123–128, 160, 232

Feldenkrais, Malka 101 f.
Feldenkrais, Moshé 97–104, 232, 234
Fermi, Enrico 20 f., 90–92, 100
Fisk, James 69
Fleming, Ian 104

Geiger, Hans 36, 60
Gentner, Ralph 41, 221 f.
Gentner, Alice 41, 52, 61
Grinberg, Boris 188
Goudsmit, Samuel 220, 232

Hahn, Otto 18, 20 f., 31, 70, 135, 227
Holweck, Fernand 183–185, 222
Houtermans, Friedrich (Fritz) 180–182

Joliot, Henri 45
Joliot, Pierre 147, 198, 211, 212–214, 220 f., 231
Joliot-Curie, Irène 12, 19–21, 28, 33–38, 46–50, 77, 79, 84 f., 89, 94, 99, 101 f., 107, 117,

133, 144, 147 f., 152, 181, 185, 187, 196 f., 209, 211–213, 220, 223, 229, 233
Jordan, Pascual 178 f.

Kowarski, Lew 18, 22 f., 27–31, 79, 92, 99, 228

Langevin, Paul 38, 45 f., 86, 105–132, 134, 149 f., 152, 169, 184, 193, 195, 204–207, 209–211, 213, 231, 233
Langevin-Joliot, Hélène 49, 91, 94, 106, 147, 187 f., 198, 209, 210–213, 221, 231
Langevin-Solomon, Hélène 108, 130–132, 193–196
Lawrence, Ernest 68, 70, 232
Lenard, Philipp 55–58, 62, 66, 124
Ligonnière, Georges 215, 231

Maurer, Werner 200 f., 220
Meitner, Lise 20 f.
Montel, Eliane 129
Moureu, Henri 24–29, 75, 142, 198 f., 205, 218 f., 231
Müller, Walther 36

Noddak, Ida 20

Oberg, Karl 192, 202
Oppenheimer, Robert 70, 180

Pash, Boris 220
Pétain, Philippe 28, 78, 171 f.
Peyrou, Charles 167–170, 172–176
Perrin, Jean 85
Piatier, Henri 167–170, 172–175, 176–180, 231
Politzer, Georges 130 f.
Pontecorvo, Bruno 89–93, 100, 232

Rapkine, Louis 85–89, 183
Rathenau, Walther 123
Röntgen, Wilhelm Conrad 114
Rosbaud, Paul 172–181
Rutherford, Ernest 116, 200

Schumann, Erich 71, 73 f., 78 f., 95, 146, 162, 224
Solomon, Jacques 120, 130–132, 149, 193
Solvay, Ernest 116
Stark, Johannes 56, 66
Straßmann, Fritz 18, 21, 31, 135

Treuherz, Helga 200 f., 220

Villon, Pierre 198
Von Choltitz, Dietrich 218 f.
Von Halban, Hans 18, 22 f., 27, 29–31, 79, 92, 94, 137, 228
Von Krehl, Ludolf 59

Wesch, Ludwig 58, 62
Wüst, Walther 63–66, 234

Zola, Émile 40

Dank

Dieses Buch wäre nicht entstanden, wenn mich nicht so viele Menschen bei meinen Recherchen unterstützt hätten. Insbesondere möchte ich den zahlreichen Archivarinnen und Archivaren danken, die mir voller Geduld und Interesse den Weg gewiesen haben. Besonders erwähnt seien hier Natalie Pigeard und Aurélie Lemoine vom Archiv des Curie-Museums in Paris, ebenso wie Florian Spillert und seine Kollegen vom Archiv der Max-Planck-Gesellschaft in Berlin. Enorm wertvolle Quellen waren für mich aber auch folgende Archive: die Archives Nationales in Pierrefitte-sur-Seine, das Archiv der Universität Heidelberg, das Archiv des Deutschen Museums in München, das Archiv des Max-Planck-Instituts für Medizinische Forschung in Heidelberg, das Bundesmilitärarchiv in Berlin und Freiburg im Breisgau, das Deutsche Literaturarchiv Marbach, das Arolsen-Archiv, das Archiv der Universität Bonn, das Archiv von BNP Paribas in Paris, das Archiv der Stiftung Lager Sandbostel, das Oral History Archive des American Institute of Physics in Washington DC, das Archiv des Collège de France und das Archiv des Musée de la Résistance in Paris.

Ebenso möchte ich Dieter Hoffmann für sein Interesse und seine zahlreichen Ratschläge im Laufe meiner Recherchen danken. Bernold Feuerstein danke ich für das Gegenlesen der physikalischen Erklärungen im Buch, wobei etwaige

Ungenauigkeiten selbstredend auf mich zurückzuführen sind. Ohne die ausführlichen Gespräche mit Ralph Gentner (leider inzwischen verstorben), Hélène Langevin-Joliot und Pierre Joliot wäre dieses Buch in dieser Form nicht möglich gewesen. Auch möchte ich Yves Jacquot für seine Erläuterungen über die Flucht von Paul Langevin und Irène Joliot-Curie samt Kindern über die Schweizer Grenze danken, ebenso wie Paul-Éric Langevin für das Gespräch über seinen Großvater. Georg Hartmann verdanke ich den wertvollen Hinweis auf eine Korrespondenz, in der die Hilfestellung Wolfgang Gentners an seinen Heidelberger Freund Karl Jaspers beschrieben wird.

Mein aufrichtiger Dank gilt zudem auch: André Bendjebbar, Claire Biquard, Mechtild Brand, Peter-Paul de Baar, Diane Dosso, Christine Eckel, Frank Engehausen, Jürgen Finger, Louis-Pascal Jacquemond, Jörg Hüfner, Renaud Huynh, Wolfgang Krätschmer, Till Kirsten, Janna Lölke, David Meyerhof, Garet Newell, Michel Pinault, Claude Piatier-Cancès, Martine van Poeteren, Florian Schmaltz, Michael Schmitt, Alrun Schmidtke, Horst Schmidt-Böcking, Maximilian Schreiber, Reinhard Stock, Dominique Tonneau-Piatier, Beate von Tiesenhausen, Günter A. Wagner, George Waysand, Hans Weidenmüller, Herbert Zimmermann und allen weiteren Gesprächspartnern, die zum Gelingen dieses Buchs beigetragen haben.

Ich danke meinem Agenten Thomas Schmidt-Wölke von Landwehr & Cie für seinen großartigen Einsatz für mein Buch. Ebenso danke ich dem Team vom Verlag Galiani für die tolle Zusammenarbeit, besonders auch Wolfgang Hörner für seine unermüdliche Unterstützung und sein Vertrauen in mein Buchprojekt.

Vor allem aber sei all meinen Freundinnen und Freunden gedankt, die mich in dieser intensiven Zeit begleitet und mir

Mut zugesprochen haben: »Schreib doch einfach mal den ersten Satz«, sagte mir zum Beispiel Thomas, was mich anspornte, mein lang ersehntes Buchprojekt Realität werden zu lassen. Christine sei gedankt für ihre Freundschaft und unerschütterliche Zuversicht in allen Lebenslagen. Meinem niederländischen Schwiegervater sei für seine wertvollen Hinweise gedankt ebenso wie meinem Vater für das Korrekturlesen des gesamten Buchs (¡Gracias!).

Widmen möchte ich dieses Buch meiner Tochter Anna und Freek, meinem Mann. Danke für Eure Weisheit und Eure Geduld. Ihr seid wundervoll.